Philippe Valéry, 1964 geboren und aufgewachsen in Marseille, ist begeisterter Fußballfan, Bergsteiger und Reisender. Er spricht mehrere Sprachen fließend, darunter auch Deutsch und Japanisch. Nach seinem Studium der Wirtschaftswissenschaften in Paris arbeitete er zunächst an der französischen Botschaft in Japan, dann als Manager bei Coca-Cola in Frankreich, bevor er im Alter von 33 Jahren sein Leben komplett umkrempelte und sich auf das bislang größte Abenteuer seines Lebens einließ. Heute lebt der Autor, dessen Passion neben dem Reisen die Fotografie ist, mit seiner deutschschweizer-venezolanischen Frau und seinen beiden Kindern in Japan.

Bibliografische Information Der Deutschen Bibliothek

Die Deutsche Bibliothek verzeichnet diese Publikation in der Deutschen Nationalbibliografie; detaillierte bibliografische Daten sind im Internet über http://dnb.ddb.de abrufbar.

NATIONAL GEOGRAPHIC ADVENTURE PRESS
Reisen · Menschen · Abenteuer
Die Taschenbuch-Reihe von
National Geographic und Frederking & Thaler

1. Auflage Mai 2006, erstmals im Taschenbuch

Titel der Originalausgabe: Par les sentiers de la soie
erschienen bei Transboréal, Paris

Aus dem Französischen von Karin Boden und Monique Lütgens, Recklinghausen
Text und Fotos: Philippe Valéry
Lektorat: Susanne Härtel, München
Karten: Eckard Radehose, Schliersee
Umschlaggestaltung: Dorkenwald Grafik-Design, München
Herstellung: Büro Sieveking, München
Druck und Bindung: Clausen & Bosse, Leck
Printed in Germany

ISBN 3-89405-273-2
www.frederking-thaler.de

Das Papier wurde aus chlorfrei gebleichtem Zellstoff hergestellt.

PHILIPPE VALÉRY

DER VERHEISSUNGS-VOLLE WEG

Zu Fuß von Marseille bis Kaschgar

Aus dem Französischen von
Karin Boden und Monique Lütgens

NATIONAL GEOGRAPHIC
FREDERKING & THALER

Zum Andenken an meine Großeltern,
die im Glauben an Gott und die Menschen verwurzelt waren
und ihre Liebe zu den Mitmenschen an mich weitergaben.

An meine Eltern,
meinen Bruder Christophe,
meine Familie und alle meine Freunde,
die mich ermutigten, meinen Weg bis ans Ende zu gehen.

Insbesondere an meine Mutter,
zur Vergebung der Sorgen, die ich ihr bereitet habe,
und für die Geduld, mit der sie meine Reiseberichte tippte.

An all jene, deren Freundschaft mich
im Laufe dieser Reise auf der Seidenstraße
mit Freude erfüllt hat und deren Erinnerung mich,
auch an meinem Lebensabend,
noch viele Male zum Schmunzeln bringen wird.

A Melba, por tu ayuda
para que exista este libro
y porque me permitiste entender
donde quedan mi ideal y mi felicidad.

Inhalt

Dnjepr
U K R A I N E
Don
R U S S
Krim
Donau
Schwarzes Meer
EUROPA
Varna
Giresun
Samsun
Ünye
Trabzon
Istanbul
Amasya
Pontisches Gebirge
Ayder
Marmara-meer
Çorum
Kacükköy
Sungurlu
Ankara
Kizilirmak
Tuz gölu
T Ü R K E I
Izmir
Taurusgebirge
Antalya
S Y R I E N
N
Mittelmeer
Damaskus
0
200 km

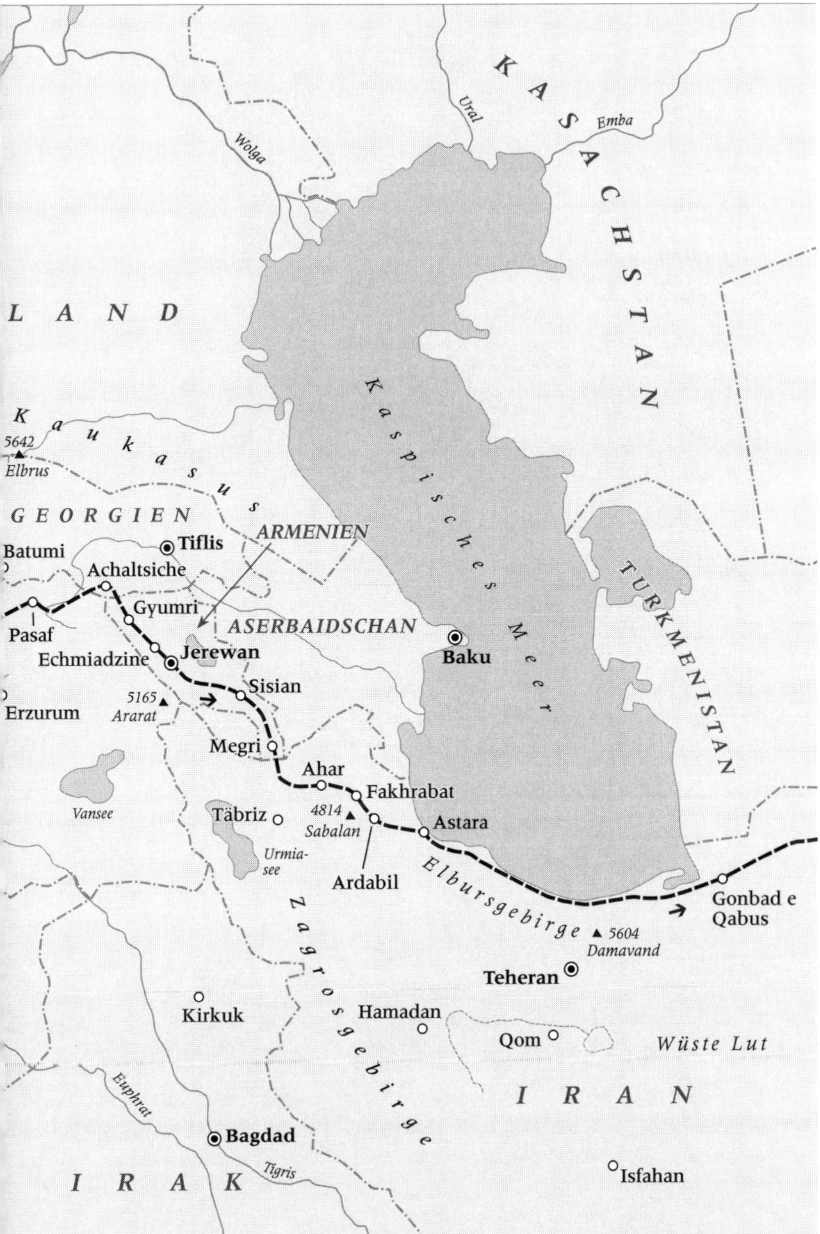
KASACHSTAN
Ural
Emba
Wolga
LAND
Kaspisches Meer
Kaukasus
5642
Elbrus
GEORGIEN
ARMENIEN
Tiflis
Batumi
Achaltsiche
TURKMENISTAN
Gyumri
Pasaf
ASERBAIDSCHAN
Baku
Echmiadzine
Jerewan
Sisian
5165
Ararat
Erzurum
Megri
Ahar
Fakhrabat
4814
Sabalan
Täbriz
Astara
Vansee
Urmia-
see
Ardabil
Elbursgebirge
Gonbad e
Qabus
5604
Damavand
Teheran
Kirkuk
Hamadan
Zagrosgebirge
Qom
Wüste Lut
Euphrat
IRAN
Bagdad
Tigris
Isfahan
IRAK

»Was sind Reisen? Begegnungen.«

ROLAND BARTHES

Ich erinnere mich an die Worte eines berühmten Bergsteigers, der einen Berg bestieg, »weil er da war«. Nun, ich reise, weil die Menschen da sind. Ich schaue lieber dem anderen in die Augen und ergreife seine Hand, als dass ich in Gedanken umherreise.

Prolog

»Und jetzt bitte ich euch, einem aus unserer Stadt zu applaudieren, Philippe Valéry, einem Abenteurer, der vom Stadion Vélodrome aufbrechen wird, um sich nach Kaschgar im Westen Chinas zu begeben. Zu Fuß!« An diesem 8. August 1998, um 20 Uhr 50, wird mein Traum wahr. Ich betrachte mich zwar keineswegs als Abenteurer, nur als Reisenden, dennoch begebe ich mich in die Mitte des Fußballfelds. Allein. 60 000 Personen um mich herum. In der Halbzeit des Spiels gegen Nantes hat sich die Mannschaft von *Olympique Marseille* in die Umkleidekabinen zurückgezogen und mir das Feld überlassen.

Da stehe ich also nun, mitten in meinem Stadion, folge den Spuren der Stollen unter den Füßen der Idole meiner Kinder- und Jugendjahre, die mir so viel Freude bereitet haben. An diesem Abend sind sie im Geiste alle bei mir: Josip Skoblar, Roger Magnusson, Marius Trésor, Robert Buigues, Eric Di Méco, Karlheinz Förster, Jean-Pierre Papin, Klaus Allofs, Carlos Mozer, Chris Waddle, Basile Boli, Fabien Barthez, Didier Deschamps, Jean-Philippe Durand, Marcel Dessailly, Rudi Völler ...

Ich strecke die Arme aus. Die Zuschauer brüllen. Die Anführer der Fangemeinde stimmen ihre Gesänge in bestem Marseiller Akzent an: »*C'est biein!* Los, feuert ihn an: *Philippeuh!* – Du schaffst es bis nach China!« Ein paar Freunde entrollen ein Spruchband: »Valéry, Weltmeister«. Der Sprecher facht die Begeisterung der Leute noch mehr an. In der ersten Reihe der Tribüne rufen behinderte Kinder in Rollstühlen meinen Vornamen und werfen mir

Handküsse zu, als wollten sie mir persönlich die Aufgabe anvertrauen, für sie bis nach China zu reisen.

Wie fast alle Jungen aus Marseille hatte ich mir als Kind viele Male ausgemalt, vor einem vollen Stadion ein Tor für meinen Club zu schießen, der schon mehrfacher Fußballmeister von Frankreich war und dann, vor meinen glückseligen Augen, am 26. Mai 1993 in München Europameister wurde. Aber nichts zu machen, ich hatte keine Technik, keine Sicherheit beim Umgang mit dem Ball, nicht genug Ausdauer, kurzum, zu wenig Talent, das weiße Trikot von *Olympique* zu tragen. Erst jetzt im Alter von 34 Jahren, zu Beginn des Sommers 1998, hatte ich meine letzte Chance bekommen, den Rasen des *Vélodrome* zu betreten. Ich hatte der Direktion des Clubs meinen Wunsch vorgetragen, meine Reise nach China vom Stadion in Marseille aus anzutreten. Und sie hatten mir ihr Einverständnis gegeben. An diesem Abend nun, in diesem Donnergetöse, schwebe ich auf Wolken und nehme dieses Gefühl mit als Wegzehrung für die nächsten zwei Jahre, die ich unterwegs sein werde.

Fast sechs Monate lang, auf meinem Weg durch Europa, erschauere ich immer wieder bei der Erinnerung an die entfesselte Begeisterung im Stadion. Der Gedanke daran stärkt mich, als ich meine ersten Blasen mit einer Nadel und einem desinfizierten Faden aufsteche. In der glühenden Sommerhitze spornt er mich an bis ans Ende meiner Etappen in Frankreich und Italien. Er trägt mich durch den Herbst in Slowenien, hilft mir immer weiter in den Schneemassen Kroatiens, Jugoslawiens und Bulgariens.

Türkei

Von Europa nach Asien
15. Januar 1999 – 9. Juli 1999

Istanbul! Beinahe sechs Monate bin ich nun unterwegs, und endlich werde ich da anlangen, wo Europa und Asien sich treffen. Anstrengende sechs Monate. Schweißtreibende sechs Monate auf unbefestigten Wegen und Asphaltstraßen Europas. Mein Geist ist erfüllt von der Vorfreude auf das mythenumwobene Istanbul und dem Gedanken, bald in Asien zu sein. Nachdem ich die riesigen Stadtmauern von Theodose hinter mir gelassen habe, lenke ich meine Schritte am 27. Januar 1999 endlich ins Zentrum der riesigen Stadt, deren Bevölkerung zwischen 1960 und heute von einer auf 15 Millionen angestiegen sein soll. Nach der Ärmlichkeit der Marktflecken Ex-Jugoslawiens und Bulgariens bin ich vom Gewimmel in den Gassen beeindruckt. Es geht hier zu wie in einem Hongkong am Bosporus, und das nicht nur auf dem Lande, sondern auch auf dem Wasser mit seinen Meerengen und Meeresarmen, seinen Brücken und Fähren, die ununterbrochen tausende von Passagieren übersetzen. Das Schwarze Meer ist nicht weit entfernt im Osten und das Mittelmeer ganz nah im Westen, hinter dem Marmarameer und dem Ägäischen Meer. Zu den wogenden Wellen, die ich seit Triest drei Monate nicht mehr gesehen hatte und die mich an meine mediterrane Herkunft erinnern, gesellen sich die kreischenden Möwen in ihrem waghalsigen Flug. Sie begleiten die Fischverkäufer und hoffen auf ein paar unverkäufliche Happen. Hoch oben von seinem Minarett durchdringt die Stimme des Muezzins, der zum Gebet aufruft, ihr gellendes Schreien.

An den Kais, inmitten des Geruchs nach gegrilltem Kebab, reihen sich Stände, die mit appetitlichen Dingen beladen sind, insbesondere mit den berühmten honigsüßen Backwaren. Ich betrete eine Teestube, in der ein Mützenverkäufer den schnauzbärtigen Teetrinkern seine schlichten Modelle feilbietet. Ich setze mich, sehe ihnen zu und schlage mir für eine Million türkische Pfund den Bauch mit Kuchen voll. Das heißt, mit drei Euro bin ich hier Millionär. Da wird man zu einem anderen Menschen.

In den Gassen des Zentrums verkaufen Straßenhändler Besen, Schraubenzieher, Federhalter und Gürtel oder füllen Feuerzeuge auf. Ein Mann, die Finger gegen den Daumen gepresst, preist einem anderen die Qualität seines Krimskrams an: »*Çok güzel* – Sehr schön!« Auch viele Kinder treiben emsig Handel, bieten den Passanten Papiertaschentücher, Blumen oder die Benutzung einer Personenwaage an.

In einer Teestube bietet ein Mützenverkäufer seine Ware an.

Die unterschiedlichen Düfte nach Lakritz, Koriander, Kardamom, die Farbpalette von Safran- und Paprikapulver, Pfefferkörnern, lokalen oder importierten Teesorten und der nach Anis duftende Raki, das alkoholische Nationalgetränk, versetzen mich in einen exotischen Rausch. Teppichverkäufer palavern vor den Geschäften und warten auf Kundschaft. Goldschmiede haben in ihren Schaufenstern Goldschmuck ausgelegt, der die begehrlichen Blicke der Frauen auf sich zieht. Armbänder, Ringe und Anhänger funkeln im hellen Licht, und wie alle Frauen dieser Welt geraten die Türkinnen in Verzückung beim Anblick der Juwelen, die sie nur allzu gerne zu Hause oder unter der Kleidung versteckt tragen würden. Aber bisweilen verpflichtet der Islam zu ein wenig Bescheidenheit.

Am Ende eines Gässchens verzaubert mich eine kleine Moschee, anheimelnd wie eine Dorfkirche und still wie ein japanischer Garten: Rüstem Pacha. Ihre harmonischen Proportionen und die Feinheit ihrer blauen Fayencen nehmen mich für den Charme des türkischen Orients ein. Ich gehe weiter und entdecke die eindrucksvollsten Bauwerke: die Blaue Moschee von Sultan Ahmet und nicht weit davon die Hagia Sophia. Sie war vor dem Bau des Petersdoms in Rom die größte Kirche der Welt, die Sultan Mehmet II. noch am Tage der Einnahme Konstantinopels am 29. Mai 1453 in eine Moschee umwandelte, ehe sie auf Betreiben Atatürks zum Museum wurde. Dahinter befindet sich der berühmte Topkapi-Palast, in dem die Sultane lange Zeit ihre Privilegien und ihren Harem bewahrten. Es muss angenehm gewesen sein, in diesem quirligen und großartigen Istanbul zu herrschen, das die Nacht nun in dunkles Blau hüllt.

In Istanbul gönne ich meinem aufmuckenden Knie etwas Ruhe und werde nicht müde, den Ausblick auf den Bosporus und die elegante Hängebrücke, die Trakien und Anatolien miteinander verbindet, zu bewundern. Die unter ihr hindurchfahrenden Öltanker, Schrottdampfer und Containerschiffe scheinen auf dem glitzernden Wasser zu tanzen und ziehen mich in ihren Bann. Ich betrachte diese Brücke und gerate ins Träumen: Auf der anderen Seite liegt Asien, das ich so sehr herbeisehne und das ich, wie ich glaube, mir auch verdient habe nach all den Kilometern, die ich minutiös in meinen Reisebüchern notiert habe: 2885 sind es seit Marseille, falls meine Rechnung stimmt. Als es meinem Knie dann endlich wieder etwas besser geht, beschließe ich, mir anzusehen, was auf der anderen Seite dieser den Autos vorbehaltenen Brücke liegt. Mit einer amtlichen Genehmigung in der Tasche schultere ich meinen Rucksack und marschiere nun auf dieses Asien zu, das mich erwartet und, wie ich nach sechsmonatiger Wanderung zu behaupten wage, meiner harrt. Als ich über diese Brücke gehe, zwischen zwei Kontinenten, rund 60 Meter über dem Bosporus und den vorübergleitenden Schiffen, habe ich wie nie zuvor den Eindruck, dass die Erde mir gehört und ich zugleich ihr gehöre. *Yours is the world and everything that's in it ...* »Dein ist die Welt und alles, was darin ist«, schrieb Kipling am Ende seines Gedichts *If*.

Es ist ein großer Tag für mich. Nun voller Stolz und Freude sagen zu können: »Ich habe die Tür meiner Wohnung in Frankreich geschlossen, bin die Treppe hinuntergegangen und bis nach Asien gewandert!« Ich habe so ziemlich das gemächliche Tempo eingehalten, das ich mir vorgenommen hatte: 500 Kilometer pro Monat. Vier Autobahnstunden mit dem Auto. Vier Tage mit dem Fahrrad. Ich denke an meinen Aufbruch und all die wunderbaren Menschen, denen ich in Italien, in Slowenien begegnet bin: an jene Kroaten und Serben, die mich daran hinderten, auch nur die kleinste Kleinigkeit in den Cafés ihrer vom Krieg gezeichneten Länder zu bezahlen; an Janko, den bulgarischen Roma, der mich bei sich in seinem Dorf Trivoditsi aufnahm; an die Schönheit einer slawischen Frau und dann an den Holländer Mattheus Postma, einziger Weggefährte, mit dem ich drei Wochen durch Bulgarien und die Türkei marschierte.

Beim Überqueren dieser Brücke setze ich meinen Fuß auf den anderen Kontinent meiner Reise. Ich bleibe im selben Lande und habe dennoch den Kontinent gewechselt und eine geografische und psychologische Grenze überwunden.

Vier Einladungen an einem Abend

Schon an meinem ersten Abend in Asien lerne ich die wohlklingenden Worte *misafir*, »Gast«, und *misafirperverlik*, »Gastfreundschaft«, zu schätzen.

Im Stadtviertel Maltepe rufen mir Aziz, ein aus Berlin zurückgekehrter Arbeiter, und seine Fischerfreunde zu, bei Sonnenuntergang an einem Barbecue auf den Prinzeninseln teilzunehmen; kurzer Augenblick der Entspannung, bevor es weitergeht. Aziz spricht natürlich besser Deutsch als ich mit meinen Schulkenntnissen und von der Universität her, und so kann er, das Rakiglas in der Hand, bei unserem Gespräch vor seinen Freunden glänzen. Zwei Stunden später erreiche ich Kartal, einen am Meer gelegenen Ort. Hassan, Besitzer eines umgebauten Lkws, in dem er Fleischspieße grillt und verkauft, lädt mich in seine Behausung zum Tee ein, ehe wir köstliche Lammstücke verspeisen, die die Türken gern in Fladenbrot einrollen.

Es ist bereits 21.30 Uhr, als ich die Innenstadt von Kartal erreiche. Bei ein paar Leuten erkundige ich mich nach einem Hotel. Anstatt meine Frage zu beantworten, bietet mir der Musiklehrer Deniz Günech an, mich seiner Schülergruppe anzuschließen und mit ihm ein *Börek* zu essen, eine ausgezeichnete Blätterteigspezialität, die so mächtig ist, dass ich sie nicht aufessen kann. Dann bietet mir Deniz ein Dach für die Nacht an. Wir speisen, zusammen mit seinen Brüdern, ein weiteres Mal bei seinen Eltern, bis nach Mitternacht. Vier Mahlzeiten in sieben Stunden! Ich glaube allmählich, dass ich bei der türkischen Gastfreundschaft wohl der Einzige bin, der 3000 Kilometer marschiert und dabei Gewicht zulegt. Nur schade, dass die Straße zwischen Istanbul und Ankara ansteigt, sonst hätte ich sie hinunterrollen können!

Welche Gastfreundschaft in diesem Land muslimischer Kultur! Der Koran legt zwar nahe, den Fremden aufzunehmen, aber diese Empfehlung ist auch in der Bibel zu finden, der Grundlage unserer westlichen Zivilisation. Die besondere Bedeutung der türkischen Gastfreundschaft verdeutlicht einmal mehr die Unzulänglichkeiten und Exzesse unseres modernen Lebens. In der Türkei musste ich mehrfach auf einem Kilometer bis zu vier Mal Halt machen, um entweder einen Tee zu trinken oder in aller Höflichkeit zu erklären, dass ich 200 Meter zuvor bereits einer Einladung gefolgt war. Und ich hatte geglaubt, auf meiner zweijährigen Reise Zeit zu haben, alles zu sehen, alles zu tun und überall dort zu verweilen, wo immer mir danach zumute war. Illusorisch zu glauben, die Zeit gehöre mir ...

»Gibt es in Frankreich Bäume?«

Einige Tage nach Kartal, zwischen Mudurnu und Nallihan, komme ich durch verschneite Landschaften oberhalb 1200 Meter. Bei Anbruch der Nacht liegen noch 25 Kilometer bis Nallihan vor mir. Ich habe vor, im Freien zu übernachten, als Mehmet auf seinem Traktor vorüberkommt. Er ist klein, Mütze auf dem Kopf, schnauzbärtig, mit asiatischen Gesichtszügen, ganz offensichtlich leutselig. Er ist westlich gekleidet und kehrt gerade aus der Stadt zurück, wo er Ziegenkäse verkauft hat.

»Woher kommst du zu Fuß?«, will er von mir wissen.

»Aus Frankreich.«

»Nein, du hast mich nicht verstanden. Woher kommst du zu Fuß?«, hakt er nach und mimt einen marschierenden Menschen.

»Ja, ja, ich komme zu Fuß aus Frankreich.«

Auf diese Nachricht stößt er ein »Allah! Allah!« aus, eine Variante des »*Mashallah!*«, das ich bisher als Zeichen der Zustimmung, weniger als das der Überraschung verstanden habe. »Schlaf nicht draußen! Es gibt hier sehr gefährliche wilde Hunde. Komm mit zu mir!«

Mehmet wohnt im ersten Stock über dem Stall, in dem zwei Kühe, zwei Kälber, ein Esel, etwa 30 Ziegen und Schafe und ein zwei Tage altes Lämmchen untergebracht sind, wie früher in den Schafställen Europas. Er teilt die Wohnung mit seinem Sohn Idris, einem aufgeweckten, intelligenten Jungen, und seiner Mutter, die schön anzusehen ist in ihren traditionellen Pluderhosen. Zu Recht ist sie stolz auf ihre 65 Jahre und raucht mit Vergnügen Zigaretten.

Wenn Mehmet über sein Dorf spricht, verwendet er immer den Ausdruck *bizim köy*, »unser Dorf«. Es scheint ein starkes Gefühl der Solidarität und des Gemeinsinns vorzuherrschen. Ich habe den Eindruck, dass es hier weniger Individualismus und Clandenken gibt als bei uns. Das Dorf ist die Gruppe, ein unteilbares Ganzes.

Meine Anwesenheit lockt ein paar Neugierige an, die bei Mehmet eintreten, als wären sie hier zu Hause. Er bietet ihnen Tee an. An den Wänden des Hauptraumes stehen zwei billige, moderne Sofas, deren schützende Plastikfolie nicht abgenommen wurde, um sie möglichst lange zu schonen, und unterschiedliche traditionellere Stücke wie ein niedriger Tisch, abgewetzte alte Teppiche und eine kupferne Teekanne, die zum Wasserkochen direkt übers Feuer gestellt wird. Da es kein Fernsehen gibt, wird der Abend mit Musik aus dem neuen Radiokassettengerät begleitet, das Mehmet gerade in der Stadt erworben hat.

Nach fast zwei Monaten im Land bin ich imstande, ein einfaches Gespräch auf Türkisch zu führen. Und dies umso leichter, als man mir immer, zumindest zu Beginn und in allen Ländern, dieselben Fragen stellt: »Woher kommst du?« – »Wohin gehst du?« – »Nach China? Zu Fuß? Du bist verrückt!« – »Durch welches Land?« – »Wie alt bist du?« – »Bist du verheiratet?« – »Was arbeitest du in Frankreich?« Meine Antworten, obwohl grammatikalisch oft falsch, werden verstanden und machen mir eine einfache Unterhaltung möglich.

Und bei Mehmet wird mir im Verlauf der Unterhaltung manche naive Frage gestellt: »Gibt es in Frankreich Bäume?« »Gibt es dort Schnee?« »Schafe?« »Kühe?« Das Glück des Reisens, es gibt es also noch!

Mehr Schwierigkeiten habe ich hingegen bei der Beantwortung der Frage: »Warum machst du diese Reise?« Wie soll ich ihnen erklären, dass meine Eltern schon vor meiner Geburt viel in der Welt unterwegs gewesen waren und ich daher schon sehr früh in internationale Kreise geriet, dass ich bereits mehr als 40 Länder bereist habe und dass ich Exotik brauche? Wie soll ich diesen einfachen Menschen klar machen, dass ich noch vor kurzem die harte Laufbahn eines leitenden Angestellten im Marketing und Verkauf bei *Coca-Cola* durchgemacht hatte, mit gutem Gehalt und einem Dienstwagen, ein unerhörter Luxus für die Menschen hier, und dass ich, trotz allem, nach anderem strebte? Nach Wirtschaftsstudium und drei Jahren an der französischen Botschaft in Japan war ich vor acht Jahren in die *company* eingetreten, in der Hoffnung auf einen Posten in Lateinamerika oder Asien, den man mir die ganze Zeit in Aussicht gestellt hatte. Wie soll ich ihnen erklären, dass man mir dort, wie allen anderen Führungskräften, nur eine Mission erteilt hatte: »Steigerung der Rentabilität für den Aktionär«, ein etwas nüchternes Resümee, dem Angestelltendasein in einer Firma, deren Werbung eine heile Welt vorgaukelt, etwas Sinn zu geben. Nein, *Coca-Cola* war es nicht!

Mehmet, würdiger Vertreter türkischer Gastfreundschaft

Verreisen. Ich träumte von nichts anderem mehr. Ich habe also das getan, woran tausende denken, die in ihren familiären oder finanziellen Bindungen gefangen sind: kündigen, um meinen Traum vom Reisen wahr zu machen. Ich teilte meinem Arbeitgeber also mit, dass ich zu Fuß bis nach Asien gehen wolle, glaubte ich doch, auf diese Weise dort schneller hinzugelangen, als wenn ich auf meine Versetzung wartete. Und so war ich dann auf meine bescheidene Art mit dem Gepäck auf dem Rücken und mit dem langsamen, gleichmäßigen Schritt des Wanderers gen Osten aufgebrochen, den Menschen dort entgegen. Ich hatte hinter dem Horizont die Werte des Teilens und der Freundschaft erfahren, die das Leben spannender, bunter und intensiver machen.

Auf der Seidenstraße, die im 19. Jahrhundert durch den deutschen Geografen von Richthofen ihren schillernden, poetischen Namen erhielt, will ich auf meinem Marsch durch Dörfer und über weites Land meine Geschwindigkeit den anderen anpassen und die Welt, ehe sie sich gänzlich verändert, in Ruhe betrachten. Ich will Männern und Frauen begegnen, die ihre Trachten, ihre kulinarischen Bräuche und ihre alten Traditionen zu bewahren wussten. Zu Fuß reisen ist nicht nur ein Egotrip, es ist vor allem ein Weg zu meinem Nächsten, zu meinesgleichen, und das genügt mir für meinen inneren Frieden.

Wie also soll ich all das meinen Freunden, Bauern aus Anatolien, auf Türkisch erklären? Diese Frage »warum?« reißt mich zu der naiven, philanthropischen Liebeserklärung hin: »Ich wollen treffen Leute. Ich reisen für euch treffen.« Scheinbar zufrieden mit meiner Antwort, stellen Mehmets Gäste daraufhin Fragen eher materieller Art – »Wie viel kostet ein Kilo Käse? Wie viel ein Kilo Zucker?« –, bevor die anderen Fragen kommen, die ich schon viele Male in Frankreich und Italien gehört habe:

»Und deine Eltern, was denken sie über deine Pläne?«

»Sie waren natürlich dagegen. Sie haben Angst, dass ich auf dieser Reise umkomme. Im Kopf einer Mutter bleibt ihr Sohn immer zehn Jahre alt. Aber mit 34 Jahren habe ich das Recht, meine eigenen Entscheidungen zu treffen. Und wenn ich es nicht gemacht hätte, dann hätte ich es wohl mein ganzes Leben lang bereut. Und Bedauern ist niemals gut!«

»Kannst du manchmal mit ihnen sprechen?«

»Ja, wenn es ein Fernmeldeamt gibt, rufe ich sie ein- oder zweimal in der Woche an. Später wird es weniger werden, aber meine Eltern sind daran gewöhnt, dass ich weg bin und irgendwo unterwegs.«

»Und hast du keine Angst? Es ist doch ganz schön gefährlich, was du da tust!«

»Natürlich! In den Ländern, durch die ich komme, könnte ich Dieben in die Hände fallen. Und es gibt auch Tiere, Wölfe, Bären, streunende Hunde ... Und dann werde ich vielleicht Probleme mit den nötigen Visa bekommen. Ich konnte sie nicht alle im Voraus beantragen; sie wären verfallen, bevor ich die Länder überhaupt erreicht hätte. Und die Winter werden sehr kalt sein und die Sommer brütend heiß, das wird schwer. Ich weiß nicht, ob mein Körper die Anstrengung auf die Dauer aushalten wird. Ich habe auch ein kaputtes Knie. Mit 20 Jahren hatte ich einen Unfall beim Fußballspielen, einen Bänderriss, und davon habe ich mich nie ganz erholt. Aber ich habe genug Vertrauen in den Zufall. Ich glaube, dass es irgendwo dort oben einen guten Stern gibt, der mich beschützt.«

»Warum machst du es allein?«

»Du kannst so etwas nur mit einem Bruder planen oder einem Freund, den du wirklich sehr gut kennst. Sonst gibt es bei der kleinsten Schwierigkeit Probleme, und die Reise ist zu Ende. Wenn du zwei oder drei Freunde hast, auf die du dich jederzeit verlassen kannst, dann ist das schon gut. Meine besten Freunde hatten sich für so eine Reise aber nicht wirklich interessiert. Sie haben ihre Verpflichtungen. Und meinen Bruder konnte ich schlecht mitnehmen. Meine Eltern haben nur zwei Kinder, und ich mache ihnen schon so genug Sorgen. Ich glaube, es war die richtige Entscheidung. Es ist gut, allein unterwegs zu sein. Ich habe zwar niemanden, mit dem ich die Erinnerungen teilen kann, und wenn es hart auf hart kommt, kann ich mich nur auf mich selbst verlassen. Aber man trifft ja immer Leute.«

»Rekord! Du wirst einen Rekord brechen, nicht wahr?«

»Das interessiert mich nicht. Es gibt Leute, die sind noch weiter gelaufen und sogar gerannt. Ich erlaube mir einfach den Luxus, mir Zeit zu nehmen und glücklich zu sein.«

»Und was hast du in deinem Gepäck?«

»Einen warmen Schlafsack, einen Biwaksack, eine Bodenmatte, zwei Pullover, zwei warme Unterhemden mit langen Ärmeln und Rollkragen, ein Paar Strumpfhosen, eine lange Unterhose, ein Paar Ersatzsocken, einen Polarpelz, Allwetterzeug, eine Daunenjacke, ein Handtuch, einen Teleskopstock, ein Messer, Straßenkarten, eine Toiletten- und eine Arzneitasche mit Aspirin, Darminfektionsmittel, Breitband-Antibiotikum, Desinfektionsmittel und Pflaster. Ich habe auch ein Heft, in das ich meine Eindrücke notiere, viele Filme und zwei Fotoapparate, einen für Schwarz-Weiß-Fotos, den anderen für Farbfotos.* Dann noch zwei Plastikflaschen für Wasser und einige Vorräte.«

* Zwei Leica M6, kompakt, robust, funktionieren ohne Batterie, ihr ältliches Aussehen lässt in nichts ihre ausgezeichnete Qualität erahnen. Dagegen habe ich freiwillig auf ein Zelt verzichtet, um Gewicht zu sparen, ebenso auf kostspieliges Material, das sich nicht mit der Art meiner Reise vereinbaren lässt und die Gefahr von Überfällen erhöht: Geräte wie Videokamera, Satellitentelefon, GPS oder Balise Argos.

»Warum bist du nicht mit dem Fahrrad unterwegs? Einmal habe ich einen Fremden gesehen, der so durch die Türkei gefahren ist. Das geht doch viel schneller.«

»Weil ich gar nicht so schnell vorankommen will. Ich möchte schauen, stehen bleiben, mich umdrehen, geteerte Straßen verlassen, über Pfade und Berge gehen, den Duft der Blumen und das Gras riechen.«

Während der ersten sieben Monate ist mir bewusst geworden, dass man nur zu Fuß mit derselben Geschwindigkeit vorankommt wie die Menschen des Landes. Nur dadurch kann man wieder vollkommen in die Langsamkeit eintauchen, die aus unserer Zivilisation des immer Schnelleren, der Kommunikation per Satellit, Internet und Mobiltelefon weitgehend verloren gegangen ist. Das Wandern zu Fuß verschafft einem das Vergnügen, den Luxus Zeit schätzen zu lernen. Es lässt einem die Möglichkeit, um sich und hinter sich zu schauen, die Fragen der Leute zu beantworten, die vom hintersten Ende des Feldes herbeilaufen, um mit dir zu sprechen. Es zwingt dich, in Dörfern Halt zu machen, denn ein Tagesmarsch entspricht 25 oder 30 Kilometern, während man mit dem Fahrrad schon mal an die 100 Kilometer von einer Stadt zur anderen schaffen kann. Beim Durchqueren von weitläufigeren Ländern wird man durch das eigene Marschtempo dazu gezwungen, sich mehrere Monate Zeit zu nehmen. So lernt man die Sprache des Landes, und man begegnet den Menschen und kommt mit ihnen ins Gespräch. Schließlich kann der Wanderer die Straße verlassen, wann immer ihm danach zumute ist, oder über Pfade oder Berge gehen, so wie ich es heute gemacht habe.

Mehmet besteht darauf, dass ich mehrere Tage bei ihm bleibe. Ich verweile einen ganzen Tag in Kacükköy, wo ich voller Vergnügen die gemächlichen und sich wiederholenden Szenen des örtlichen

Lebens beobachte. Aber die Schau wird mir von einem Wolf gestohlen, der eine Ziege aus der Herde gerissen hat, die von Mehmets Mutter zur Weide geführt worden war.

Am 10. März, meinem Geburtstag, wache ich beim Schrei des Hahns, dem Kollern der Truthähne und dem morgendlichen Geblöke auf. Nach einem reichhaltigen Frühstück schlage ich den Weg nach Nallihan ein. Am Abend um 18.30 Uhr schlafe ich bei der Lektüre meines Türkisch-Selbstlernkurses auf meinem spartanischen Hotelbett ein. Gegen ein Uhr morgens wache ich auf, das Buch auf dem Bauch, lösche das Licht und setze meinen unterbrochenen Traum fort. Auf diese Weise Geburtstag zu feiern, ist wahrlich nicht spektakulär. Aber es ist mir egal, denn auf meiner Reise ist jeder Tag ein Fest.

Ankara und eine heilige Kuh

Schließlich erreiche ich das Zentrum von Ankara, der zweitgrößten Stadt der Türkei. Seit 1923 ist sie Hauptstadt nach dem Willen Mustafa Kemal *Atatürks*, der damit die Zugehörigkeit der Türkei zu Asien unterstreichen und ihr politisches Zentrum strategisch stärken wollte. Der »Vater der Türken«, dessen Foto an allen offiziellen Gebäuden und in fast allen Geschäften und Cafés des Landes zu finden ist, machte sein Land zwischen den Weltkriegen zu einem laizistischen Staat und näherte es so dem Westen an. Er ließ das arabische Alphabet durch das lateinische ersetzen, verbot den Frauen das Tragen des Schleiers und räumte ihnen – früher als viele andere europäische Länder – das Wahlrecht ein. Die stark anwachsende Stadt Ankara zählt vier Millionen Einwohner. Sie ist trotzdem nicht eng und recht grün. Auf der einen Seite wird sie von ihrer alten Zitadelle beherrscht und auf der anderen vom Mausoleum Atatürks, einem durch seine Größe imposanten, aber nicht schönen Bau. Sein Innenhof vermittelt jedoch einen Eindruck der Ruhe, die vom rhythmischen Stechschritt der Wachablösung kaum gestört wird.

Nach vier Tagen der Rast, an denen ich mein angeschlagenes Knie pflege, verlasse ich die Stadt, wo sich Verliebte in Cafés küssen. Während ich das Schild am Ortsende erreiche und mich ins ländliche Anatolien aufmachen will, kommt ein alter Herr aus einem Schuppen auf mich zu gerannt. Aber zu welcher Seite des Schildes gehört er: zur Hauptstadt oder zum Land? Als er mich eingeholt hat, gibt er mir ein Zeichen, ihm zu folgen, teilt mir aber den Grund für sein Drängen nicht mit. Ich folge ihm ins Innere des Schuppens, wo er mir seine Kuh zeigt, auf die er sichtlich stolz ist. Fevzi Bingol möchte ein Foto mit ihr – er hat mich gar nicht erst gefragt, ob ich einen Fotoapparat habe. Er meint ganz einfach, dass ich als Fremder so etwas doch irgendwo in meinem großen Rucksack haben müsste. Ich verewige also dieses Freundespaar Seite an Seite und werde ihm später das Foto zur Erinnerung an diesen Augenblick schicken. Ich hoffe, sie haben es erhalten. Es besteht kein Zweifel: Mit Fevzi, dem Bauern, bin ich von der mit Gütern gesegneten Seite des Lebens zur ländlichen, mit Leben erfüllten, naturverbundenen, ursprünglichen Seite übergewechselt.

Fazil

Am 25. März bleibe ich an der Kreuzung zweier Landwege stehen, um mit einem Mann zu sprechen, er ist weit über vierzig, rundlich, das Gesicht von einem Bart umrahmt. Er kommt vom Markt in Sungurlu, an einem Seil zieht er eine der vier Ziegen, die er nicht verkaufen konnte. Die Geschäfte liefen gut, und die muntere Ziege, einzige Überlebende, folgt ihm, ohne ihr Glück in dieser Zeit der Vorbereitung auf das Kurban-Opferfest zu ahnen. Fazil schlägt mir vor, ihn zu sich nach Hause zwei Kilometer weiter ins Dorf Sarikaya zu einem verspäteten Mahl zu begleiten. Beim Betreten seiner Wohnung, ebenfalls über dem Stall eingerichtet, ziehen wir unsere Schuhe aus und treten ins Wohnzimmer. Der Koran, zum Schutz in einen rot-grünen Stoff gewickelt, hängt an der nach Süden gehenden Wand. Das ist in Richtung Mekka, wohin auch Fazil und sein erschöpfter Vater ihre Gebete richten werden. Der Patriarch, mit Vornamen Özman – »Ottoman« –, bärtig, asketisch dünn und immer noch behände, sagt mir nicht ohne Stolz, dass er 90 Jahre alt ist, und erzählt mir von seinem Dienst in der Armee Atatürks. Fazil, Vater von acht Kindern, gesteht mir allerdings traurig: »Wir haben kein Geld; wir haben nur Schafe und Ziegen. Die jungen Leute gehen nach Istanbul oder nach Ankara, wo sie Arbeit suchen.«

Wie in den anderen Dörfern der Türkei lässt man sich zum Sitzen auf dem Teppich nieder. Im Allgemeinen wird an einem niedrigen Tisch gegessen, der ins Wohnzimmer gebracht wird und über den man eine Tischdecke breitet, welche die Beine der Tischgenossen bedeckt. Dann wird auf einer riesigen Platte eine Vielzahl von Gerichten serviert, die Auge und Gaumen erfreuen. Ein jeder bedient sich mit seinem Stück Brot, seiner Gabel oder seinem Löffel. Auch wenn sie sich besondere Mühe geben, sobald sie Gäste empfangen, und sonst nur selten Fleisch auf den Tisch kommt, ernähren sich die Einwohner dieser ländlichen Gebiete Anatoliens doch gut. Ziegenkäse und Joghurt werden auf schmackhafte Weise zu hart gekochten Eiern oder Rührei, gefüllten oder in Öl eingelegten Paprika, Tomaten und Oliven gereicht, und alle langen kräftig zu. In der Mitte des Tisches steht ein Becher mit Wasser, aus dem jeder trinkt, bevor zum Schluss Tee gereicht wird. Er wird in bauchige Gläser gegossen, die wenig Tee, dafür aber umso mehr Zucker enthalten. Die Frauen essen meist unter sich, wenn die Männer ihr Essen beendet haben, entweder am selben Platz oder in der Küche.

Frühmorgens backen die Frauen im Dorf von Sarikaya ihr Brot.

Seit es Fernsehen gibt, werden die Abende vor dem Apparat verbracht, im Familienkreis oder auch mit den Nachbarn, die damit noch nicht ausgestattet sind. Die Männer ziehen sich dazu in einen anderen Raum zurück, um die Nachrichten anzuschauen. Die Informationen sind recht ausführlich, jedoch sehr einseitig und monoton durch die wiederholten Übertragungen derselben Themen und Bilder. Hin und wieder bringt das türkische Fernsehen, wie auch an diesem Abend, Sendungen zum Ruhme der Armee. Das sind simulierte Übungen von Operationen gegen »die kurdischen Terroristen der PKK« im Osten des Landes. Dazwischen werden Schlager eingespielt, die das Gefühl nationaler Einheit anheizen sollen. Die Türken stehen im Allgemeinen zu ihren Militärs, weil sie ihre Unabhängigkeit gewährleisten und die Ge-fahr einer islamischen Revolution begrenzen. Die türkische Armee ist gut ausgerüstet: Der Militärdienst dauert in der Regel eineinhalb Jahre, für Hochschulabgänger acht Monate. Das ist eine Zeit hohen Ansehens im Leben des türkischen Bürgers. Erstaunlich viele Postkarten, die in der Türkei verkauft werden, sind Rekruten gewidmet, die offensichtlich mit Mitteilungen humoristischer Art ermuntert werden sollen.

Fazil erteilt mir relativ früh den Befehl, schlafen zu gehen. Ich verstehe seine Anweisung umso besser, als er am nächsten Tag, einem Freitag, kurz vor halb fünf aufsteht, um sich in die Moschee zu begeben. Es war eine weise Entscheidung, im Morgenrot aufzustehen, denn so bekomme ich die Gelegenheit, den Frauen bei der Zubereitung des Brotes zuzusehen. Dazu empfängt Fazils Schwester, dünner und älter als er, drei Frauen, die über ihren runden Bäuchen Schürzen tragen und Kopftücher, wie um mich daran zu erinnern, dass ich mich auf islamischem Boden befinde. Ab und zu kommt ein etwa siebenjähriges Mädchen zum Zuschauen herein, als wolle es sich bereits im Kindesalter ihre künftige Rolle im Haushalt einprägen. Ohne dazu verpflichtet zu sein, macht sie sich mit den so viel älteren Frauen fröhlich an die Arbeit: Sie mischen das Mehl und Wasser zu einem Teig, der dann zu dünnen Fladen verarbeitet im Holzfeuer gebacken wird. Dieses Brot hält sich einen Monat, manchmal länger. Die Frauen fühlen sich in Anwesenheit eines Fremden, auch wenn er vom Familienoberhaupt eingeladen wurde, nicht besonders wohl, so dass sich ihre Gesichter nach kurzem, verlegenem Lachen wieder verschließen und jedes Anzeichen ihres ohnehin spärlichen Lächelns daraus verschwindet.

Sie benehmen sich mir gegenüber aber höflicher als die Frauen in ihrer traditionellen Kleidung und dem unter dem Kinn geknoteten Kopftuch, denen ich am Rande der Dörfer bei der Feldarbeit begegne. Die Erste, die mich von weitem kommen sieht, signalisiert ihren Kolleginnen meine Anwesenheit. Sie sehen mir, wenn kein anderer Mann in der Nähe ist, ganz offen ins Gesicht, bis ich auf gleicher Höhe bin. Ich wünsche ihnen einen guten Tag: *Merhaba!* Dieser Gruß muss etwas Magisches an sich haben, denn ich entschwinde ganz plötzlich aus ihren Augen, die sich wieder der Feldarbeit zuwenden, und erneut sind sie nur noch Arbeit und Kopftuch. Ich stelle mir manchmal vor, dass sie jetzt zwar schweigen und den Teufel aus dem Westen ignorieren, um danach, wenn ich vorüber bin, umso mehr über mich herzuziehen. Die Bauern hier gehen in Jacke und Hemd aufs Feld, die zwar abgetragen sind, aber fast elegant wirken, auf jeden Fall sehr würdevoll. Hier ein blau gesäumter weißer Stoff, dort ein hübsches Zitronengelb. Der Kopf wird immer mit einer Mütze oder Schirmmütze, seltener mit einer islamischen Kappe, der *takke*, bedeckt. Die Kinder, Jungen und Mädchen, tragen ebenfalls westliche Kleidung, aber sobald ein Mädchen halbwüchsig wird, hüllt sie sich in die gleiche Kleidung wie ihre Mutter, um so ihrer Umgebung ihre Heiratsfähigkeit zu signalisieren.

Im Land der »terorist«

Nach Sungurlu beginnt mein Knie wieder zu schmerzen. Da der Schmerz nicht nachlässt, muss ich erneut eine Pause einlegen. Und so setze ich erst am 22. April meinen Weg fort. Es ist schönes Wetter. Ein Adler auf der vergeblichen Suche nach Beute fliegt über die Ebene und lässt sich auf einem nahen Felsen nieder. Ich beobachte ihn eine Weile, ehe ich in Richtung Çorum weitergehe. Ein ruhiger Ort. Durch die Festungsanlage mit ihren verfallenen Stadtmauern verlaufen Gassen, die recht ärmlich wirken. Ich verbringe dort drei Nächte im Hotel, denn ich habe starkes Fieber. Wahrscheinlich habe ich irgendwo verschmutztes Wasser oder verdorbene Nahrung zu mir genommen. Als es mir wieder besser geht, setze ich meinen Weg durch die entlegenen Dörfer des ländlichen Anatoliens fort, das sich zwischen kargen, ausgedörrten, fast verlassenen Landstrichen erstreckt. Sprudelt irgendwo Wasser, dann gibt es auch wieder Felder und Obstbäume: Apfelbäume, Aprikosen- und Kirschbäume …

Als ich auf dem Weg nach Amasya durch Ipekköy komme – das »Seidendorf« –, bin ich mir wieder sicher, auf der *ipek yolu*, der Seidenstraße, zu sein, denn hier sollen noch immer die Raupen des Seidenspinners gezüchtet werden. Amasya ist eine hübsche, ruhige Provinzstadt, die den Besucher zu Spaziergängen verlockt. Hoch oben von den Ruinen der Zitadelle kann man den »grünen Fluss« bestaunen, der den Ort zweiteilt und die Achse bildet, an der sich die historischen Bauwerke und ottomanischen Häuser aufreihen. Nicht überall herrscht Ruhe wie in dieser Stadt. Die Polizei und einige Leute legen mir nahe, den Bereich Tachova-Erbaa-Tokat zu meiden. Innerhalb dieses begrenzten Umkreises verbreitet die maoistische Gruppe »Tikko«, verantwortlich für mehrere Bombenattentate, zeitweilig *teror*. Ich gehe meinen Weg dennoch weiter.

Zwischen den Seen Boroboy und Ladik werde ich bei starkem Regen von einer Armeepatrouille kontrolliert; leicht irritiert, zögert sie, mich weitergehen zu lassen: »Es herrscht *teror*«, meint der Befehlshabende. Anstelle von *terorist* werde ich jedoch tags darauf lediglich von weitem von friedlichen Störchen hoch oben auf ihren Nestern und von anderen grazilen Stelzvögeln am Ufer des Ladik-Sees beäugt.

Doch dann, etwas weiter entfernt, ergreift auf der Höhe die Kälte vom Land Besitz. Obwohl Frühling ist – wir haben den 7. Mai –, geht ein unangenehm schneidender Graupelschauer nieder. Der peitschende Wind legt sich, als ich durch eine Nebelwolke schreite. Ganz plötzlich tauchen aus dem Schneegestöber drei riesige, weiße Hunde auf. Sie sind abgerichtet, die Herden gegen Wölfe und Bären zu verteidigen. Breite Stachelhalsbänder schützen ihre Kehlen gegen feindliche Angriffe. Sie kommen auf mich zu gelaufen. Instinktiv stelle ich mich mit dem Rücken an einen Baum, um mein Hinterteil zu schützen. Der Rucksack schiebt sich hoch und bedeckt meinen Nacken. Ich sehe den drei Höllenhunden, den Hütern der Straße wie der nahen Herde, ins Auge, einer zu meiner Linken, einer zu meiner Rechten und einer vor mir, bellend, knurrend, mit hochgezogenen Lefzen und Furcht erregenden Hauern. Werden sie mich in Stücke reißen? Wird meine Reise hier in den Fängen dieser Bestien enden? Ich stoße mehrmals Schreie aus, um mich nicht einschüchtern zu lassen, mir Mut zu machen und in der Hoffnung, die Aufmerksamkeit ihres Herrn zu erregen, der vielleicht irgendwo im Nebel verborgen ist. Mein Stock hält die Tiere auf Distanz, bis tatsächlich der Hirte, ein rechtschaffener Mann aus den Bergen, wie eine Erscheinung aus dem Nebelschleier auftaucht. Auch er brüllt los, um mich vor den schrecklichen Zähnen zu retten. Wir wechseln ein paar Worte, und ich ziehe weiter.

Noch unter dem Schock dieser Begegnung erreiche ich das Dorf Karli, acht Kilometer von der Hauptstraße entfernt. Dort kommt ein schnauzbärtiger Mann von etwa 40 Jahren auf mich zu. Er ist klein, aber ein großes Jagdgewehr macht seine Erscheinung bedrohlich. Unter diesen Umständen bleibt mir nichts anderes übrig, als mit meinem Laufstock auf ihn zuzugehen. Waren die Hunde nur die Wächter der Hölle, und ist dies nun das Gespenst des *terorist*? Ist das mein Ende? Vielleicht bin ich in einem Dorf von *anarchist* gelandet? Vielleicht werde ich selbst als *terorist* verdächtigt?

»Guten Tag!«, begrüße ich ihn. »Ich bin Franzose. Ich gehe nach Kavak und Samsun.«

»Ich bin Fikret Bach, der *muhtar*, der Bürgermeister. Würdest du mir deine Papiere zeigen?«

Er nimmt meinen Pass und fährt fort: »Es wird Nacht. Du bist der erste Fremde, der jemals hierhergekommen ist. Das beunruhigt mich. Jemand wird dich im Auto bis zur Nationalstraße begleiten.«

»Danke, aber ich reise nur zu Fuß. Ich werde weitergehen.«

»Das ist gefährlich. Übernachte hier und gehe morgen weiter.«

Wieder einmal defilieren Brüder, Neffen sowie Freunde und Neugierige aus der Nachbarschaft an mir vorüber. Unter ihnen ist eine ganze Reihe von Tschetschenen, deren Familien vor Jahrzehnten hierhin ausgewandert sind.

Am nächsten Morgen begleitet mich Fikret zu Fuß bis in den Ort Kavak – »Pappel« –, von wo aus ich allein weiterzugehen gedenke. Tatsächlich jedoch begleitet mich eine Gruppe von etwa zehn Kindern im Alter von sieben bis elf Jahren. Wie alle türkischen Kinder – außer gewisser Tunichtgute aus Istanbul – sind sie sehr höflich und ehrerbietig gegenüber dem Erwachsenen und Fremden, wie ich einer bin. Mit rührender Unbekümmertheit nennen sie mich Onkel: »Wir mögen dich sehr, *amca* Philippe.« Unter den wachsamen Augen ihrer Eltern, die mich mit einem Tee willkommen hießen, grüßten mich die Kinder schon in vielen Dörfern Anatoliens voller Respekt vor dem Älteren, indem sie nach traditioneller Weise meine rechte Hand küssten und sie dann an ihre Stirn führten.

Die alte Straße von Samsun lässt eher an die Schweiz als an die Türkei denken. Grüne Hügel, die im Sonnenlicht mit leuchtend gelben Blumen übersät sind, steigen zu beiden Seiten an ihr empor. Die Kinder wetteifern unaufgefordert miteinander und pflücken mir in kürzester Zeit den größten Blumenstrauß. Um ihnen eine Freude zu machen, stecke ich ihn für eine Weile an meinen Rucksack, ehe sie wieder in ihr Dorf zurückkehren.

Atatürk

In Samsun lege ich eine Pause ein, die ich benötige, um neue Kräfte zu sammeln, und weil ich an den Feierlichkeiten zum 19. Mai teilnehmen möchte. Vor 80 Jahren, am 19. Mai 1919, erreichte Mustafa

Kemal, aus Istanbul kommend, Samsun, in der Hoffnung, die Türkei von ihren Besatzern zu befreien und so die Zerstückelung des Landes zu verhindern. Welch unerhörtes Glück, zum 80. Jahrestag dieser Ankunft in dem Hafen zu sein, von dem die Revolution ausging. Die Festlichkeiten haben schon vor ein paar Tagen begonnen ...

An diesem 18. Mai setze ich mich in ein Restaurant, um dort ein Fladenbrot mit Fleisch zu essen. Gerade habe ich meinen ersten Bissen hinuntergeschluckt, als auf der Hauptstraße Kinder in traditioneller anatolischer Tracht vorüberziehen. Ihnen folgen Veteranen der Armee Atatürks in Uniform, mit Orden geschmückt, den Dolch am Gürtel, Bajonette in der Hand und mit umgehängten Patronengurten. Ich lasse auf der Stelle mein Brot, meine Jacke und meine Sachen liegen und teile dem Wirt mit, dass ich in drei Minuten zurück bin. Ich halte mit der Prozession Schritt, die den Bahnhof von Samsun gerade in dem Moment erreicht, als der Zug Atatürks einfährt. Mit Riesenjubel wird die Ankunft des Zuges des ehemaligen Präsidenten begrüßt. Sein Foto in Originalgröße schmückt das Fenster seines Privatwaggons, und die Menge jubelt ihm zu. Atatürk, Führer und Befreier, autoritärer Visionär, ist im Gedächtnis seines Volkes sehr lebendig. Noch immer wacht er über sein Volk und dessen Größe. Die Kinder skandieren händeklatschend seinen Namen. Diese einmütige Begeisterung ist berechtigt und zugleich beunruhigend, jedenfalls für mich, der ich an diesem Tag vielleicht der einzige Westeuropäer in Samsun bin. Fasziniert von diesem Schauspiel, kehre ich erst zu meinem Essen zurück, nachdem ich drei Stunden lang fotografiert habe. Ich bin sicher, dass niemand meine Sachen gestohlen hat, die ich in diesem ruhigen Café zurückgelassen habe, wo das Bildnis Atatürks, wie in allen Geschäften, öffentlichen Gebäuden und Schulen des Landes, an prominenter Stelle hängt. Atatürks Leitsprüche schmücken die Wände, insbesondere folgender: *Ne mutlu Türk diyene* – »Glücklich, wer sich Türke nennen kann«. Am Eingang eines Lehrpavillons im Zentrum Samsuns ertönt seit mehreren Tagen schmissige Musik: »Es lebe Atatürk und es lebe der 19. Mai!« Es werden Spiele veranstaltet, bei denen die Kinder ein paar wissenschaftliche Dinge lernen und erfahren, dass der große Atatürk im Alter von zwölf Jahren ein brillanter Mathematiker gewesen sei. Im Vorübergehen flüstert mir ein Junge, zweifellos ein Kurde, zu: »Stimmt nicht!« und geht davon.

Mir fällt der Morgen des 23. April im Dorf Alacahöyük ein. Es war der Tag der Kinder, ein Nationalfeiertag. Auch er untermauerte die Einheit der Türkei, indem man sich zu Ehren der Republik und ihres Gründervaters versammelte. Die acht- bis zwölfjährigen Kinder standen in einer Reihe. Die Ältesten hielten Porträts des Vaters der Türken in ihren Händen, andere wiederum verlasen Texte zu Ehren der Türkei und seines 1938 verstorbenen Führers. Nachdem alles von den Eltern gebührend beklatscht worden war, begannen die Männer auf der einen Seite des Schulhofes, die Frauen auf der anderen, mit Spielen, darunter ein sehr lustiges Sackhüpfen. Als einzigem anwesenden Fremden standen mir, wie es die türkische Gastfreundschaft verlangt, ein Sonderplatz und fast königliche Ehrerbietungen zu.

Ich erinnere mich an das Mausoleum in Ankara, ein Beispiel für die nahezu grenzenlose Bewunderung der meisten Türken für Mustafa Kemal. Das Bild, das Armee und Volk vom Retter der Nation bewahren, ist – bei einem gewagten Vergleich mit der französischen Geschichte – eine Mischung aus Napoleon und De Gaulle, und auch hier ist Atatürk im Tod noch größer als im Leben.

Schwarzes Meer der Fischer

Ich wandere auf der geteerten Straße weiter, deren Monotonie teilweise vom freundlichen und lautstarken Hupkonzert der Autofahrer und Lastwagenfahrer durchbrochen wird, die zum Zeichen ihrer

Verwunderung den rechten Arm zum Himmel recken. In einem Café spricht mich einer von ihnen an: »Ich habe dich schon ein paar Mal gesehen. Vor zehn Tagen habe ich dich von meinem Laster aus gegrüßt. Erinnerst du dich nicht an mich?«

Für mich sehen fast alle Lkws gleich aus. So viele sind mir auf meinem Weg begegnet. Da ich merke, dass ihm wegen der anderen Neugierigen um uns herum eine positive Antwort Freude bereiten würde, stimme ich ihm einfach zu: »Ja, ja, natürlich!«

»Na dann, trinken wir einen Tee!«

Das wogende Schwarze Meer zu meiner Linken lenkt mich von der ermüdenden Langsamkeit meiner Pflastertreterei ab. Ich befrage regelmäßig meine türkischen Gastgeber bei den unzähligen Tees, was das »Schwarz« – *kara* – in der Bezeichnung ihres Meeres – *Karadeniz* – bedeutet. Meine Frage macht sie meist ratlos. Sie geben mir jedoch drei plausible Erklärungen. Die erste bezieht sich auf das Wüten der Fluten, das besonders im Winter ganzen Generationen von Fischern das Leben gekostet hat und das die Familien an seinen Gestaden die Farbe der Trauer tragen lässt. Eine andere Erklärung ist der unbestreitbare Mangel an Sonne, der diesem Meer mit seinen dunklen Sandstränden oftmals ein düsteres Aussehen verleiht. Der schwarze Sand ist eine dritte Erklärung.

In Wirklichkeit scheint es, als gehe der alte Name des Schwarzen Meeres, *Pont-Euxin*, wie die Römer und Griechen es nannten, auf die Deformation eines persischen Wortes zurück, das »dunkelblau« bedeutet. Der Ursprung des Namens soll also etwas mit der dunklen Tönung des Meeres zu tun haben.

In Ünye sehen die Fischer aber eher fröhlich aus. Sedat, 29 Jahre alt, besteht darauf, mich zum Tee einladen. Ich nehme unter der Bedingung an, dass es nicht länger als fünf Minuten dauert, denn ich möchte weiterkommen. Aus besagten fünf Minuten werden fast 24 Stunden: Die glücklichen Fischer, denen ich erzähle, dass meine

Stadt am Mittelmeer auch eine Heimat für Fischer ist, für ihre Brüder, schlagen mir vor, mit ihnen am Spätnachmittag zum Fischen hinauszufahren und den Abend mit einem Fischessen am Strand zu beschließen. Ich kann dieses Angebot nicht ablehnen, denn schließlich mache ich diese Reise auch, um zu lernen, was Zeit ist.

Draußen auf dem Wasser werden vom Boot aus über 200 lange Netze ausgelegt. »Wir fangen in letzter Zeit viel weniger Fisch«, klagt ein Fischer. »Wegen der Verschmutzung des Schwarzen Meeres gibt es manche Arten gar nicht mehr.« Wieder zurück am Strand, erhalte ich hierfür einen Beweis, als zwei Gruppen von je drei Fischern, denen ich zur Hand gehe, ihre Netze einholen. Der Fang ist ganz und gar nicht berauschend, aber doch so reichlich, dass meine spendablen Freunde meinem Gaumen und meinem Herzen in wunderbarer Erinnerung bleiben werden. Begleitet wird das Ganze vom Geflüster der Wellen, einem Glas Yeni Raki und der schönen Melodie von Ali Senol. Zu der Erkenntnis, dass Raki und der Islam nicht immer unvereinbar sind, gelange ich bei der Frage eines anderen Fischers, der gerade an seinem Schnapsglas nippt: »Welches ist dein Buch?« »Menschen des Buchs« sind für Muslime diejenigen, deren Zivilisation die Offenbarung des Monotheismus durch die Thora, die Bibel oder den Koran zuteil geworden ist: Juden, Christen und Moslems. Da stehe ich also nun, ein Christ, Rakiglas in der Hand, im Kreise meiner muslimischen Gastgeber in der Türkei.

Ali überrascht mich mit der Bitte: »Sing uns was Französisches.« Nach einem warnenden Hinweis auf meine nicht besonders gute Stimme denke ich natürlich an ein paar Hits der französischen Musik – *Ne me quitte pas, Un beau roman, Une belle histoire, Le Sud* oder jene Hymne ans Mittelmeer von Massalia Sound System *Qu'elle est bleue!* –, aber ich kenne keines ganz auswendig. Da mir nichts weiter einfällt, denke ich an die klassischen Schlachtgesänge, die ich in den Fankurven des *Vélodrome-Stadions* gelernt habe. Dann versuche ich mich an Kinderlieder zu erinnern, aber zu mehr als bis zum zweiten Vers von *Mon ami Pierrot* und *Sur le pont d'Avignon* reicht es nicht. In meiner Verlegenheit höre ich mich mit einem Male sagen: »Wenn ihr wollt, kann ich euch die französische Nationalhymne vorsingen, die *Marseillaise.*« Das Kind des Vaterlandes erhebt sich und erntet, nach zwei bis drei Minuten blutgetränkter Ackerfurchen, eine Menge Applaus. So habe ich also meine Ehre gerettet. Und was hätte besser zu mir gepasst als ein Marschlied? Nun kann ich stolz und ruhigen Gewissens zu Ali gehen, der mir seine Gastfreundschaft schenkt.

Mit Yusuf auf den Hügeln

Auf dem Weg nach Ordu kann ich ein Vorgebirge umgehen, indem ich die Route über die Berge nehme, wo der Walnussbaum, Symbol des Reichtums dieser Region der Türkei, vorherrscht. In Höhe von Bolaman beginne ich den Aufstieg über einen steilen Erdpfad. Unterhalb ruft jemand: »He, du! Warte!« Ein Mann, Mütze fest auf dem Kopf, stämmig, aber dennoch behände, klimmt mühelos den Abhang hinauf.

»Wohin gehst du?«

»Zur anderen Seite des Gebirges.«

»Wir können ein Stück des Wegs gemeinsam gehen. Mittags machen wir in meinem Dorf Halt. Da kannst du dich ein wenig ausruhen und bei mir zu Mittag essen. Und danach gehst du weiter.«

»Einverstanden! Danke. Wie heißen Sie?«

»Yusuf.«

»Und Sie kommen von Bolaman?«

»Ja. Früher habe ich dort als Hausmeister an der Grundschule gearbeitet. Jetzt bin ich 68 Jahre alt und im Ruhestand. Ich habe nur eben ein paar Produkte für meine Bäume besorgt.«

Den Weg zu seinem Dorf Laleli Mahalesi kürzt er über noch steilere Pfade ab. An einer Steilstelle sagt er zu mir: »Wer von uns beiden ist bald 70, ich oder du?« Daraufhin lasse ich ihn meinen Rucksack heben, der gut 20 Kilo wiegt. Da kann er mein langsames Vorankommen besser verstehen.

»Aber Sie sind stark!«, sage ich zu ihm. Er lächelt, sichtlich stolz, wie gut er in Form ist.

Unglaublich, dieser Yusuf! Er ist einer der wenigen Türken, die nicht rauchen. Da er den Islam mehr schätzt als den Alkohol, überhäuft er mich mit unverständlichen Gebeten und geheimnisvollen Sprüchen, Allah möge mir zu Hilfe kommen, als ich ihm mitteile, dass ich mit 35 Jahren noch immer nicht verheiratet bin. Nach dem Mittagessen begleitet mich der lebhafte Mann über einen Weg entlang des Hügels bis zur Straße. In der barmherzigen Absicht, mir zu helfen, schmettert mich seine letzte Bemerkung eher nieder: »Gib mir ein Weilchen deinen Rucksack. Ich helfe dir beim Tragen!«

In Görde mache ich die Bekanntschaft von Ömer Sen, einem Französischlehrer. Er erzählt mir von einem Dorf in den grünen Bergen, die direkt ins Schwarze Meer abfallen. Es heißt Kuchköy – »Dorf der Vögel«. Dort verständigen sich die Menschen seit Generationen durch Pfeifen. Da sie an einem tosenden Fluss leben, übermitteln sie auf diese Weise Botschaften, wie etwa: »Ich bin es, Ali« – »Bring mir die Schaufel!« – »Mehmet, bitte komm schnell!« – »Hier ist ein Fremder!« Obwohl die Kinder sich oft noch aufs Pfeifen verstehen, wird der Gebrauch des Telefons bei der jungen Generation den Reichtum des gepfiffenen Wortschatzes verringern. Heutzutage gibt es nur noch 3000 bis 4000 Personen, die sich bei schönem Wetter über mehr als 500 Meter hinweg verständigen können. Das ist die Entfernung, welche die Bewohner des Dorfes mit dem melodiösen Namen vom Gipfel des sie überragenden Berges trennt. Möge die Zeit den Zauber von Kuchköy bewahren, von dem es weltweit nur zwei ähnliche Beispiele gibt – in Spanien, auf den Kanaren, und in Mexiko!

Weiter östlich im Gebirge liegt das Dorf Chalpazari. An diesem Mittwoch, dem Markttag, stelle ich voller Freude fest, dass die Tradition auch in den reichhaltigen Farben, in denen die Kleider der Frauen aus den umliegenden Dörfern leuchten, bewahrt bleibt. In dieser Gegend können die nach westlicher Art farbloser gekleideten Männer an der Aufmachung einer lokalen Schönheit erkennen, aus welchem Dorf oder welcher Ortschaft sie stammt. Außer durch den Ring am Finger lässt sich hingegen an nichts feststellen, ob es sich um eine verheiratete oder eine ledige Frau handelt. In ihrer Unberührbarkeit sind die Frauen nur dazu da, das Auge zu erfreuen.

Insel der Amazonen

Seit meine Schöne mich vor zwei Monaten besucht hat, bin ich, ganz gegen meinen Willen, jeder Weiblichkeit entwöhnt. Glücklicherweise treffe ich täglich nette Menschen und werde so ein wenig über die Abwesenheit meiner Freunde und meiner Familie hinweggetröstet. Zum Ausgleich für die fehlende Liebe einer Frau habe ich meine gesunde Betätigung, einen Schritt vor den anderen zu setzen; das ermüdet den Organismus und lässt einen in Frieden. So lässt sich weibliche Begleitung leichter entbehren, was dennoch nicht verhindert, dass weiblicher Charme den einsamen Wanderer quälend heimsuchen kann.

Als ich von der Höhe der Festungsruinen Giresun eine Insel betrachtete – angeblich die einzige im Schwarzen Meer –, bestätigte mir ein Einheimischer, dass hier die Amazonen gelebt haben sollen und man hier noch die Überreste eines ihrer Tempel finde. Neugierig geworden, werde ich an Bord eines Fischerbootes herauszufinden versuchen, ob nicht einige der Amazonen aus Versehen dort vergessen wurden. Man kann ja nie wissen!

Ich bin den Anblick verhüllter Frauen, verborgen hinter wallenden Gewändern und Kopftüchern, leid. Das Bild barhäuptiger, knapp bekleideter Kriegerinnen übermannt mich. Während der kurzen Überfahrt träume ich von nichts anderem als einer ganzen Armee praller Schönheiten mit wohlgeformten Beinen und opulenten Brüsten. Von der Sonne erhitzt und den Fluten aufgewühlt, stehe ich im Geist schon vor dieser Legion schön geformter Schenkel, stelle mich der Kompanie wohlgeformter Hinterteile entgegen, stürme tapfer gegen die Abordnung vom Venusberg an, den es zu erstürmen gilt … Amazonen, hier kommt der heiß ersehnte Bezwinger!

Aber keine Spur von Amazonen auf diesem kahlen, rauen Eiland, nicht einmal eine Höhle, in der sie sich verbergen könnten. Lediglich das Haus des struppigen Yusuf, genannt der Robinson von Giresun. Er lebt dort seit sechs Jahren mit seiner verschwiegenen Frau, einem lethargischen Wachhund, Horden weißer Kaninchen und einer Soldateska von Möwen, kreischende Wächter über einen Tempel, der, obwohl verfallen, hier das einzig Handfeste ist. Allah führt mich ganz schön an der Nase herum! Auf dem Wasser wurde ich von der Mythologie und ihrer volkstümlichen Bilderkunst übermannt. Wo hätten die Amazonen auf einer so kleinen Insel eigentlich ihre Pferde abstellen können? Und erzählten die alten Griechen nicht, dass sie sich beim Bogenschießen eine Brust verbrannten? Ganz entschieden nein, diese grausamen Irren taten gut daran, sich zu verstecken: Sie haben mich nicht verdient!

Auf der Flucht vor der wirtschaftlichen Not in den ehemaligen Sowjetrepubliken arbeiten in Trabzon andere weibliche Wesen auf sehr viel konkretere, etwas zweifelhafte Art, und zwar gegen klingende Münze für die Annäherung türkischer Männer und slawischer

Frauen. Man kann sie nicht verfehlen im russisch-georgischen Viertel in der Nähe des Hauptplatzes mit dem Standbild Atatürks, der auf die Teetrinker, männliche wie weibliche, herunterschielt. Nicht alle schätzen die zunehmend ausländische Präsenz.

Ich sitze in einer Bar des Viertels beim Tee und verzeichne die Ereignisse der letzten zwei Tage in meinem Heft. Mehrere Schönheiten betreten den Raum. Sie legen ihre langen Mäntel ab, unter denen sie leicht bekleidet sind, und manch eine dieser koketten Damen ist ganz schön mollig. Ich glaube, den wahrhaftigen Aufenthaltsort der Amazonen gefunden zu haben, von Amazonen mit unversehrten, vollen Brüsten.

Das nunmehr gedämpfte Licht macht das Schreiben immer schwieriger. Ich bin hier per Zufall gelandet, aber im Grunde mag ich, vor allem nun als Junggeselle, die Atmosphäre solcher zwielichtiger Örtlichkeiten. Sie zeigen ein anderes Bild desselben Landes, die schmutzige Seite, die normalerweise verborgen bleibt. Hier herrscht ein Treiben, das sich von meinem gewohnten Umfeld unterscheidet. In der ausschweifenden Runde ertönt das versoffene und schmutzige Gelächter ausgelassener Aufschneider und Trunkenbolde auf der Suche nach ihrer Aphrodite. Hemingway, Baudelaire, Toulouse-Lautrec und andere Meister liebten solch geballte Ladung an Leben, Schönheit oder Hässlichkeit. Sie waren beispielhafte, brillante Schelme, aber deswegen werde ich hier noch lange kein besserer Schriftsteller oder begabter Maler. Ein Mädchen setzt sich zu mir. Ein hübsches Mädchen in einem eng anliegenden, gelben Oberteil. Um die zwanzig oder so. Eine unauffällige Tätowierung auf der rechten Schulter. Wohl geformt. Matt schimmernde Haut. Dunkle, feurige Augen.

»Du bist Dichter?«

»Das wäre ich gern. Und du, woher bist du?«

»Ich bin Aserbaidschanerin. Und du?«

»Franzose. Du hast Aserbaidschan verlassen?«

»Ja, ich habe keine Familie mehr.«

»Wie alt bist du?«

»Zwanzig. Ich habe einen Freund in Italien. Dort möchte ich irgendwann hin. Willst du nicht mit mir schlafen?«

Nicht weil ich feige bin, lehne ich ihren Annäherungsversuch ab. Und auch nicht, weil ich mich hinter irgendwelchen Moralprinzipien verschanze. Ich bedauere es bisweilen, aber ich brauche Ideale und Treue, deshalb kann ich mich mit dem Mangel an Gefühlen an solchen Orten nicht zufrieden geben. Mein Herz ist anderswo und mein Seelenleben noch zu unversehrt, als dass ich leichtherzig nachgeben könnte. Vielleicht geschieht es auch aus Stolz: Ich will lieber erobern, was ich begehre.

Wie in allen großen Städten des Landes teilen sich hier die türkischen Frauen in zwei Gruppen, die sich manchmal überschneiden. Da gibt es die »modernen Frauen«, äußerst feminin, verführerisch gekleidet, wie die Studentinnen Nuray, Banu und Pinar. Sie haben Spaß, sie lachen und bestürmen mich wissbegierig mit Fragen. Am Schwarzen Meer flöße ich den Frauen keine Angst mehr ein. Das ist beruhigend! Es gibt auch die traditionalistische Frau, die ihre Zugehörigkeit zum Islam offen mit dem Kopftuch zur Schau stellt, das ihr Haar verbirgt. Ihre Röcke oder Mäntel verdecken züchtig ihre Formen. Es ist jedoch nicht ausgeschlossen, dass sich am Freitag eine der Ersteren das Kopftuch der anderen ausleiht, um sich in die Moschee zu begeben.

Bevor ich nach Trabzon kam, hatte ich ein Bild im Kopf, die *Karawanserei von Trebizonde* von Fabius Brest, das im Museum der Schönen Künste von Marseille ausgestellt ist. Die Darstellung von Männern mit Turbanen in orientalischen Gewändern, vor den Arkaden dieses antiken Gebäudes – so zumindest erinnere ich mich daran –, und Trabzon, so der heutige Name der Stadt, 4200 Kilometer von meiner Stadt entfernt. All das trieb mich die ganze Zeit an, weiterzugehen und unermüdlich einen Fuß vor den anderen zu setzen. Die Karawanserei ist kleiner, als ich sie mir vorgestellt hatte. Sie wurde von ein paar Schneidern eingerichtet, die mich auch wieder zum Tee und zu Gesprächen einladen, um so einen ruhigen Nachmittag zu verbringen. Trabzon erschien mir so fern, mit seiner Altstadt, seinem Hammam aus dem 11. Jahrhundert, seiner von der griechischen Gemeinschaft geprägten Geschichte und seiner wunderschönen Kirche Hagia Sophia, wie sie mit ihren harmonischen Proportionen auf einem Vorsprung über dem Meer liegt.

Da ich nun diese Stadt gesehen habe, muss ich mir neue, näher liegende Ziele ausdenken: die Grenze zu Georgien, Echmiadzine und Erewan in Armenien, das Kaspische Meer …

Wiedersehen in den Bergen

Vom Badeort Ayder an werde ich nicht mehr allein marschieren. Für gut zwei Wochen wird sich mir mein Freund Olivier Autran anschließen. Dieser Freundschaftsbeweis macht mich sehr glücklich. Olivier hat mich bereits bei meinem Start von Marseille auf den ersten Kilometern begleitet. Vor seinem Eintreffen lasse ich ein paar gute, gemeinsam verlebte Stunden an mir vorüberziehen. Zähle ich die Länder, die wir gemeinsam bereist haben, so komme ich auf 15. Wenn alles gut geht, werden die Türkei und Georgien unser 16. und 17. Land sein. Olivier trifft wie vorgesehen ein. Wir reden viel. Er berichtet mir von unseren Freunden in Marseille und anderswo. Er hat gerade seine Stelle als Ingenieur bei der Telecom in Buenos Aires verloren, hofft aber, einen neuen Job in Rio zu finden, wo er gerade einige Zeit verbracht hat.

Am 26. Juni erreichen Olivier und ich das Bergdorf Yukari Kavron. Mehmet gestattet uns, unsere Schlafsäcke auf den Bänken des nur im Sommer geöffneten Cafés auszubreiten. Unglücklicherweise ist er entschlossen, den Fernseher die ganze Nacht in voller Lautstärke laufen zu lassen. In der Annahme, er habe das Ausschalten vergessen, stehe ich um drei Uhr morgens auf, um das nachzuholen. Doch er braucht offensichtlich den Lärm für eine ungestörte Nachtruhe, und so stellt er ihn eine Stunde später wieder an ... Gegen sechs Uhr brechen wir nach dieser Nacht unter dem kleinen Bildschirm mit schweren Lidern auf. Der Führer Adnan und ein anderer Mehmet bringen uns auf den richtigen Weg. Wir passieren zwei Bergseen, dann zwei Pässe in 2900 und 3150 Meter Höhe, die von mehreren kleinen Schneebrettern unterhalb des Berges Kaçkar blockiert sind. Olivier, der nicht so durchtrainiert ist wie ich, dafür aber mit angehaltener Luft 25 Meter absteigen und ohne sichtbare Anstrengung aufsteigen kann, kommt schneller voran, obwohl er einen beinahe ebenso schweren Rucksack trägt. Manchmal wartet er auf mich, um mir seine Überlegungen mitzuteilen: »Physisch gesehen, ist deine Leistung nichts Besonderes, aber um diese Reise machen und sie auch schätzen zu können, braucht man zweierlei: Willenskraft und Freude, fremde Sprachen zu lernen, damit man mit den Menschen kommunizieren kann.« Da hat er natürlich Recht, aber um zu Atem zu kommen, lasse ich ihn weiterreden. Der verdammte Kerl ist immer in Form.

Wir gelangen in ein grünendes Tal, in dem der wilde Fluss, der 70 Kilometer bis nach Yusufeli hinunterfließt, vorbeirauscht. Zahlreiche in den Bergen verstreut liegende Kirchen legen Zeugnis ab von der teilweise georgischen Vergangenheit dieser Region. Ihre oftmals erstaunliche Lage rührt von der Notwendigkeit, für die verstreuten Soldaten, die früher dieses Gebirge bewachten, Gebetsstätten bereitzustellen. Auch wenn das Äußere der Kirche von Barhal noch steht, ist ihr Inneres in erbärmlichem Zustand. Von Dörtkilise, »Vier Kirchen«, steht nur noch eine Ruine. Auf dem Dach wächst ein Baum.

Wie bei den Überresten der Kirche von Porta, die hoch über der Straße von Artvin nach Chavchat liegt, gereicht dieser Verfall wahrhaftig nicht zur Ehre der Türkei. Ich nehme an, einer schönen Moschee aus dem 10. Jahrhundert würde dieses Schicksal nicht zuteil. Das absehbare völlige Verschwinden all dieser Bauten ist wahrscheinlich das beste Mittel, die Spuren der nicht ausschließlich türkischen Vergangenheit der Region zu löschen.

Im Dorf Akarsu haben wir das Glück, vom Imam Hassan zum letzten Tagesgebet, das nach Sonnenuntergang stattfindet, eingeladen zu werden. Nach der rituellen Reinigung versammeln sich die sieben anwesenden Gläubigen vorn in der Moschee, um sich gemeinsam in Richtung Mekka zu verbeugen. Sie fallen auf die Knie und werfen sich dann zweimal nieder, das Gesicht zum Boden. Dann erheben sie sich und wiederholen die ganze Zeremonie noch dreimal. Erneut auf den Knien, wenden die Gläubigen den Kopf nach rechts und links, stehen dann auf und verteilen sich in der Moschee zum Gebet in sitzender Haltung. Zwischendurch erheben sie sich, legen bei geöffneter Hand die Daumen unter das Ohrläppchen, ehe sie sich wieder auf ihre Gebete konzentrieren, wobei sie sich bisweilen ihrer Gebetskette mit den 33 Kugeln bedienen. Am Ende der Zeremonie kommen sie wieder zusammen, und nachdem der Imam singend einem Assistenten geantwortet hat, gehen sie auseinander. Das Ganze hat rund 20 Minuten gedauert. Kenan, ein schnauzbärtiger, magerer Mann, der mit uns in der Moschee war, bietet uns seine Gastfreundschaft an.

Nach dem Aufwachen nimmt uns unser Gastgeber zu seinem Vater mit, wo wir im dritten Stock eines Holzhauses, das auf einem für diese Gegend charakteristischen Steinfundament steht, frühstücken. Die beiden unteren Ebenen sind bewohnt, aber seltsamerweise ist die dritte Etage zur Talseite hin völlig offen. Sie dient insbesondere zur Lagerung der Bienenkörbe und ebenso dazu, bei schönem Wetter vor einem unvergesslichen Panorama und inmitten des Summens friedlicher Bienen, die uns nicht einen Moment lästig werden, zu speisen.

Nach zwei weiteren Pässen und einem Marsch mit anstrengenden Höhenunterschieden befinden wir uns am Ende des Tages ganz in der Nähe von Narlik, unserem Tagesziel. Inmitten steiler Schluchten betrachte ich den reißenden Fluss, der 15 Meter unter mir tost. »Vorsicht!«, brüllt Olivier plötzlich. In meiner Erschöpfung habe ich die Schlange nicht gesehen, auf die ich beinahe mit meinem rechten Fuß getreten wäre. Ein dünnes, gut einen Meter langes grünliches Band entflieht, wahrscheinlich verängstigter als wir. Ich rede mir ein, dass sie sicherlich nicht giftig war, so wie in meiner Kindheit in der Provence, wo die Nattern auf den mit Trockensteinmauern eingefassten Terrassen in den Hügeln dösten. Der Wirt im Café von Narlik, dem ich davon erzähle, macht meine Annahme ganz schnell zunichte: Der Biss dieser Schlange wirkt in zwei bis drei Stunden tödlich.

Kampf auf den Hochebenen

Da uns das Schicksal wohlgesinnt war, können wir unseren Weg bis in die Gegend von Ardanuç fortsetzen, wo wir auf vereinzelte Ruinen georgischer und armenischer Festungen stoßen.

Am 3. Juli bietet sich uns in Aydinlar die Gelegenheit, auf einer Wiese in 2000 Meter Höhe an einem Dorffest teilzunehmen. Die lokalen Ringer treten hier an, um ihre Stärke, Geschicklichkeit und Ausdauer zu beweisen. Zu langsamen Trommel- und Flötentönen, die eine irreale Atmosphäre schaffen, deuten die Kämpfer mehrere Tanzschritte an. Der Schlagabtausch beginnt immer sanft. Danach gehen die Gegner brutal aufeinander los und verharren in oft Furcht erregenden Umklammerungen. Beim Anblick dieser Athleten, die in Wendigkeit, Ausdauer und Stärke miteinander rivalisieren, muss ich unweigerlich an den französischen Ausdruck »stark wie ein Türke« denken. Anders als in manchen Reiseführern behauptet wird, handelt es sich hier wohl nicht um einen Begriff, der nach dem Besuch eines Sultans im Frankreich des 19. Jahrhunderts in Gebrauch kam, sondern um eine ältere, seit dem 17. Jahrhundert belegte Wendung. Auf christlichem Boden waren die ottomanischen Türken, genauso wie die Mauren, lange Zeit der Inbegriff des Ungläubigen. Tatsächlich wurde seine Kraft, die heutzutage positiv gewertet wird, einstmals für brutal gehalten.

Der immer schneller werdende Kampf zieht mich in seinen Bann. Einem Mitstreiter gelingt es, seinen Gegner niederzuwerfen und ihn mit den Schultern auf dem Boden festzunageln. Der Sieger gratuliert daraufhin dem Besiegten und vollführt einen Freudentanz. Sachkundige Zuschauer belohnen die Kämpfer mit ein paar Banknoten, die den spendablen Händen ihrerseits danken, indem sie diese an ihre schweißnasse Stirn legen und anschließend küssen. Der Kampf fesselt die Massen, entfacht die Wut des einen oder anderen Anhängers, der den Schiedsrichter beschimpft, wenn er mit dessen Entscheidung nicht zufrieden ist. Noch leidenschaftlicher sind die brutalen und blutigen Hundekämpfe, in denen auch der »liebe Hund« glücklicherweise bisweilen den Sieg davonträgt. Dann treten noch die Pferdebesitzer in einem Rennen gegeneinander an. Mit der Verleihung der Medaillen an die Sieger erreicht die Zufriedenheit der Zuschauer dieser Dorfspiele ihren Höhepunkt.

Im Gefängnis!

Auf unserem weiteren Weg beschließen wir, über das Gebirge abzukürzen und so zwei Tage einzusparen, anstatt die Hauptstraße zu nehmen, die zum Grenzposten zwischen der Türkei und Georgien im Norden des Marktfleckens Posof führt. Als wir am 5. Juli abends im Dorf Demirkapi abends eintreffen, beherbergt uns der Bürgermeister des Ortes. Wir sind froh, drinnen zu schlafen und so dem Regen und eventuellen nächtlichen Begegnungen mit den Bären zu entgehen. Im vergangenen Monat haben sie einen Lehrer und eine weitere Person getötet. Wir treffen zwar auf keine Bären, dafür wird unsere Nachtruhe um ein Uhr morgens gestört, als elf mit Maschinenpistolen bewaffnete Polizisten in Begleitung von zwei Unteroffizieren beim Bürgermeister auftauchen.

»Sie befinden sich in einer militärischen Sonderzone an der Grenze zu Georgien. Nur Militärs und Dorfbewohner haben hier Zutritt.« Wir werden eine Stunde lang auf Türkisch verhört, dann konfisziert man unsere Pässe. Nach zwei anstrengenden Stunden

Ein Bauer auf dem anatolischen Plateau in der Nähe des Karagöl-Sees

auf steilen Pfaden beenden wir unsere Nacht in einer Zelle der Polizeiwache von Veliköy, deren einziges Mobiliar aus einer schmalen Bank besteht. Wir dürfen unsere Schlafsäcke auf dem Boden ausbreiten und uns drei Stunden Ruhe gönnen, die wiederholt von neugierigen jungen Polizisten gestört wird.

Am nächsten Morgen glauben wir, gegen Mittag freigelassen zu werden, aber nachdem man uns erlaubt hat, im Freien zu frühstücken, holen uns die Polizisten zu unserer Überraschung wieder ab und bringen uns mit dem Auto in die eineinhalb Stunden entfernte Kommandozentrale von Artvin. Dort erwarten uns in einem Raum ein Offizier und vier Männer in Zivil, sicherlich vom Nachrichtendienst. Olivier wird auf Englisch verhört und ich, im selben Raum, auf Türkisch. Ich hatte nicht geglaubt, dass die vermeintliche Abkürzung durchs Gebirge uns einen derartigen Umweg bescheren würde. Ich muss noch ein Blatt Papier unterzeichnen, das eine unglaubliche Menge Informationen zu meiner Person enthält, wie z. B. der Name meiner vier Großeltern, meiner Onkel und Tanten, die Fremdsprachen, die ich spreche, Details zu meiner Ausbildung, meiner Kindheit ... Die Grundschule Mazenod, rue du Rouet in Marseille, und das Collège de Provence werden nun in der Türkei als Ausbildungszentren für Spione geführt.

Unsere Ausfrager bleiben höflich und sind sich wohl bewusst, das hoffen wir zumindest, dass internationale Denunzianten nicht ohne Tarnung auf den Straßen herumlaufen und beim Bürgermeister eines in der Militärzone liegenden Dorfes schlafen würden. Wir können nur in gutem Glauben argumentieren: »Dieser Weg ist der kürzeste und der schönste. Kein Schild weist darauf hin, dass wir uns auf militärischem Gelände befanden. Unsere Karten übrigens auch nicht. Sehen Sie!« Einer der Fragesteller prüft eingehend Oliviers Pass, der voller Visa aus lateinamerikanischen Ländern ist. Da er sicherlich Rauschgifthandel befürchtet, fragt er ihn:

»Sie waren in Kolumbien. Kennen Sie Pablo Escobar?«

»Ich weiß, wer er ist, aber er kennt mich nicht.«

Olivier unterdrückt sein Lachen, und das Verhör endet mit dieser Antwort, die die Untersuchungsbeamten zufrieden zu stellen scheint. Unsere momentanen Gastgeber lassen uns nach Chavchat zurückfahren, wo ein Polizist ein Foto von uns für seine Unterlagen macht, man weiß ja nie. Noch eine Spur unseres Weges. Alsdann werden wir höflichst bis zum See von Karagöl, dem »schwarzen See«, begleitet. Wir treffen dort nach 22 Uhr ein. Morgen können wir ein Gebiet – diesmal ein erlaubtes – im Gebirge südlich unserer ursprünglichen Route durchwandern.

Verloren im Gebirgsnebel

Nach einem steilen Anstieg erreichen wir ein *plato*, wie es hier genannt wird – eine Reihe sanfter Bodenwellen auf der Hochebene zwischen 2500 und 2700 Meter Höhe. Man hatte uns geraten, uns nicht bei Nebel dorthinzuwagen. Als wir bereits mitten auf dem *plato* angelangt sind, hüllt uns ein dichter Schleier ein ... Voller Angst, auf einen Bären zu stoßen, irren wir zwei Stunden umher, ehe wir einem Wasserlauf folgen, der hinunter ins Tal führt. Leider jedoch nicht in das von uns erhoffte. Als wir an Höhe verlieren und aus dem Nebel treten, erblicken wir in der Ferne das Minarett einer Moschee, das auf uns so beruhigend wirkt wie der Anblick eines Kirchturms bei uns. Wie ein Leuchtturm signalisiert er uns menschliches Leben. Es handelt sich um das Dorf Yukari Aydere, in dem alle Bewohner darauf bestehen, dass wir beim Bürgermeister nächtigen. Es ist scheinbar eine seiner Pflichten, die im Gebirge verirrten Fremden zu beherbergen.

Um 4.30 Uhr wird geweckt. Wir kürzen durch die überschwemmten Felder ab, auch wenn wir dabei durch Wasser waten, das rasch in unsere Schuhe eindringt. Wir müssen den IlgardagiPass auf 2540 Meter und die Straße von Posof erreichen. Nahe der Grenzen sind die Karten bewusst von den Militärs gefälscht worden – ein Erbe des Kalten Krieges. Posof, auf unseren Karten etwa zehn Kilometer vom Pass entfernt eingezeichnet, befindet sich in Wirklichkeit mehr als 20 Kilometer davon und weitere 15 von der Grenze entfernt. So wird diese Stadt für unseren müden Geist zur Fata Morgana, die sich in dem Maße entfernt, wie wir uns ihr zu nähern versuchen. Über Wiesen, Hochwälder und Lichtungen umgehen wir die Kurven der zum Tal hin abfallenden Straße, zu unserer Freude begegnet uns wenigstens ein Hirsch. Nachdem wir unser Tagesziel endlich erreicht haben, lächle ich bei dem Gedanken, dass ich morgen, nach sechs Monaten Türkei, meinen Fuß in mein achtes Land setzen werde.

Georgien

Gastfreundschaft und Weißwein
9. Juli – 28. August 1999

Hinter riesigen Gitterzäunen, Relikten aus Sowjetzeiten, verweist uns der Passkontrolleur sogleich auf die Gebräuche des Landes: »Fünf Dollar Gebühr für die Einreise nach Georgien.« Offensichtlich entrichten die georgischen Prostituierten, die nach Hause zurückkehren, auch diese Steuer. Wir verhandeln und zahlen nach kurzem Zögern lieber die bescheidene Summe, um nicht Gefahr zu laufen, später einen Fotoapparat oder einen Schlafsack abgeben zu müssen. Gut zehn Meter weiter sind die Zöllner mit ihrer Version amtlichen Diebstahls an der Reihe: Für zwei Dollar wollen sie uns mit unserem Gepäck passieren lassen. Die Summe ist akzeptabel, und für uns Ausländer sind sie eher ehrenwerte Diebe. Um jedoch das unliebsame System nicht noch zu fördern, weigern wir uns. Das verblüfft sie. Sie blicken sich an, sehen unsere Pässe durch und geben sie uns lächelnd zurück. Mit dem Ausruf der Anerkennung: »Ah! Frankreich! Platini! Platini!« geben uns die Zöllner zu verstehen, dass wir mit unserem Gepäck gebührenfrei passieren dürfen. »So ist das also! Platini! Platini! Auf Wiedersehen!« Dank an Michel, der uns aus der Patsche geholfen hat.

Fast am Ende

Nach einer Stunde Marsch über Land zur nächsten größeren Straße verkündet uns ein riesiger Christus am Kreuz, dass wir uns wieder auf christlichem Boden befinden. Da Olivier am 13. Juli zurückfliegen und ich mein armenisches und iranisches Visum abholen muss, fahren wir direkt mit dem Bus in die Hauptstadt Tiflis. Am 14. Juli gehe ich zum Empfang in die französische Botschaft und freue mich, Landsleute zu treffen und Informationen über das Land zu bekommen. Bei einem feurigen Salsa, gesungen von Gloria Estefan, versagt ganz plötzlich mein Knie und ein heftiger Schmerz durchfährt mich. Ich breche zusammen. Beim Versuch aufzustehen kann ich mit dem rechten Fuß nicht mehr auftreten. Ich nehme an, dass meine vor Jahren operierten Kreuzbänder erneut gerissen sind und damit das Ende der Reise besiegelt ist. Ich bin verzweifelt.

Die Szene entbehrt jedoch nicht einer gewissen Komik. In dieser in Tiflis versammelten internationalen Gesellschaft gibt es viele Ärzte. Eine erste Stimme meldet sich: »Was ist passiert? Ich bin Arzt!« Dann befiehlt eine zweite, zu einer hübschen Frau gehörende Stimme: »Lassen Sie mich durch! Ich bin von den *Médecins du monde*!« Schließlich ruft eine dritte: »*Excuse me! I am a doctor!*« Vincent Braniff, ein 31-jähriger Australier, der eine Zeit lang Arzt in der australischen Luftwaffe war, ist mit Knieproblemen vertraut. Er arbeitet für die medizinische Gesellschaft OMS und kümmert sich um die in Georgien arbeitenden Ausländer. Voller Verständnis für mein begrenztes Budget bietet er mir an, mich in seiner Klinik unterzubringen. Ich bin von diesem Schicksalsschlag niedergeschmettert. Unaufhörlich geht mir durch den Kopf: Ich bin gescheitert! Ich werde nicht bis nach China kommen! Erst gegen Morgen schlafe ich ein und wache am Nachmittag auf.

Am 15. und 16. Juli sieht es nicht viel anders aus. Noch immer kann ich mit dem rechten Fuß nicht auftreten. Ist meine schöne Reise wirklich schon zu Ende? Giorgi, ein sympathischer Arzt um die dreißig, begleitet mich ins größte Krankenhaus von Tiflis zu Röntgen- und Ultraschallaufnahmen. Er ist dünn, bärtig, mit kahler Stirn und pechschwarzen Augen, wirkt aber trotz seiner strengen Erscheinung recht gutmütig. Sein melancholischer Blick passt zu meinen momentanen Gedanken. Der Befund ist nicht sehr gut, verbietet jedoch nicht völlig das Gehen: leichte Meniskusverletzung mit Gelenkerguss. Meine Bänder sind intakt. Ich gehe noch zwei Tage auf Krücken, dann vier Tage mit nur einem Stock, ehe mein rechtes Bein wieder an Muskelkraft gewinnt und ich mich auf den Weg machen kann. Nach meinem Missgeschick in Istanbul und in Georgien habe ich so am eigenen Leib erfahren, dass ein umsichtiger Wanderer weder versuchen sollte zu rennen noch zu tanzen.

Dieser erzwungene Aufenthalt bringt es mit sich, dass ich den Reichtum der georgischen Kulturgüter in der Hauptstadt und in der Provinz bewundern kann. Die Baukunst kommt in außergewöhnlichen Kirchen zum Ausdruck: die von Mskheta und Djvari und die Wehrkirche von Ananuri. Die Kirche von Djvari thront auf einem Hügel. Ohne überflüssige Ornamentik, verleiht die Reinheit des einzeln behauenen Steins der Stille des Ortes eine tiefe Heiterkeit.

Die Kirchen Georgiens sind ebenso schön wie der Mythos um seine Gründung. In einem Café in Tiflis treffe ich den Französisch sprechenden Maler Leri Tsukachvili, der mir diese Geschichte erzählt. Leri, um die fünfzig, ist stolz, dass einer seiner Urgroßväter auf den Barrikaden der Pariser Kommune starb. Ein wenig georgischer Wein verleiht seiner poetischen Fantasie einen Anflug von Wahrheit: »Wir Georgier wissen wohl, dass, nachdem Gott das Land unter den Völkern der Welt aufgeteilt hatte, unsere Ahnen verspätet und wirr im Kopf auftauchten und zugeben mussten, dass sie beim Weintrinken gewesen waren. Da nichts mehr für sie übrig geblieben war, gab Gott ihnen widerwillig ein Stück vom Paradies, schließlich wusste er ihre Offenheit zu schätzen.«

Einer anderen Legende zufolge beginnt die Geschichte dieses alten Landes gleichzeitig mit der Armeniens. Zwei Brüder hatten sich getrennt, um ihre Königreiche zu gründen: Armenien und Georgien. Kartlos trat an die Spitze der Karter, die den Osten des heutigen Georgiens besetzten. Im Westen lag Kolchis, am Ufer des Schwarzen Meers, berühmt geworden durch die Geschichte von Jason und dem Goldenen Vlies. In ihrer Sprache nennen sich die Georgier noch immer Karter und ihr Land Sakhartvelo – das »Land der Karter«.

Wir setzen unsere Gespräche im Atelier fort, auf dessen Holzboden von ihm gemalte Bilder – Straßen in Tiflis und einige Porträts – und Skulpturen von seiner Tochter stehen. Das künstlerische Talent muss sich in seiner Familie vererbt haben. Leri führt weiter aus: »Zwei Etymologien werden für den Namen Georgiens vorgebracht. Die erste bezieht sich auf das Griechische *ge*, Erde (wie in ›Geologie‹ oder ›Geografie‹), denn Georgien ist ein fruchtbares Land mit reichlichen Erträgen. Die andere Erklärung ist die Verbundenheit unseres Volkes mit dem Heiligen Georg, dem Drachenbezwinger, der aus Kappadokien stammte. Es heißt, dass der damalige römische Kaiser, ein Feind des christlichen Glaubens, ihn in ungelöschtem Kalk begraben, dann in 365 Stücke zerkleinern ließ, nur um festzustellen, dass seine Anstrengungen, den Heiligen ins Jenseits zu befördern, vergeblich waren. So gibt es heutzutage in Georgien 365 Sankt-Georg-Kirchen, und deshalb ist Giorgi hier der beliebteste männliche Vorname.«

Trotz ihres Stücks himmlischen Erbes ist die Zukunft der Georgier nicht leicht. Sie versuchen, sich im Strudel regionaler Instabilität, die ihr Land zu verschlingen droht, über Wasser zu halten. Offiziell haben sie sich seit dem 9. März 1990 von der sowjetischen Autorität befreit, dennoch gibt es auf ihrem Boden noch drei russische Stützpunkte, deren Schließung Gegenstand schwieriger Verhandlungen ist. Mit einem Auge gen Norden schielend, bezichtigen sie inzwischen ihren Nachbarn gern des Imperialismus. Ironie der

Geschichte: Es war ein Georgier, Genosse Stalin, der zu Zeiten der Sowjetisierung und der Gulags die Geschicke der Union lenkte und seinem Landsmann Beria die Aufgabe der Säuberungen überließ. Wie viele Millionen oder zig Millionen Menschen wurden durch sie ausgelöscht?

Georgien beunruhigt nicht nur die Begehrlichkeit des ehemaligen großen Bruders, sondern auch die Tatsache, dass es von unabhängigen, muslimischen Staaten umgeben ist (Türkei, Aserbaidschan und, nicht sehr weit entfernt, Iran) und auch von Ländern, die nunmehr ihre Autonomie fordern (Dagestan, Tschetschenien und die Region der Nord-Osseten in Russland). Die Hauptstadt Tiflis wurde in ihrer 1500-jährigen Geschichte 29-mal überfallen, allen voran von den Arabern, von Tamerlan und seinen zentralasiatischen Kriegern, von den Mongolen, den Ottomanen und den Persern, ehe sie von den Russen »befreit« wurde. Dennoch unterhält Georgien gute Beziehungen zu den meisten Nachbarn, vor allem zu Aserbaidschan, mit dem es eine Pipeline vom Kaspischen Meer zum Schwarzen Meer plant. Internen Kämpfen im Süden und Bürgerkriegen im Norden ausgesetzt, ist Georgien auf dem Weg zur Balkanisierung. So gesehen, ist die Geduld seines Volkes zu bewundern, das trotz der Prüfungen, die ihm von der Geschichte auferlegt wurden, nie den Kopf hängen ließ. Die rund 80 000 muslimischen Abchasen haben die übrigen Georgier aus der selbst ernannten neuen Republik vertrieben (mit Waffenlieferungen aus Russland, wie man hier behauptet). Ähnliche Spannungen gibt es im Norden des Landes, wo die Süd-Osseten – auf georgischem Boden – versuchen, ihre Unabhängigkeit und eine Fusion mit den Nord-Osseten – auf russischem Territorium – zu erlangen. Im Südwesten hat sich Adscharien, an der Grenze zur Türkei, für autonom erklärt und Batumi zu seiner Hauptstadt gemacht.

Mit dem Fall der Berliner Mauer trat der wirtschaftliche und technologische Rückstand der Länder des Ostens in seinem ganzen Ausmaß offen zutage. Georgien überlebt nur noch dank seiner Zementindustrie, die durch sporadische Aufträge reaktiviert wird, und des Abbaus von Mangan sowie einiger landwirtschaftlicher Produktionen, wie Wein und Bier. Welche Anstrengungen werden die jungen Leute Georgiens anstellen müssen, um ihrem Land eine stabile Zukunft sichern zu können!

Das Monatsgehalt eines Büroangestellten, eines Arbeiters, eines Kardiologen am Krankenhaus, eines Lehrers oder Professors liegt im Allgemeinen unter 30 Lari (das entspricht 15 Euro), Rentner erhalten etwa die Hälfte. Dabei kostet in Tiflis ein Ei umgerechnet acht Cent in Euro, ein Brot 25 Cent, eine Busfahrt 15 Cent und ein Liter Benzin mehr als 30 Cent. Polizisten stehen sich deutlich besser als die Mehrheit der Georgier. Sie werden weniger schlecht bezahlt, dafür mit Verspätung, wie alle Beamten. Sie kommen allerdings besser über die Runden, indem sie alte, klapprige Autos anhalten, dem Fahrer einen Strafzettel verpassen und ein Bußgeld von zwei Lari (rund 1 Euro) auferlegen. Über ein prozentual verteiltes Pyramidensystem soll das einkassierte Geld angeblich bis in die Spitze des Verwaltungsapparats gelangen. Die Arbeit bei der Polizei ist so einträglich, dass in bestimmten ehemaligen Sowjetrepubliken eine Stelle im Polizeidienst käuflich erworben werden muss. Korruption und Arbeitslosigkeit werden noch lange blühen.

Es gibt viele Arme, die eine ihrem Alter unangemessene Arbeit verrichten oder um Almosen bitten müssen: Auf der Straße sitzt ein ausgezehrter, weißhaariger Mann vor seiner Personenwaage und wartet auf Kundschaft. Mitleid erregt eine alte Dame, die fünf oder sechs Bücher verramscht, die bestimmt jahrzehntelang ihre Bibliothek geschmückt haben. Die Kleider sind sauber, aber geflickt. Sie kaschieren, so gut es eben geht, die Spuren verletzten Stolzes. Der Kampf ums Überleben, das Flair postkommunistischer, heiterer Dekadenz erinnert mich an Kuba. Die Häuser im Zentrum von Tiflis zieren Holzbalkone in lebhaften, fröhlichen Farben – Weiß, Gelb, Rot, Blau – und erinnern eher an die Karibik als an eine ehemalige Sowjetrepublik. Für die Bevölkerung ist dies leider nicht der einzige Vergleich mit Kuba. In den Provinzstädten funktioniert das Telefon nur, wann es will. Stromausfälle und demzufolge Fahrstuhlpannen in den höchsten Gebäuden gehören zum Alltag. In Voraussicht der täglichen Unterbrechungen der Wasserversorgung füllen die Leute Flaschen und manchmal ihre Badewanne.

Lewan

Als ich eines Tages in der Hauptstadt eine Statue des Kleinen Prinzen betrachte, die auf einem Saint-Exupéry gewidmeten Brunnen thront, werde ich von mehreren Männern angesprochen, die auf öffentlichen Bänken sitzen. Sie möchten, dass ich von ihnen ein Foto mache. Sind es Obdachlose? Doch unter ihnen ist ein Mann in tadellos gebügelter Hose und elegantem, grünem Poloshirt. Lewan ist über vierzig. Sein kahler Schädel betont sein rundes Gesicht. Nachdem ich die Gruppe fotografiert habe, wendet er sich in sehr gutem Französisch an mich: »Wenn Sie möchten, lade ich Sie zu mir zum Kaffee ein.« Sergo, einer aus der Gruppe, begleitet uns. Bei unserem Eintreffen scheint Lewans Mutter Medea, eine vornehme Frau, beim Anblick des anderen Überraschungsgastes, dessen eingedrückte Nase von einem bewegten Leben zeugt, entsetzt zu sein. In der feudalen Wohnung prangen an der Wand eine Pendeluhr und eine Porträtzeichnung von Medeas Vater, einem Schriftsteller mit schwarzem Bart. »Er sah Anatole France ähnlich«, sagt Medea voller Stolz zu mir. Sie ist hocherfreut, ihr schönes, leicht veraltetes Französisch praktizieren zu können.

Auch wenn sich Sergo, der Hartgesottene mit der rauen Stimme, auf Russisch nicht so gewählt ausdrückt, ist er nicht weniger sympathisch. Er erzählt mir sein Leben: »Ich bin 65 und habe 31 Jahre in sowjetischen Gefängnissen und Gulags in Sibirien verbracht. Nicht aus politischen Gründen. Ich habe Dummheiten gemacht.« Da er mich für einen reichen Knaben hält, kommt er auf sein Lieblingsthema zurück: »Kauf mir Zigaretten und eine Flasche Wodka.« Lewan warnt ihn: »Belästige nicht länger meinen Gast.« Als wir dann zum Brunnen zurückkehren, gebe ich der erneuten Bitte Sergos nach, die schließlich auch Lewan begeistert, und wir leeren die Flasche Wodka am Brunnenrand mit den anderen, die mich wie den Heilsbringer feiern. Wodka, Zigaretten ... ein wahres Fest. Ich rauche nicht, aber auf ihre Bitte hin trinke ich mit ihnen. Ich habe nichts gegessen, und in der heißen Sommerluft fühle ich schnell, wie der Alkohol mein Hirn umnebelt. Ich versinke in glückselige Apathie. Sergo, der ehemalige Kriminelle, nimmt mein Gesicht in seine beiden großen, schwieligen Hände und küsst mich brüderlich auf beide Backen, dann hält er mir seine Backe hin, damit auch ich ihn küsse. Lewan ist zufrieden. Nachdem wir eine ganze Weile schweigend auf der Bank gesessen haben, sagt er diese einfachen Worte, die mir direkt ins Herz gehen: »Du bist mein Freund, Philippe.« Und dies unter den Augen des Kleinen Prinzen, der, vom Fuchs sprechend, sagte: »Es ist gut, einen Freund zu haben.« Ich bin glücklich.

Ich gehe oft zu Lewan und lerne seine Frau armenischer Herkunft und seine Tochter kennen. Nelli ist von Beruf Ingenieur, verkauft aber Teppiche. Nino studiert Englisch. Nachdem Lewan mir seine Liebe zu Frankreich gestanden hat, bereitet er einen kleinen Trunk für mich vor: eine Mischung aus Rotwein, Früchten und Sprudelwasser, eine Sangria nach georgischer Art, die traditionell in einem Tonkrug gereicht wird. Ich stelle ihm Fragen über seine Sprache: »Georgisch ist eine seltsame Sprache. Ihr Ursprung ist unbekannt. Es ist keine indoeuropäische Sprache und unser Schriftsystem mit 33 kursiven Buchstaben gibt es nur bei uns. Unter dem Sowjetregime mussten die Georgier um das Überleben ihrer Sprache kämpfen. Manche behaupten, dass Baskische habe gemeinsame Wurzeln mit dem Georgischen. Jedenfalls sind viele Georgier überzeugt, von derselben Familie wie das baskische Volk abzustammen, man weiß jedoch nicht, ob die Basken aus Georgien kommen oder umgekehrt.« Die Tatsache, dass die Römer manche Georgier »Iberer« nannten, ist verwirrend. Mangels vergleichender Studien über ihre DNA lassen mich persönliche Nachforschungen über 400 der gebräuchlichsten Wörter in den beiden Sprachen vermuten, dass die Verwandtschaft beider Völker schwieriger nachzuweisen ist, als manche Georgier so glauben. Das Personalpronomen »ich« – *ne* im Georgischen, *ni* im Baskischen –, das Verb »haben« – *kona* und *ukan* – und »vor« – Präposition *tsin*, Postposition *aitzin* – sind die einzigen Ähnlichkeiten, die ich finden konnte. Beide Sprachen verwenden hingegen zum Zählen ein Vigesimalsystem (auf der Basis 20) im Gegensatz zu den meisten europäischen Sprachen, die auf dem Dezimalsystem beruhen. Zu 40 sagt man 2 x 20, zu 60 entsprechend 3 x 20.

Lewan kommt von selbst auf eine schwierige Zeit seines Lebens zu sprechen, als er in Abchasien kämpfen musste: »Hast du schon mal mit einer Kalaschnikow geschossen, Philippe? Hast du schon mal jemanden getötet? Ich liebe Georgien, aber alle Menschen sind Brüder. Wir sind auf der Welt, um Fußball zu spielen, nicht um auf uns zu schießen.« Vom Inhalt des Krügleins leicht benebelt, kommt mir unvermittelt die schöne Devise der Weltmeisterschaft in den Sinn: »Eine Welt, die spielt, ist schön«, und der Ausspruch von Romain Gary: »Patriotismus ist Liebe zu den Seinen. Nationalismus ist Hass auf die Nächsten.« Die Worte des Patrioten und Humanisten Lewan sind für mich Ausdruck gesunden Menschenverstandes. Ich werde deine Worte, dein Krüglein und unsere Freundschaft nie vergessen, Lewan.

Nach meinem Aufenthalt im Süden Georgiens mache ich mich wieder auf den Weg. Einige Bewohner der Gegend haben Fallstricke ausgelegt, die sowohl für die Gesundheit meiner Leber als auch für meine korrekte Reiseroute gefährlich sind. Allem voran geriet ich in den Hinterhalt georgischer und aserbaidschanischer Ärzte, etwa zehn Kilometer nach der Stadt Achaltsiche. Im Georgischen bedeutet *achal* »neu« und *tsiche* »Schloss«, ein Ortsname, der vielen Ländern gemein ist: in der Schweiz: Neuchâtel, in Belgien: Neuf-

Altertümliche Tankstelle in der Nähe von Achaltsiche

château, in Frankreich: Châteauneuf, in England: Newcastle. Am Straßenrand, an der Böschung eines Flusses, sahen sie einen Franzosen mit einem Sack auf dem Rücken näher kommen: »Woher kommst du? Du bist Franzose? Los, trink doch was mit uns! Nur ein Gläschen!« Schon wieder bin ich in diese zunächst köstliche Falle geraten, wo der Wein in Strömen fließt und jeder andächtig dem minutenlangen Trinkspruch des Zeremonienmeisters, des *tamada*, lauscht. Der aserbaidschanische Chirurg Sabir Aliev, der in Deutschland gearbeitet hat, ist in der Ausübung dieser Operation kampferprobt. Das Auditorium der Georgier, Militärärzte und ein Bildhauer, hängen an seinen Lippen, um die ganze Bedeutung des Augenblicks zu begreifen, da er sein Glas ansetzt und es in einem Zug leert. Meine Anwesenheit gibt ihnen zusätzlich Gelegenheit, ihre grenzenlose Liebe zum georgischen Wein zu bekunden: »Auf Frankreich!« Stille. Dann eine langatmige Rede vor der nächsten Runde, gefolgt von: »Auf die französisch-georgische Freundschaft!« Und so geht es weiter. Wir trinken nacheinander auf ewige Freundschaft, auf meine Reise, auf die Gesundheit unserer Mütter und besonders auf meine Gesundheit. Danach auf das Leben unserer Väter, unserer Geschwister, unserer Freunde. Auf meine Initiative hin trinken wir auf Georgien, dann sind sie wieder an der Reihe: auf den Frieden in der Welt und, unvermeidbar, auf Platini und Zidane, auf die französische Mannschaft und auf *Olympique Marseille*. Ab und zu werden Fleischspieße zum Wein gereicht. So hebe ich mehrere Stunden lang unaufhörlich ein Glas georgischen Weins, mal Äskulap, mal Bacchus geweiht, und dabei wird mein Arm an diesem Sommerabend immer schwerer.

»Bei einem georgischen Abendessen leeren kleine Trinker fünf oder sechs Flaschen Wein und große Trinker zwölf oder fünfzehn. Manche trinken nicht aus der Flasche, sondern gleich aus dem Schlauch, das sind bis zu fünfundzwanzig Flaschen. In Georgien ist es ruhmreich, mehr als der Nachbar zu trinken, und der leert durchschnittlich immer um die fünfzehn Flaschen.« Wer jetzt glaubt, ich übertreibe, täuscht sich, denn der Autor dieser Zeilen ist kein Geringerer als Alexandre Dumas. In seinem Buch über den Kaukasus, durch den er 1858/1859 streifte, tönt dieser Tartarin von Georgien voller Stolz, seine Gastgeber in einem Wettsaufen geschlagen zu haben. Allerdings war der georgische Meister nicht dabei, wie er bescheiden einräumt.

Während meines verlängerten Aufenthalts wurde mir versichert, dass es noch immer Weißweinexperten gibt, die bis zu 30 Flaschen an einem Abend hinunterkippen können. Auf dem Land sollen Bauern die Farbe des Wassers nicht einmal kennen. Schließlich behaupten die Georgier ja auch, dass der Rebstock und ihr Land eine 5000 Jahre alte gemeinsame Geschichte haben. In Tiflis soll der örtliche Dionysos einer der ehemaligen Chefs des KGB sein, einer der großen Judoka der Ex-Union, und er soll an die 180 Kilo wiegen. Nach diesem Großmeister habe ich Ausschau gehalten in dem Restaurant eines Hotels, das er manchmal besucht. Mit Sicherheit nicht, um ihn herauszufordern, nicht einmal um fünf oder sechs Flaschen mit ihm zu trinken, sondern nur um ihn zu treffen und vielleicht ein Foto von ihm zu machen. Offensichtlich war er im Urlaub. Was zweifellos besser war, denn an jenem Abend bin ich bei meinen freundlichen und bescheidenen Gastgebern vom Lande vor der 15. Runde im fröhlichen Ring georgischer Tafelrunden k.o. zu Boden gegangen.

Die Festung von Vardzia und das armenische Georgien

Leider muss ich am nächsten Tag früh aufstehen, um noch in der Morgenfrische zu einer der Sehenswürdigkeiten des Landes zu gelangen, zur Höhlenfestung von Vardzia. In die weiße, senkrecht zum Tal abfallende Felswand gegraben, barg sie im Mittelalter einen Gang, der die Invasion Georgiens von Süden her ermöglichte. Königin Tamara, berühmte Herrscherin der Geschichte und Erbauerin von Schlössern, ließ den durchlöcherten Felsen überdies als Zufluchtsort für die lokale Bevölkerung anlegen.

Bis zu 750 Personen lebten an diesem befestigten Ort. Auf acht Stockwerken befanden sich Wohnungen, Unterrichtsräume, Weinlager und eine Kapelle, deren wunderbare Wandmalereien hauptsächlich die Hochzeit von Königin Tamara darstellen. Ende des 14. Jahrhunderts soll ein Erdbeben die meisten Bewohner von hier vertrieben haben. Anfang des 20. Jahrhunderts beherbergte die geschichtsträchtige Behausung, die im Winter sicher recht kalt war, nur noch einen Eremiten.

Um in Richtung Armenien weiterzugehen, muss man einem steilen Weg an der gegenüberliegenden Flanke des Tals folgen. Im Dorf Kumurdo kommt es mir plötzlich seltsamerweise so vor, als habe ich Georgien bereits verlassen. Die Sprache ist anders. Hier beginnt ein Teil des Landes, der fast ausschließlich von Armeniern bewohnt ist. Sie kamen Ende des vorletzten Jahrhunderts oder Anfang des letzten Jahrhunderts aus der Türkei und dem Mittleren Osten, da diese Grenzregion damals offensichtlich über mehr Ackerland als Armenien verfügte. In Kumurdo stehen noch fein säuberlich die Mauern einer sehr schönen, um 1100 erbauten Kirche. Eine Ruine. »Von den Kommunisten zerstört«, sagt mir verbittert ein Einwohner, der sich bisweilen hier mit anderen einfindet, um die Bibel zu lesen und an diesem Ort des Gebets unter freiem Himmel zu beten. Sie träumen davon, sie wieder im selben Glanz wie Anfang des 20. Jahrhunderts erstrahlen zu sehen. Dass eine totalitäre Ideologie eine solche Fülle von Spuren alter Geschichte, Resultat mühevoller Arbeit, und so viel Schönheit nahezu oder vollkommen vernichtet hat, zeigt mir, was menschliche Dummheit bewirken kann.

Am Nachmittag erreiche ich die Stadt Achalkalaki, wo es noch immer einen russischen Stützpunkt gibt. Die Georgier wollen ihn nicht mehr, aber die armenische Bevölkerung der Region möchte ihn aufrechterhalten. Für die Stadt bringt er Arbeitsplätze und Kaufkraft. In Achalkalaki habe ich noch stärker das seltsame Gefühl, nicht länger in Georgien zu sein: Die Preise an den Tankstellen werden in Rubel angezeigt, und nahe der Grenze verschwindet der georgische Lari zugunsten des armenischen Dram. Noch weiter, in Ninotsminda, wird der Lari in einer Wechselstube sogar wie eine ausländische Devise gehandelt. Ich hoffe, dass die in der Region lebende sprachliche Minderheit durch den aufkeimenden Wunsch nach Unabhängigkeit und Angliederung an Armenien hier keinen neuen Konflikt heraufbeschwört!

Kurz vor der Grenze begegnet mir im Dorf Gorelovka ein Brautpaar. Umringt von Freunden feiert es zum Klang von Trommel und *duduk*, einer Flöte aus Aprikosenbaumholz mit neun Löchern. Unter den wohlwollenden Blicken der Störche hoch oben auf den Telegrafenmasten scheint alles friedlich zu sein. Armenien ist nah, dennoch beschließe ich, mit dem Bus nach Tiflis zurückzukehren und meine Arztfreunde aufzusuchen, da mein Knie noch immer schmerzt. Ich gedenke, eine Woche später von derselben Stelle weiterzugehen. Nicht der Schmerz erschüttert meine Entschlossenheit, die Reise fortzusetzen, vielmehr lässt mir eine enorme Schwellung in der Leistengegend kaum einen Zweifel: ein Bruch. Das Urteil der georgischen Ärzte und des Schotten David Cook, der bereits mein Knie behandelt hatte, ist eindeutig: »Operieren! Du hast das Glück, Franzose zu sein, also kehre nach Frankreich zurück!«

Im Flugzeug, das mich zur Operation meines Leistenbruchs nach Hause befördert, bin ich zuversichtlich und davon überzeugt, dass ich so bald wie möglich wieder in die entgegengesetzte Richtung aufbrechen und meinen Marsch fortsetzen werde.

Armenien

Gastfreundschaft und Wodka
28. Oktober – 24. November 1999

Zwei Monate nach meiner »Stilllegung« bringt mich Air France zurück nach Istanbul. Ich nehme ein weiteres Flugzeug nach Tiflis, dann den Autobus bis zur Grenze zu Armenien. Im Bus muss ich an Doktor Antoines warnenden Hinweis vor meiner Abreise denken: »Nach zwei Monaten müsste die Narbe gut verheilt sein, aber durch das Gewicht des Rucksacks könnte alles wieder aufbrechen. Sie würden jegliches Problem vermeiden, wenn Sie noch einen Monat länger warten könnten.« Ich bin das Risiko eingegangen: Ich wollte meinen Marsch nicht mitten im Winter fortsetzen, und ich möchte Ende März in Turkmenistan sein, wo es von Mai an sehr heiß wird. Und noch etwas geht mir während der Busfahrt durch den Kopf: Vor meiner erneuten Abreise haben meine Freundin und ich unsere Beziehung, die immerhin meine Abwesenheit bisher überdauert hatte, beendet. Ich bin darüber traurig, auch wenn ich es manchmal bereut habe, die Schönheit so mancher Frau, die mir im ersten Jahr meines Marsches über den Weg lief, nicht intensiver bewundert zu haben. Wäre es nicht vielleicht doch besser gewesen, wenn ich für meine zweijährige Reise völlig frei gewesen wäre?

Die gute Seite dieser Unterbrechung war, dass ich dadurch meine Familie und meine Freunde wiedersehen konnte. Mein rechtes Knie hat sich ausgeruht. Um meinen Schritt, der mein Gelenkproblem noch verstärkt, zu korrigieren, habe ich mir orthopädische Sohlen machen lassen. Damit nutze ich meine Schuhe weniger ab, und so werde ich sie in entlegenen Gebieten hoffentlich nicht ersetzen müssen.

Bei meinem Aufenthalt im Heimatland habe ich auch *Marseille, Tor zum Süden* von Albert Londres gelesen, einem wirklich geistvollen Journalisten und Schriftsteller. Er berichtet, dass er als Heranwachsender schon feststellen konnte, dass ihm seine Lehrer fälschlicherweise beigebracht hatten, der Armenier sei ein Bewohner Armeniens: »Ein Armenier ist ein Bewohner von Marseille. Nicht mehr und nicht weniger!« Bis jetzt war Armenien für mich ein fernes, geheimnisvolles Land gewesen, versunken in der Masse des sowjetischen Blocks. Es war nur real aufgrund seiner in Frankreich stark vertretenen Gemeinde und dank der Erinnerung von Klassenkameraden. Aber inzwischen hat mich Albert Londres neugierig gemacht, ob ich in Armenien nun auf Landsleute treffen werde!

Wirtschaftliche Schwierigkeiten

Am 28. Oktober bin ich endlich wieder unterwegs. Ich befinde mich in Bavra, auf der anderen Seite der Grenze, in etwa 1900 Meter Höhe. Als erstes Bild prägt sich mir auf meinem Weg das eines Kindes in einem Gemüsegarten ein. Mit einem Eisendraht schiebt es ein Spielzeugauto aus Holz, das eher an das Nachkriegseuropa als an die jetzige Zeit erinnert. Einige Kilometer weiter südlich werde ich für meine erste Nacht in Armenien von zwei Französinnen im Redemptoris Mater-Hospital von Achotsk aufgenommen. Es ist wirklich komisch! Die Schwestern Marie-Noëlle und Marie-Reine sind zwar nicht aus Marseille, aber ich hatte doch nicht ganz Unrecht, Albert Londres Behauptung anzuführen: Gleich hinter der Grenze Armeniens gibt es Französinnen! Sie opfern ihr Leben, um den Ärmsten dieser Region zu helfen, indem sie kostenlos medizinische Hilfe leisten und ihnen Schuhe und Kleidung besorgen, um die sie sich beim Vatikan oder anderen karitativen Einrichtungen bemühen.

Sie kommentieren die neueste traurige Nachricht, die soeben Armenien erschüttert hat: »Gestern wurde der Premierminister mitten in der Nationalversammlung von Bauern umgebracht, die damit ihren Zorn zum Ausdruck bringen wollten. Wie sie sagten, konnten sie sich nicht einmal mehr einfachstes Schuhwerk leisten. So wurden sie endlich angehört. Dennoch war der Premierminister nicht der Schlechteste. Kaum zu glauben, dass man ohne Hilfe von Komplizen mit Waffen ins Gebäude gelangen konnte. Manche meinen, dass man die Demonstranten dafür benutzt hat. Das Misstrauen gegen die Politiker, die zum Teil korrupt sind, droht nun noch größer zu werden.«

Zu anderen Themen äußern sie sich kaum optimistischer: »Es wird erzählt, dass nur ein Fünftel der Menschen einen festen Arbeitsplatz außerhalb der Landwirtschaft hat. Die jungen Leute versuchen zu fliehen. Sie hoffen, in Kalifornien oder anderswo Arbeit und bessere Lebensbedingungen zu finden.« Der Mythos vom Eldorado, das der alte Film *America, America* illustriert, ist nicht tot, und viele Armenier streben nach nichts anderem, als ein Visum für die Vereinigten Staaten oder wenigstens für Kanada, Frankreich oder ein anderes europäisches Land zu bekommen. Armenien leert sich. Innerhalb von zehn Jahren soll es mehr als eine Million Menschen, d. h. mehr als ein Drittel seiner Bevölkerung, vielleicht sogar die Hälfte, verloren haben. Beim Fall der Mauer lag die Bevölkerung bei drei Millionen. Sie soll jetzt nur noch bei eineinhalb bis zwei Millionen liegen. Die armenische Diaspora ist heutzutage angeblich fünfmal größer als die Anzahl Armenier, die in Armenien geblieben sind. Unter den Emigranten haben sich ausgezeichnete Kaufleute und geschickte Goldschmiede und Handwerker hervorgetan, die ihr Talent in den Dienst ihres Aufnahmelandes gestellt haben.

Was können Schwester Marie-Noëlle und Marie-Reine also tun, um in diesem Elend zurechtzukommen? Noch mehr Schuhe auftreiben, noch mehr Kleider und noch mehr Medikamente für diejenigen, die bleiben ... Was für mutige Frauen! Ich bin tief beeindruckt von der Arbeit all dieser anonymen Helfer in Armenien und anderswo, die in nichtstaatlichen Organisationen oder auf eigene Faust, zusammen mit religiösen Institutionen, gegen Armut, Hunger, Analphabetentum, Krankheit und Leid ankämpfen. Wie tausende andere freiwillige, barmherzige und engagierte Mitmenschen sind diese sich aufopfernden Schwestern, unbekannte Mütter Teresa, die wahren Helden der Neuzeit. Auf meinem Weg werde ich oft an ihr Beispiel und ihre Großmut denken.

In Gyumri, dem früheren Leninakan, einer der drei größten Städte des Landes, haben sich die wirtschaftlichen Schwierigkeiten nach dem Erdbeben vom Dezember 1988 verschlimmert. Noch elf Jahre danach leben viele alte Menschen hier in »provisorischen« Containern und können sich nur mühsam ernähren. Doch die Freundlichkeit der Bewohner bleibt auch in der Krise intakt: So nimmt mich Ovsanna in ihrer Familie auf und lädt mich zum Geburtstag ihres Onkels ein. Sie weigert sich, Armenien zu verlassen: »Ich will bleiben, um meinem Land zu helfen.« Der Onkel, Robert Boghossian, erklärt mir die Herkunft seines Namens: »Bei uns Armeniern enden die Familiennamen auf *ian*, was ›Nachkomme von‹ bedeutet. So heißt Boghossian ›Nachkomme von Paul‹, zweifellos der Apostel Paulus; Simonian heißt ›Nachkomme von Simon‹; Grigorian ›Nachkomme von Gregor‹ und Ohanian ›Nachkomme von Johannes‹.«

Robert und seine Gäste unterhalten sich über Paris, wo »alle Häuser einer Straße auf gleicher Höhe gebaut sind«, und über Marseille, »sehr schöne Stadt am Meer, wo es viele Armenier gibt«. Jeder erzählt mir Gutes über Frankreich und was er darüber weiß, von General de Gaulle bis zu Jacques Chirac: »Er hat denselben Namen wie unsere Region und unser Bier, Shirak.« Außer Serbien vor den Bombenangriffen habe ich noch kein solch frankophiles Land bereist. Anderswo sind mir immer freundliche Menschen begegnet, im Herzen jedoch waren sie Frankreich nie besonders zugetan. Die Liebe zu Frankreich teilen sich die Armenier mit der zu Russland, das sie vom Joch der Ottomanen und der Perser befreite, während die Georgier in Russland eher den Besatzer sehen. Die Gespräche über Frankreich führen zu den in Armenien bekanntesten Franzosen: »Charles Aznavour. Er hat viel getan, um dem Land zu helfen. Man betet ihn an. Er ist ein guter und aufrichtiger Mensch. Und, verdammt noch mal, dass Frankreich die Fußballweltmeisterschaft gewonnen hat, verdankt es wohl auch den beiden Armeniern, Boghossian und Djorkaeff! Und erst Henri Verneuil, na also ... Was für ein Regisseur!«

Während mir all diese französischen Berühmtheiten armenischer Abstammung nahe gebracht werden, verspeise ich köstliche lokale Spezialitäten, wie die ausgezeichneten *dolmas*, mit Reis und Fleisch gefüllte Tomaten und Paprika, dazu exzellenten Kirsch- und Rosenblütensaft. Zum Dessert koste ich ein *muraba*, das mit Marmelade und kandierten Früchten zubereitet wird. Das Nuss-*muraba* aus grünen, weichen Walnüssen ist zweifellos das bekannteste und authentischste Armeniens. Es gibt noch viele andere, aus Pfirsichen, Kürbissen und den verschiedensten Früchten und Gemüsesorten. Ich gratuliere zu dieser erlesenen Speise mit einem »*Hamer, chat lave*« – »Köstlich, sehr gut«, die Hausfrau ist zufrieden, und die anderen Gäste pflichten lächelnd bei, was wohl besagt: »Der Franzose versteht was vom Essen.«

»In Marseille haben Sie sicher meinen Bruder gekannt.«

In Richtung Artik verlasse ich die Hauptstraße und komme an ausgedienten Eisenbahnzügen vorbei, einem weiteren Zeugnis für die marode Wirtschaft. Als der Himmel aufklart, taucht der Gipfel des Berges Aragats auf. Er ist der höchste Berg im heutigen Armenien und ragt majestätische 4090 Meter in die Höhe. Bei meiner Ankunft in Artik, einem Ort mit 25000 Einwohnern, werde ich zur Stärkung von einer Familie eingeladen, deren knapp 15 Monate alter Sohn mit Vornamen Jules Verne heißt. Er wird auf die Knie seiner Großmutter gelegt, die ihn mit dem Genuss von Wodka vertraut macht, indem sie ihre Finger in das Glas taucht und sie von ihm ablutschen lässt. Jules Verne mag das sehr: Sobald keiner aufpasst, versucht er, sich ein Glas zu schnappen und es auszutrinken, oder er schmeißt sich direkt auf die Flasche. Dem Alkoholkonsum stehen in Armenien noch rosige Zeiten bevor!

Meine Gastgeber und ihr Freund Henno Asoyan erheben sich unvermittelt und wählen eine Telefonnummer. Sie unterhalten sich auf Armenisch und sagen dann auf Russisch zu mir: »Sag was!« Ich nehme den Hörer in die Hand und vernehme: »Hallo?«

Das ist kein »Hallo?« im rauen Tonfall kontinentaler Winter. Es ist ein leicht meckerndes, aber sehr charmantes »Hallo?«, das für mich nach Zikaden und Sonne klingt, ein großmütterliches »Hallo?«, in dem der Alte Hafen und das Mittelmeer mitschwingen.

»Also, Sie sind Franzose?«, fährt die Stimme in ihrem Knoblauch-Akzent fort, der nach Ratatouille, Olivenöl und Bouillabaisse duftet.

»Ja. Und Sie, woher kommen Sie?«

»Ich bin Armenierin.«

»Aber Sie haben in Frankreich gelebt.«

»Ja, im Süden.«

»Wo im Süden? Ich bin aus Marseille.«

»Ah! Ich auch! Ich bin aus Sainte-Marguerite [ein Viertel im 9. Arrondissement von Marseille]. Geben Sie mir die anderen noch mal. Sie sollen Sie zu mir bringen.«

Vor den Teppichen, die wie in vielen armenischen Häusern, ob arm oder wohlhabend, die Hauptwand schmücken, fordert sie mich dann später zum Setzen auf: »Also, Sie sind tatsächlich aus Marseille?«

»Ja, bin ich. Und Sie, wie lange leben Sie schon in Armenien?«

»Schon seit 51 Jahren. Ich bin in Damas geboren und dann im Alter von zwei Jahren mit meinen Eltern nach Marseille gekommen. Mit zwanzig habe ich einen Armenier geheiratet und Frankreich verlassen, um hier eine Familie zu gründen. – Ah! Ich mochte Marseille sehr! Meine beiden Brüder sind dort geblieben: Mathieu Ohanian, der Schuhmacher war, lebt im Quartier des Olives. Und auch mein anderer Bruder, der im letzten Jahr gestorben ist. Sie sind doch aus Marseille, Sie haben ihn sicherlich gekannt. Jeannot Ohanian.«

Ich denke an Berühmtheiten aus Sport, Politik, Industrie, aus der Kunst- und Theaterszene: »Hören Sie, ich glaube nicht, dass ich ihn kenne«, muss ich sie betrübt enttäuschen.

»Ich habe ihn aber einmal in Marseille besucht. Das war 1979. Jeder dort kannte ihn«, sagt sie voller Unverständnis. »Er war Bäcker hinter der Canebière«, fügt sie hinzu. Meine Großeltern haben dort in der Nähe gewohnt, aber trotzdem kann ich ihr leider nicht das Vergnügen machen.

Ich werde mit Marie Apoyan in Briefkontakt bleiben und sie in Marseille sogar wiedersehen, wenn sie 2001 ihren Bruder Mathieu besucht. Was er dann über sein Leben erzählen wird, ist es wert, wiedergegeben zu werden: »Ich habe mit meiner Frau im Häuschen nebenan gearbeitet, und wir machten dort Schuhe, die stückweise bezahlt wurden. Meine Frau war wunderbar. Meine und ihre Eltern, Bauern aus der Türkei, waren von dort nach Syrien geflohen und dann nach Marseille gegangen. Sie waren einfache Leute, die nie eine Schule besucht hatten. Ich hatte das Glück, bis zum 14. Lebensjahr in die Schule gehen zu können, und wenn ich nach Hause kam, fragten mich meine Eltern: ›Was hast du heute in der Schule gelernt?‹ Was sollte ich ihnen antworten? Das ist keine leichte Frage. Mein Vater arbeitete tageweise als Hafenarbeiter, und wenn der arme Mann an drei Tagen in der Woche Arbeit hatte, dankte er Gott.« Danke, Mathieu.

Nach diesem französischen Intermezzo nun zurück zu Henno, bei dem ich nächtige. In seinem Wohnzimmer hat er einen Fernseher mit großem Bildschirm, ein Tonbandgerät und eine Videokamera, mit der er mich voller Stolz filmt. Dieser materielle Wohlstand ist der Preis harter Arbeit: »Ich arbeite auf dem Bau in Russland, weil es hier keine Arbeit gibt. Folglich sehe ich meine Frau und meine Söhne Gregor und Garik nicht sehr oft.« Sie sind neun und zehn Jahre alt, zwei lustige Brüder, die die Köpfe zusammenstecken und über jede meiner Gesten in Begeisterung geraten und lachen. In dieser familiären Atmosphäre zeigen mir Henno und seine Frau ihr Fotoalbum: ihre Hochzeit, der Militärdienst ...

Henno bietet mir dann den seltenen und willkommenen Luxus einer Dusche an. Auf der nicht geheizten unteren Etage betreten wir einen Raum, den er abschließt. Auf Russisch sagt er mir, ich solle mich ausziehen. Ich weiß nicht, ob ich richtig verstanden habe, aber als er seine Bitte wiederholt und den Worten Taten folgen lässt und weil ich seine charmante Frau Safia gesehen habe, zögere ich nicht länger. Im Adamskostüm lasse ich mich auf einem etwa zehn Zentimeter hohen Holzschemel in einer großen ovalen, ein Meter langen Metallwanne nieder. Henno hat die Bank angewärmt, indem er sie mit zwei bis drei Kannen heißem Wasser übergießt und den Vorgang über meinem Kopf fortsetzt. Blitzblank kann ich zu Bett gehen!

Am nächsten Tag, am Morgen des 1. November, ist der Winter über Artik hereingebrochen. Das Wasser in den Pfützen und Wannen vor den Häusern ist gefroren. Ein eisiger Wind bläst, und ich beginne mich zu fragen, ob die kalten Regionen des Erdballs nach dieser Stadt benannt wurden oder umgekehrt. Ich verabschiede mich dennoch von Henno und seiner Familie.

Die kleine Kirche und das riesige Gebirge

Unterhalb des Dorfes Nijni Talin und seiner verfallenen seldschukischen Festung steht eine Kirche aus dem 7. Jahrhundert. Aus massiven Quadersteinen gebaut, wirkt sie dennoch recht bescheiden. Trotz des zerbrochenen Kreuzes, das von ihrem Dach herabhängt, erhebt sie sich würdevoll vor dem imposanten Berg Ararat mit seinen 5165 Metern, der mit seinem kleineren Bruder, dem 3925 m hohen Kleinen Ararat, über dem Gebiet thront. Seit einem Abkommen zwischen der Sowjetunion Lenins und der heranwachsenden Türkei Atatürks befindet sich der Ararat auf türkischem Territorium. Die Armenier hängen jedoch so sehr an diesem Symbol, dass es noch immer in ihrem Staatswappen erscheint. Es wird erzählt, dass die türkischen Führer in den 1920er Jahren die Armenier und Sowjets in einer offiziellen Versammlung fragten, warum der Berg Ararat noch immer in den armenischen Farben vertreten sei, obwohl er nicht mehr auf ihrem Gebiet liege. Die armenisch-sowjetische Delegation soll ihnen geantwortet haben: »Na und! Sie haben ja auch den Mond auf ihrer Flagge!«

Der einsam aufragende Ararat und seine klaren Konturen faszinieren mich im selben Maße wie der majestätische Kilimandscharo in Tansania oder der graziöse Fujiyama in Japan. Auf dem Berg Ararat soll die Arche Noah gestrandet sein, und die Armenier behaupten, dass man sie, mit ein wenig Fantasie, sehen kann. Ich verbringe den Rest des Nachmittags damit, den Berg zu betrachten, kann aber keine Arche erkennen. Ich beschließe, an Ort und Stelle zu übernachten, um den Sonnenuntergang und, am Ende der Nacht, das Morgenrot zu genießen, das die kleine Kirche und das riesige Gebirge mit einem Kranz aus blau schimmerndem, dann goldgelbem Licht umhüllt.

Von Nijni Talin aus gibt es zwei rund 20 Kilometer voneinander entfernte Straßen nach Erewan, eine im Norden und die andere im

Süden. Ich wähle eine dritte Lösung: zwischen beiden hindurch, über den gegenüberliegenden Hügel. Nachdem ich auf dem Gipfel angelangt bin, frage ich mich, aus welchem seltsamen Grund die Einwohner der Gegend in regelmäßigen Abständen 40 bis 50 Zentimeter hohe Steinhaufen aufgeschichtet haben. Wurden die Steine vom Ackerboden weggeräumt?

Da entdecke ich in der Ferne einen Bau, den ich für den Turm einer ehemaligen, zerfallenen Kirche halte. Auf dem Weg abwärts finde ich erneut solche Steinhaufen und vernehme Detonationen und Explosionen. Mit einem Male wird mir klar: Ich befinde mich erneut auf militärischem Gebiet. Die türkische Grenze ist nicht sehr weit, und die rätselhaften Anhäufungen sind in Wirklichkeit Schutzwälle, hinter denen sich die Soldaten zum Schießen verschanzen können. Und der Turm, dessen Silhouette ich ausgemacht hatte, ist ein Wachturm. Besser, ich verdrücke mich möglichst schnell, um ja nicht entdeckt zu werden. Das Militärcamp ist sehr weitläufig, dennoch gelingt es mir, mich nach ein paar Kilometern Marsch und Überwindung mehrerer Schützengräben unbemerkt aus dem Staub zu machen. Ich lenke meine Schritte entlang endloser Eisendrähte, und als ich das Dorf Noramanos erreiche, verschwindet die Sonne hinter den Bergen, die triste Landschaft versinkt in Düsternis. Zwei Brüder, Ludwig und Arman, sprechen mich auf Russisch an:

»Wo gehst du hin?«

»Ich mache eine Reise zu Fuß; ich gehe bis nach Echmiadzine.«

»Du musst bei uns über Nacht bleiben.«

Hier ist Gastfreundschaft eine Selbstverständlichkeit, schon von Kindesbeinen an. Die Matevosians fordern mich also auf, die Nacht bei ihnen zu verbringen. In ihrem kahlen Wohnraum, dessen Monotonie lediglich von einem Plakat der Muttergottes unterbrochen wird, hat ein Freund der Familie am Tisch Platz genommen: der alte Iwan, bärtig, mit zerfurchtem Gesicht. Seine düstere Miene, die vom harten Dasein in diesem abgeschiedenen, ärmlichen Dorf geprägt ist, hellt sich auf, als er mir zu Ehren sein Glas heben darf. Er begrüßt den durstigen Marschierer mit einem hausgemachten Wodka, der in Kaffeetassen serviert wird. Nach dem Aperitif essen wir Granatäpfel: »In jeder Frucht, klein oder groß, sind 365 Kerne.« Ich kann diese Angabe, die mir schon einmal aufgetischt worden wurde, kaum glauben. Es würde mich schon sehr wundern, dass die Natur derart genau ist: »Haben Sie noch eine ganze Frucht und ein paar Teller?« Ich schneide den großen Granatapfel mit chirurgischem Geschick auf. Ich lege alle herausgelösten Kerne auf einen Teller und schichte sie in Zehnerhäufchen auf den anderen Tellern auf. Unter den belustigten Blicken ihrer Großmutter machen die

Mit Iwan, Freund des Hauses und Liebhaber von Wodka, bei der Familie Matovesian

Enkelkinder bald bei meiner Übung mit. Sehr schnell überschreiten wir die angekündigte Zahl. In der Frucht sind mehr als 700 Kerne. Ich bin zufrieden. Einen Marseiller täuscht man nicht so leicht!

Erewan – 5000 Kilometer

Ich komme an einem Atomkraftwerk vorbei, das aufgrund beunruhigender technischer Mängel stillgelegt wurde, und gelange zum friedlicheren »Vatikan« der armenischen Kirche von Echmiadzine, deren Name »Der Heiland ist herabgestiegen« bedeutet. In den Straßen sieht man zahlreiche Priester in schwarzer Sutane. An diesem Ort erbaute Gregor Lussarowitsch, »der Erleuchtete«, im Jahre 303 seine erste Kathedrale. 301 bekehrte er König Tiridate, der das Christentum zur Staatsreligion erhob. Armenien ist das erste der jetzt noch existierenden Länder dieser Region, in dem es zur offiziellen Religion erklärt wurde. Im Jahr 2001 feiert es den 1700. Jahrestag seiner Konvertierung.

Erewan ist nur noch eine halbe Tagesreise entfernt. Momentan überschreite ich die 5000-Kilometer-Marke, die Hälfte meines Weges. Ich bin einigermaßen stolz auf Strecken, die ich Tag für Tag in meinen Heften verbucht habe, und bei jedem neuen 1000. Kilometer sage ich mir: »Gut gemacht!« Diese symbolische Grenze ist wirklich etwas Besonderes. Und zu dieser Gelegenheit werde ich in der Hauptstadt von einem hochgestellten Gastgeber empfangen: Ara Babloyan, der fünf Jahre lang Gesundheitsminister war und dessen Adresse und Telefonnummer ich von Antoine Agopian aus Marseille erhalten hatte. Es ist das erste Mal, dass ein ehemaliger Minister meinen Rucksack trägt und mich beherbergt. Er ist nicht groß, aber stämmig, hat eine breite Nase in einem quadratischen, freundlichen Gesicht. Ara Babloyan spricht Französisch und ist einfach und herzlich.

Als ich Erewan nach einer Ruhepause verlasse, erfahre ich bei der Besichtigung der Zitadelle von Erebuni, dass Armenien sich im 1. Jahrhundert vor Christus vom Kaspischen Meer bis nach Syrien erstreckte. Beunruhigt über seine Stärke, hatte Rom 69 v. Chr. Lucullus entsandt, um Armeniens Machtausdehnung zu beschneiden. Marco Polo berichtet in seinem Buch der Wunder noch über ein zweigeteiltes Armenien, ein großes und ein kleines, auch bekannt unter dem Namen Cilicia, an den Gestaden des Mittelmeers in der heutigen Türkei. Dort sprach man zwei dem Armenischen verwandte Sprachformen. Die Sprache der heutigen Diaspora soll der des ehemaligen Cilicia ähnlicher sein. Sie weist Unterschiede zur allgemein in Armenien gesprochenen Sprache auf, dem Armenien, das sich nur noch auf ein Siebtel der Oberfläche erstreckt, die es in seiner Blütezeit bedeckte.

Sascha, der schlitzohrige Russe

Beim Verlassen von Erebuni in südlicher Richtung komme ich nach Noragavit am Stadtrand von Erewan. Ein Mann spricht mich an: »Komm doch einen Kaffee trinken!«, und ich willige freudig ein. Ich betrete das Wohnzimmer von Arayik Papiyan, der sich zu einigen Freunden und Cousins an den Tisch setzt. Vor dem Kaffee wird mir etwas zur Stärkung gereicht und ... ein Glas *piedeset grasm* – »fünfzig Gramm« – Ararat-Wodka. Hin und wieder wirft Arayik einen zerstreuten Blick durchs Fenster und wendet sich an mich:

»Dein Kumpel ist angekommen.«

»Aber nein, ich reise allein!«

Er geht hinaus, und ich sehe, wie er einen Vorübergehenden mit Rucksack anspricht:

»Dein Kumpel ist bereits da«, verkündet er ihm. »Komm doch auch einen Kaffee trinken!«

»Aber mein Kumpel ist doch nicht hier. Er ist vor zwei Tagen nach Moskau zurückgekehrt.«

»Doch, doch! Er ist da, komm rein!«

Ein blonder Kerl in heller Hose und grünem Blouson kommt näher. Ein Schal, den er gegen die Kälte um den Kopf gewickelt hat, umrahmt seine trompetenförmige Nase und seine schalkhaften Augen. Der 22-jährige Sascha ist Russe. Im Abstand von fünf Minuten ist er der zweite Weltenbummler, der durch ein Dorf kommt, das sonst nie Touristen zu Gesicht bekommt. Er ist auf Entdeckungsreise durch Weißrussland, die Ukraine, Georgien und Armenien, mit Ziel Iran. Eineinhalb Monate per Anhalter, bei einem Budget von nur 110 Dollar. Allein das iranische Visum kostet das Dreifache. Sascha rechnet mit der sprichwörtlichen Hilfsbereitschaft der Völker des Kaukasus. Mir gegenüber hat er den Vorteil, Russisch zu sprechen, was jedoch meine Bewunderung für seine Entschlossenheit nicht mindert. Nach fünf Minuten und zwei Gläsern Fünfzig-Gramm-Wodka verkündet Sascha: »Dein Abenteuer ist interessant. Autostopp bringt heutzutage nichts. Ich habe es zufälligerweise nicht eilig. Ich begleite dich zu Fuß bis in den Iran!«

Sascha hat mich gar nicht erst nach meiner Meinung gefragt, aber da ich mich über Gesellschaft freue, nehme ich seinen Vorschlag gern an. Es ist angenehm, zu zweit über die fast menschenleere Asphaltstraße zu marschieren, auch wenn der einzige französische Satz, den Sascha aus dem russischen Kinoklassiker *Die zwölf Stühle* kennt, lautet: »Ich habe drei Tage nichts gegessen!« Diese Feststellung trifft er immer dann in unseren Gesprächen, wenn wir Hunger haben oder uns nach einer schweren Etappe an den Tisch setzen. Ich hätte von ihm gerne ein wenig Russisch gelernt, aber er spricht besser Englisch als ich Russisch, und er ist so begierig, es zu sprechen, dass ich ihn lasse. »Ich habe mit meinem Mathestudium aufgehört, um in einem Unternehmen für Computer-Software zu arbeiten. Bevor ich wieder arbeite, reise ich. Wir sind fünf Geschwister und mein Vater ist Arbeiter in einem Vorort von Moskau. Er wurde im Kommunismus erzogen. Ich bedaure, dass der Kommunismus nicht funktioniert hat – es war ein schönes Ideal! Na gut, es läuft nicht. Also ... muss man eben etwas anderes machen.« Sascha hält dennoch an seinem patriotischen Traum fest, eines Tages im Geheimdienst seines Landes angestellt zu werden – wenn er es bei unserer Begegnung nicht bereits ist. Er ist dafür recht qualifiziert. Er ist pfiffig und gewitzt und verfügt über eine ausgezeichnete körperliche Kondition und die Stärke, die ihm sein Hang zum Chauvinismus verleiht.

Auf die Geschichte Russlands lässt er nichts kommen: »Wir haben euch geschlagen, Napoleon und euch Franzosen! Wir Russen sind die Besten!« Mit einem weiteren Beispiel untermauert er seine Einstellung: »Wir besitzen das beste Schulsystem. Ihr im Westen seid Nieten!« Was hingegen weiblichen Charme betrifft, da wäre er vielleicht zu einigen Konzessionen bereit: »In Moskau sind die Frauen schön: die Dunkelhaarigen und die Blonden, die leichten und die schüchternen Mädchen ... Es gibt alles. Das ist gut. Ich habe eine Freundin in Moskau, die mir sehr gefällt. Aber du bist weit gereist. Wo gibt es die besten? Und wie sind die Französinnen? Vielleicht solltest du eine für mich finden, falls ich meine Freundin nicht heirate. In Frankreich zu leben, muss auch gut sein.« Beim Thema Kino, das ihm am Herzen liegt, kann er sogar sein Vaterland vergessen: »Ich mag das amerikanische Kino sehr, vor allem Bruce Willis!« Sieh einer an, dieser Verräter!

Sascha scherzt auch furchtbar gern: *»Philippe! Do you know zis anekdote?«* – »Kennst du diesen Witz?« Meistens fängt er lange vor dem Ende seiner Geschichte an zu lachen, und manchmal fehlt ihm das englische Schlüsselwort für die Pointe. Vielleicht finde ich sie deshalb nicht immer lustig, aber da er viele kennt und sich königlich amüsiert, bringt mich Sascha trotzdem oft zum Lachen.

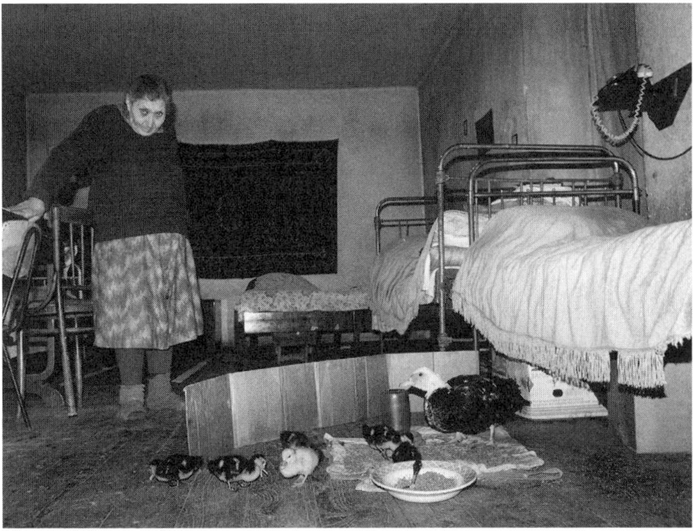

Im Haus meiner Gastgeberin in Chaumian, wo im kalten Winter auch die Enten Zuflucht finden.

Im Dorf Chaumian läuft uns Gurgen, der seine Kühe hütet, über den Weg: »Stärkt euch bei mir. Sagt meiner Frau, sie soll euch was zu essen machen! Ich komme später nach.« Wir werden von Rosa, einer arbeitslosen Tierärztin, und ihrer alten Mutter empfangen. Über diesen unerwarteten exotischen Besuch entzückt, schmücken und frisieren sie sich, ehe sie vier Stunden lang auftischen. Gurgen beendet das Essen mit uns im großen, einzig beheizten Zimmer, in dem fünf Betten aufgestellt sind. Großmutter, Eltern und die drei Kinder teilen es mit einer Ente und ihren sechs Küken. Das Federvieh ist in einem Papierkarton beim Holzfeuer untergebracht, nachdem fünf ihrer Artgenossen draußen erfroren waren. Die etwas neugierige Ente glaubt, dass auch für sie jetzt Essenszeit sei, und wagt sich zu unserem Vergnügen von Zeit zu Zeit aus ihrer Behausung hervor.

Ich schlage meinen Gastgebern vor, ein Foto von ihnen zu machen, und stelle wie so oft fest, dass sie sogleich zum Spiegel stürzen, sich kämmen und ihre schönsten Gewänder anlegen. Bei uns ist ein Fotoapparat etwas Alltägliches, aber hier ruft er noch Entzücken hervor, und ein Porträt zu schießen, ist eines der schönsten Geschenke, das man ihnen machen kann. Das magische Klicken erfüllt sie mit Freude, und so küsst mich die alte Großmutter beim Abschied.

Die Straße verläuft im Westen von Aserbaidschan, dem Nakhichevan, das armenische Freunde mit »Wo der Heilige Geist zuerst niederkam« übersetzen, während Nicolas Bouvier in »Gebräuche der Welt« behauptet, es bedeute »Die Menschen des Schiffs«. So weit vom Meer entfernt und so nah beim Berg Ararat, muss es einen Bezug zu Noah und seiner Arche geben. Ein seltsames Land, dieses Aserbaidschan, das von Armenien in zwei Teile geschnitten wird, so als wenn Portugal und Frankreich, zu beiden Seiten Spaniens, die beiden Teile eines einzigen politischen Gebildes wären. Nach der Übernahme von Berg-Karabach durch Armenien, mit Unterstützung der Russen, sind die Beziehungen zwischen Aserbaidschan und Armenien ziemlich gespannt. Der »Hohe schwarze Garten« ist eine gebirgige, an Aserbaidschan grenzende Region mit mehrheitlich armenischer Bevölkerung.

Da wir ein weiteres Mal unser Etappenziel bei Dunkelheit erreichen, weigert sich der Angsthase Sascha, unter freiem Himmel zu schlafen. Er klopft an die Tür der Häuser und bittet um Unterschlupf. Gut so, denn unser Gastgeber des Abends, Yurik Petrosian, verrät uns, seiner Frau Lusik, seinen drei Kindern, Sascha und mir: »Erst vor fünf Tagen haben die Wölfe unseren Hund direkt vor dem Haus gefressen. Er war nicht sehr groß. Ich muss wohl einen größeren kaufen und mir das Gewehr von meinem Cousin ausleihen. Schon vor ein paar Jahren hat sich im Winter ein Wolf beim Stall herumgetrieben.

Eines Abends habe ich ihm eine Falle gestellt, indem ich ein verlockendes Stück Fleisch ausgelegt habe, und dann habe ich ihm aufgelauert. Es war Winter. Es war kalt. Um zwei Uhr morgens ist der Wolf gekommen. Peng! Peng! Ich habe ihn erwischt. Seinen Kadaver hab ich meinem Cousin geschenkt«, erzählt er aufgeregt. Ein Wolfspelz ist an die 150 Euro wert, eine hohe Summe hier.

Da die Mehrheit der Armenier Russisch spricht, erweist sich Sascha als sehr nützlicher Dolmetscher, aber an diesem Abend finde ich ihn etwas hinterhältig. Trotz der spannenden Geschichte von Yurik, die mit den Trappern des Hohen Nordens mithalten kann, und ohne darum gebeten worden zu sein, macht er unseren Gastgebern klar: »Philippe ist ein großer Sportler in Frankreich, und er geht normalerweise um halb zehn abends ins Bett. Es ist jetzt Zeit für ihn, schlafen zu gehen, sein Programm darf nicht durcheinander gebracht werden.« Ich begreife, dass Sascha wohlweislich und in Voraussicht der nächsten Etappe früh zu Bett gehen will.

Am nächsten Tag befinden wir uns in der benachbarten Zone von Berg-Karabach. Für uns ist heute der Tag der humanitären Organisationen: Ein Auto der »Internationalen Aktion gegen den Hunger« hält an und will uns mitnehmen. Wir lehnen ab. Vielleicht aus Mitleid bei unserem ausgehungerten Anblick bieten uns die drei Armenier im Wagen als Wegzehrung einen kräftigen Schluck aus der mit rotem Landwein gefüllten Korbflasche an, die sie aus dem Kofferraum holen. Die »Aktion gegen den Hunger« war als Hoffnungsbringer gekommen, die »Aktion gegen den Durst« konnte nun weiterfahren mit dem Gefühl, ihre Pflicht erfüllt zu haben.

Armen Margarian, Maurerpolier und Geopolitiker

Im Dorf Letsen werden wir von Armen Margarian, einem ehemaligen Maurerpolier, und seiner Ehefrau Donara aufgenommen. Armen mit seinem schütteren, grauen Haar, das über seine Schläfen fällt, ist ein Mann mit traurigem Lächeln und sehnsuchtsvollen Augen. Zum Essen kosten wir seinen eigenen Wein, den er aus den großen, roten Hagebutten der Heckenrose herstellt, die die Russen *chipovnik* und die Armenier *masur* nennen.

Armen, in abgewetzten Kleidern, spricht wie so viele offen über die Rückschläge seines Landes. Seine Analyse der politischen Lage ist recht scharfsinnig: »Berg-Karabach braucht den Frieden, damit der Warenaustausch zwischen Aserbaidschan und der Türkei wieder über Armenien erfolgen kann. Aber ich befürchte, dass die Türken und die anderen muslimischen, Türkisch sprechenden Völker eine ›Großtürkei‹ vom Ägäischen Meer bis zu den Grenzen Chinas schaffen wollen. Einerseits gibt es die Türkei, andererseits Aserbaidschan, Turkmenistan, Usbekistan, Kirgisistan und Kasachstan. Und dann gibt es noch in Russland und in der Ukraine die Tartaren und andere Völker, die eine dem Türkischen verwandte Sprache sprechen, und im Westen Chinas ebenfalls Muslime, die Uiguren. Armenien und Georgien, christliche Länder, könnten daher eines Tages in die Klemme geraten.«

Später schwächt Armen die Gefährlichkeit der wilden Tiere ab: »Sicher, Wölfe können gefährlich sein, vor allem nachts. Angeblich haben sie eine alte Frau aus einem anderen Dorf angefallen, die durch den Wald gehen wollte, aber zu spät aufgebrochen war. Aber in Wirklichkeit reißen die Wölfe hier nur ein oder zwei Schafe im Jahr. Was die Bären angeht, die sind bereits im Winterschlaf und lieben die Nähe des Menschen nicht. Wenn die Birnen reif sind, gibt es immer einen, der gefräßiger ist als die anderen und sich bis ins Dorf vorwagt, um sie direkt vom Baum zu fressen.«

Donara hat *lavach* zubereitet, Brot so dünn wie ein Pfannkuchen. Es erinnert mich ein wenig an das von Fazil in der Türkei, aber ich hüte mich, das zu sagen. In jedem Land dieses großen Gebiets, das von Griechenland und dem Vorderen Orient bis zu den Ausläufern des Kaukasus reicht, ist man in der Tat überzeugt, die *dolmas*, die Verwendung von Joghurt als Zutat beim Kochen, das Brot und bestimmte gezuckerte Backwaren erfunden zu haben. Donara nimmt ein *lavach* in die Hand und erläutert uns dessen armenischen Ursprung und wie man es herstellt: »Eine Mutter hat es einst für ihren Sohn erfunden, der für mehrere Monate in den Krieg zog. Der aus Mehl und Wasser zubereitete Teig wird für einige Sekunden an die Wand des Backofens gedrückt, der in die Erde eingelassen ist und auf 350–400 Grad erhitzt wird, und schnell wieder herausgeholt. Und schon ist das *lavach* fertig. Es hält sich monatelang, und wenn man es anfeuchtet, wird es, selbst ein Jahr nach der Herstellung, wieder weich wie zuvor.«

Am Morgen spannen sich zwei Regenbögen gleichzeitig über das Tal und geben der Umgebung in eine surreale Atmosphäre. Aber der schönste Anblick ist der unserer Teller. Donara hat uns ein gigantisches Frühstück aus köstlichen Kartoffeln mit Zwiebeln zubereitet. Im Gegensatz zu manchen armenischen Familien vom Lande, in denen wir – sei es aus Platzmangel oder aus Tradition – nur in Gesellschaft von Männern gegessen haben, setzt sich Donara zu uns an den Tisch und wickelt voller Inbrunst die Kartoffelstückchen in ihren *lavach*. Mit ihren Kochkünsten beglückt sie uns. Anschließend bestehen Armen und Donara darauf, dass wir als Wegzehrung *lavach* und Käse in unsere Rucksäcke packen.

Da der Weg bis nach Tatev schwierig ist, begleitet uns Armen bis zum Dorfausgang, an dem ein Denkmal für die Toten des Konflikts von Berg-Karabach steht. In die Stele ist ein Gedicht von Akhvan Minasian eingraviert, der 1993 im Alter von 23 Jahren im Kampf ums Leben kam:

»Dies ist das letzte Lied und das erste Lied.
Dies Lied kennt weder einen Reim noch einen Grund.

Dies ist das Lied der Sehnsucht nach meinem Land.
Dies ist das Lied meiner zornigen Seele.
Dies ist ein Lied für den Wind und für mich,
Ich sehe das Gesicht meiner Mutter vor mir.
Warte nicht auf mich, Haus meines Vaters.
Wenn das Schicksal es will, kehre ich nicht wieder.
Ein langer Weg steht mir bevor.
Mit meinem Blut zolle ich dem Vaterland Tribut.«

(Übersetzung aus dem Armenischen ins Russische von Armen, vom Russischen ins Englische von Sascha und schließlich vom Englischen ins Französische von mir: armer Akhvan, mehrfach betrogener Dichter!)

Im Wald verirrt

Vor dieser Gedenktafel verabschieden wir uns von unserem Freund und marschieren los. Ich frage Sascha, ob er Armens Erklärungen und seine Skizze auch verstanden hat. Er ist sich sicher. Er ist es weniger, als sich drei Pfade auftun, von denen keiner unserem Plan zu entsprechen scheint. Nach dem Kompass entscheiden wir uns für einen der Wege, der nach kurzer Zeit im Nichts endet. Wir richten uns trotzdem weiter nach dem Kompass. Außer im Nordosten gibt es in Armenien fast keine Vegetation, seit Betreten des Landes habe ich kaum Bäume gesehen. Seine Berge sind beeindruckend kahl. Hier hingegen gibt es überall Bäume. Es ist schwierig, sich einen Weg zu bahnen, und unmöglich, in die Ferne zu sehen! Wir steigen bis zu einem Bach hinab, von wo aus wir ungefähr 300 Meter über uns einen Fleck blauen Himmels erhaschen können. Wir hoffen, dass wir von dort aus zum Dorf Tatev absteigen können. Die ersten zehn Meter sind steil abfallend. Der Boden ist matschig und glitschig, und genau an der Stelle, wo wir es bräuchten, gibt es keinen

Baum mehr zum Abstützen. Wir laufen Gefahr, in den Bach zu fallen und uns die Beine zu brechen.

»Sieht ziemlich unmöglich aus, aber wir werden es schaffen«, meint Sascha.

»Gut, Bruce Willis!«

»Okay, Belmondo, auf geht's!«

Als wir dann mit großer Mühe den Höhenrücken erreichen, erwarten uns auf der anderen Seite ein weiteres, dicht bewaldetes Tal und ein weiterer Berggipfel. Wir müssen also quer abschneiden und wieder zum Wasserlauf zurück. Die vorgerückte Stunde lässt unsere Furcht steigen, irgendwelchen Wölfen zu begegnen. Tatev ist nur ein paar Kilometer Luftlinie entfernt, für Vögel sozusagen ein Katzensprung.

Wir haben das Zeitlimit überschritten, das wir uns gesetzt hatten, um nach Letsen zurückzukehren und am nächsten Tag frühzeitiger aufzubrechen. Als wir unser Bächlein wiedergefunden haben, meinen wir auf dem richtigen Weg zu sein. Wir gehen also den Bach entlang und gelangen kurz darauf zum Zusammenfluss zweier Bäche. Nach dem Kompass wählen wir den schmaleren Bach, durch den wir waten, um den Hindernissen im Wald auszuweichen. Gegen halb sechs erreichen wir den Gipfel in 2100 m Höhe. Auf der anderen Seite gibt es keine Bäume mehr, dafür ist aber das Gefälle zu sanft, um uns ausreichend Sicht nach unten zu bieten. Entweder wir steigen auf der rechten Seite höher hinauf, oder wir sehen uns am Ende des Abhangs um. Wir entscheiden uns für letztere Lösung und erkennen schließlich einen Pfad 300 oder 400 Meter talabwärts, aber noch immer keine Behausungen. Wir studieren die Karte: Nimmt man den Pfad und den gegenüberliegenden höchsten Punkt in 3399 m Höhe als Ausgangspunkt, müsste das Dorf Tatev zu unserer Linken liegen. Wir steigen also abwärts und gehen in dieser Richtung weiter. Nach einer Stunde im Dunklen tauchen dann auch die beruhigenden Lichter von Tatev auf, wo Murat Simonian unsere Anspannung mit starkem Traubenschnaps löst. Wir haben auch gegessen, aber ich erinnere mich hauptsächlich an den Alkohol.

Als wir am nächsten Morgen erwachen, ist der Wind draußen von unerhörter Stärke. Das erste Glas ebenso, das man uns vor dem Besuch des nahe gelegenen 1000-jährigen Klosters kredenzt: einen 50 prozentigen Traubenschnaps. Bei derartiger Kälte bedauern wir nicht, dieses Frostschutzmittel zu uns zu nehmen.

Hinter Stacheldrahtzäunen, der Iran

Am 22. November erreichen wir den letzten Pass vor dem Iran, den Debaklu-Pass mit 2535 Metern. Wir steigen über die steilen Abhänge hinab, die schier endlos die Straßenkehren abschneiden. Am 23. November kommen wir, 2000 Meter weiter unten, durch Megri, letzter Marktflecken in Armenien, wo Obstbäume, vorwiegend Kakibäume, wachsen. Weiter entfernt folgen wir dem Fluss Aras, der eine natürliche Grenze zum Iran bildet, von dem uns ein zweieinhalb Meter hoher Gitterzaun trennt. Dieser wird von Soldaten aus Russland bewacht, das sich so eine Möglichkeit verschafft, auf dem südkaukasischen Kampffeld präsent zu bleiben.

Um ein neues Land besser einschätzen zu können, betrete ich es lieber am Tage. Daher verbringen wir eine Nacht im Hotel und gönnen uns ein riesiges Schaschlik. Dieses eine Mal zahle ich die Hotelübernachtung und die Schweinefleischspieße. Ich habe in Armenien und den vorherigen Ländern so viel bekommen, dass ich mich freue, meinerseits einladen zu können, und sei es nur meinen mutigen Gefährten.

Am nächsten Morgen begeben wir uns zur Grenze. Ich hätte nie gedacht, dass es so schwierig sein würde, Armenien zu verlassen. Die Überprüfung unseres Gepäcks und unserer Pässe dauert zweieinhalb Stunden! Mein Fall scheint zunächst die armenischen Behörden zu fesseln, dann die russischen Militärs. Meine Papiere werden aufs Genaueste mit der Lupe untersucht, was sicherlich am Beschäftigungsmangel der Zöllner und der Vielzahl der Visa in meinem Pass liegt. Ein Soldat wird zur Verstärkung für eine telefonische Überprüfung von weiß Gott was herbeigerufen. Währenddessen stimmt Sascha verschmitzt die *Marseillaise* an.

Schließlich erhalten wir grünes Licht. Wir passieren eine Zone unter russischer Gerichtsbarkeit. Ich bemerke zwei riesige Schweine direkt hinter der Grenze, sollten sie etwa die Nachbarn provozieren? Höchstwahrscheinlich werde ich monatelang keine mehr zu sehen bekommen. Wir überqueren die Brücke. Die iranische Kontrolle ist kurz und knapp und die Zöllner bieten uns Karamellbonbons an. Geschafft! Wir sind im Iran. Von nun an werden wir Tee trinken!

Iran

Unter Hunden, Wölfen und Glaubenshütern
24. November 1999 – 28. April 2000

Nachdem wir unsere russisch-französische Freundschaft mit einer herzlichen Umarmung besiegelt haben, steigt Sascha in das erste Gefährt, das ihn mitnehmen will. Er verabschiedet sich von mir durch das heruntergelassene Fenster des bunt bemalten dicken Lasters, auf dem drei goldene Buchstaben auf rotem Untergrund – *god* – drohendes Ungemach abwenden sollen. Bei derartigem Beistand brauche ich mir keine Sorgen um Saschas weitere Reise zu machen.

Nach den Wegstrecken, die ich in Begleitung von Mattheus und Olivier zurückgelegt hatte, war ich schon früher allein weitergegangen, aber auf unsere Trennung waren längere Aufenthalte in Istanbul und Tiflis gefolgt. Dieses Mal ist der Einschnitt brutal. Jetzt bin ich ganz plötzlich allein, kaum dass ich ein Land betrete, von dem man nur allzu gern glauben könnte, dass es Ungläubigen gegenüber feindlich gesinnt sei. Mir gehen die gewalttätigen Bilder der islamischen Revolution vor rund 20 Jahren durch den Kopf, die Besetzung der Botschaft des »Großen Satans«, der Vereinigten Staaten von Amerika, und der Sturm auf die französische Botschaft. Ich weiß nicht so recht, was mich im Iran erwartet. Obwohl ich nicht wirklich Angst habe, bin ich doch leicht beunruhigt.

Um mich herum sind dieselben roten, kargen Gebirge, dieselben trostlosen und kahlen Landschaften wie auf der anderen Seite der Grenze oder in Nakhichevan, dem kleinen Teil Aserbaidschans, den ich jenseits des Flusses sehe. Eine Stunde vor Sonnenuntergang tauchen die sanften Strahlen der Wintersonne die kahlen Berge in wunderschönes Perlmuttrosa. Auch wenn sich meine Umgebung nicht verändert hat, fühle ich doch, dass ich eine andere Welt betreten habe. Ich werde gar zum Analphabeten, denn in einer nicht zu entziffernden Schrift, die mich ans Arabische erinnert, werden die meisten Schilder und Wegweiser für mich zu rätselhaften Botschaften. Persisch (oder Farsi) ist eine indoeuropäische Sprache, ursprünglich nicht mit dem Arabischen verwandt. Dagegen wurden viele Begriffe, vor allem jene aus dem religiösen Bereich (Buch, Prophet, Pilger ...), während der arabischen Eroberungszüge des 7. Jahrhunderts importiert; das Schriftsystem beider Sprachen ist heutzutage bis auf etwa vier Buchstaben gleich. Persisch hat nichts mit Türkisch, einer altosmanischen Sprache, zu tun, außer verwandter Wörter, die auch infolge von Eroberungszügen und Handelsbeziehungen übernommen wurden.

Im Gegensatz zu Armenien und Nakhichevan ähneln hier die zahlreichen Militärstationen, Neubauten zwar, europäischen Festungsanlagen. Ich schleiche heimlich unter dem Wachturm einer dieser Stationen vorbei, der auf einer Anhöhe steht. Ich frage mich, was die Soldaten wohl denken würden, wenn sie einen Touristen sähen, der in einer Gegend zu Fuß unterwegs ist, wo ein Fremder ein seltener Anblick ist.

Unter Hunden und Wölfen

Nachdem ich in einem Restaurant genächtigt habe – es gibt hier viele, die Reisende für eine bescheidene Summe beherbergen –, breche ich in Richtung des Dorfes Iri auf. Dort fällt mir eine junge, hellhäutige Frau in einem Tschador auf, dessen blaue Farbe mit dem Schwarz ihrer Altersgenossinnen kontrastiert. Die Reinheit ihrer Gesichtszüge fasziniert mich. Ich würde ihr gern wenigstens guten Tag sagen, aber ich bin erst zwei Tage im Iran und weiß nicht, wie ich sie ansprechen soll, und wage es nicht, mit ihr zu reden. Mir gehen noch immer ihre betörenden Augen durch den Kopf, als junge Burschen mich in einen Spielsalon einladen, von dem weibliche Wesen ausgeschlossen sind. In den Dörfern des nordwestlichen Iran gibt es oft ein Gemeinschaftshaus, das als Spielsaal oder Versammlungsort dient, bisweilen nur ein Raum mit Steinmauern, aufgereihten Holzbänken und einem riesigen Podium. Das Dorf wird von sportlichem Eifer gepackt. Die Möglichkeit, sich mit einem Franzosen zu messen, beflügelt die Sportjugend beim Tischfußball wie auch beim Tischtennis. Ich werde auf der ganzen Linie geschlagen, aber meine Gedanken sind immer noch bei der Frau.

Als ich hinausgehe, ist die verhüllte Erscheinung verschwunden. Für einen winzigen Augenblick glaube ich, in einer Art jugendlicher Naivität, dass ich ihr erneut begegnen werde und dass vielleicht auch sie in diesem Moment in ihrer Einsamkeit von einem anderen Leben träumt. Leider ist der Iran wohl kaum ein Land für Tschadorjäger, und in der islamischen Republik dürfen höchstens meine Füße mal vom Weg abkommen. Und überhaupt wird es Zeit aufzubrechen, wenn ich am Abend im rund 20 Kilometer entfernten Dorf Dastgert sein will.

Ein Junge folgt mir und hat mich schnell eingeholt. Was will er von mir? Zwecklos wegzulaufen, also warte ich auf ihn. Wie schon mehrfach zuvor in der Türkei möchte er, dass ich gestehe: »Deine Geschichte, dass du von Frankreich hergewandert bist, ist nicht wahr. Du bist wegen des Schatzes hier! Du hast einen Metalldetektor in deinem Rucksack.« Angesichts der Hartnäckigkeit des aufdringlichen Burschen verlässt mich dieses Mal mein eher versöhnliches Gemüt und ich fahre ihn an:

»Jetzt reicht's. Ich gehe wirklich zu Fuß nach China.«

»Pardon! Ich bitte um Entschuldigung. Wünschen Sie heute Abend bei mir zu bleiben? Sie werden morgen weitergehen.«

»Danke, aber es ist besser, wenn ich weiter bis Dastgert gehe!«

»Das sollten Sie nicht tun. Es wird dunkel und es gibt Wölfe!«

Während meiner zweiten Nacht im Iran haben die kahlen Berge ein weißes Kleid angelegt und so hinterlasse ich meine Fußspuren im Schnee. In den wenigen Dörfern, durch die ich komme, lassen die Häuser mit ihren roten Lehmmauern bisweilen ihr steinernes Gerippe erkennen. Diese Kombination unterschiedlicher Materialien sieht nicht nur gut aus, sondern bietet in diesen kalten Gegenden zudem einen ausgezeichneten Wärmeschutz.

Im Dörfchen Tchai holen mich zwei riesige, aggressive Schäferhunde wieder zurück in die Wirklichkeit. Ihr Besitzer eilt mir zu Hilfe und führt mich zum Teetrinken in sein Haus. Im Hauptraum sitzen zwei Männer. Der Erste ist ein alter Bauer, zweifellos der Vater meines Retters, der Zweite, um die fünfzig, wohlbeleibt und in einem Anzug aus gutem Tuch, hat auf dem Teppich im Schneidersitz Platz genommen. Sein heiter gelassenes Aussehen erinnert mich an den Gesichtsausdruck von Statuen chinesischer buddhistischer Mönche, dickbäuchig und lächelnd. Er ist der Herr im Hause und fordert mich auf, bei ihm auf dem Boden Platz zu nehmen, dann lässt er mir Tee mit Brot und Käse bringen. Der leutselige Herr Mehrzad spricht langsam, sein sehr gutes Englisch wirkt distinguiert und fast etwas affektiert für diese ländliche Gegend: »Ich bin Besitzer eines Transportunternehmens in Teheran, aber ich begebe mich ins Grüne, sobald ich der Verschmutzung in der Hauptstadt entkommen will.«

Und der alte Bauer fragt mich: »Hast du keine Angst vor den Hunden gehabt?«

»Doch, ich habe Angst gehabt! Ich bin schon vorgestern in der Nacht von drei noch größeren Hunden angegriffen worden. Ein Schäfer hat mich gerettet.«

Er und sein Sohn brechen in Gelächter aus. In diesen iranischen Dörfern amüsiert man sich über nichts und wieder nichts, aber man kann wenigstens noch lachen. Inmitten dieser einfachen Bauern, von denen jeder mindestens acht Kinder hat, klingen die Worte von Herrn Mehrzad, der mir voller Stolz anvertraut, dass seine einzige Tochter Pianistin ist, leicht surreal. Dann bringt er feierlich, mit erhobenem Zeigefinger und jedes Wort betonend, seine beunruhigende Prophezeiung vor: »In den Bergen gibt es Wölfe, Bären und kleine Tiger (eine Art Luchs?). Diese Tiere sind nachts gefährlich. Tagsüber auch, bei Schnee oder Nebel. Seien Sie vorsichtig!«

Draußen schneit es noch immer und die Sicht ist weiterhin schlecht. Die nächste bewohnte Ortschaft liegt etwa 20 Kilometer entfernt. Ich breche dennoch auf.

Es kommen jetzt mehr Fahrzeuge vorbei als am Morgen, zwei bis drei pro Stunde. Auf meinem Rucksack am Straßenrand im Schnee sitzend, esse ich nur frische Datteln, die nahrhaft sind und köstlich und die ich oft unterwegs esse. Während dieser stärkenden Pause kommt ein Wagen aus der Gegenrichtung vorbei. Er fährt etwa 100 Meter weiter, hält dann an und fährt den Hang im Rückwärtsgang zurück. Es ist eine Familie mit drei erwachsenen Söhnen.

Sichtlich erregt, haben sie mir etwas Wichtiges zu sagen: »Geh nicht da runter. Etwa zwei Kilometer von hier haben wir vier Wölfe gesehen. Fahr mit uns nach Tabriz!«

»Danke, aber ich gehe zu Fuß nach Ahar. Das ist in entgegengesetzter Richtung.«

»Du kannst in Tabriz einen Bus nach Ahar nehmen. Komm mit uns! Wir werden uns hinten zusammendrängen.«

»Nein, danke. Ich gehe zu Fuß. Das ist nicht mein Weg!«

Sie insistieren beharrlich und meinen wohl, sie könnten mich mit ihrer letzten Bemerkung entmutigen: »Wenn du eine Pistole hast, dann geh. Wenn nicht, lass es sein!«

Wenn ich marschiere, denke ich oft an die Menschen, denen ich begegnet bin oder die mich aufgenommen haben, an unsere Gespräche, die meine Weltanschauung im Allgemeinen zum Guten, selten zum Schlechten, verändern. Dann versuche ich, mir meine nächsten Stationen vorzustellen. Der Geist schweift oftmals unkontrolliert umher. Wer sich nicht wie ich auf eine Prüfung, die langen Atem erfordert, eingelassen hat, könnte sich fragen: »Woran denkt der die ganze Zeit?« Sie sehen in mir vielleicht einen Mystiker, der durch Meditation seine Seele zu nie gekannten Höhen führen möchte. In Wahrheit sind meine Gedanken eigentlich recht banal. Ich rufe mir die nebensächlichsten Begebenheiten meiner Vergangenheit ins Gedächtnis zurück, und dann erscheinen plötzlich bestimmte Stationen meines Lebens vor meinem inneren Auge. Ich weiß nicht immer, durch welche Ideenassoziationen ein Junge oder ein Mädchen, von denen ich seit Jahren nichts gehört habe, aus meiner tiefsten Erinnerung auftaucht. Ich denke an meine Großeltern oder an andere, längst verstorbene Menschen. Ich erinnere mich an Kameraden, die von einer Krankheit oder einem Unfall dahingerafft wurden, Mitspieler auf einem Sportplatz, oder an Freundinnen, die ich für ihr uneigennütziges Engagement und ihre Art, wie sie über das Leben lachen konnten, bewunderte. Vielleicht hat mir ihr vorzeitiger Tod geholfen, für diese Reise alles aufzugeben, weil mir dadurch bewusst geworden ist, wie nichtig und illusorisch unsere täglichen menschlichen Sorgen oft sind. Oder ich versuche einfach, eine Leere in mir zu schaffen, an nichts zu denken. Dann atme ich die frische, reine Luft ein und aus, genieße die Sonnenstrahlen, die sich auf die nahen Gipfel legen. Aber heute, in dieser Kälte und diesem Nebel, denke ich nicht an solche Dinge. Mir ist ein wenig kalt, und vor allem habe ich Angst. Angst vor den Wölfen. Unmöglich, an etwas anderes zu denken, als auf der Hut zu sein, mich umzublicken. Seit der italienischen Grenze bin ich ständig durch

Länder gekommen, in denen noch Wölfe oder Bären leben. Bei uns ist sie nur noch unterschwellig vorhanden, die uralte Angst vor dem Wolf, hier jedoch ist sie noch lebendig. Ohne Pistole marschiere ich nun voran, nur bewaffnet mit meinem Stock und meinem offenen Messer in der rechten Hand, den Gurt meines elektrischen Abwehrgeräts um das linke Handgelenk geschlungen. Solche Situationen wie diese hier sollen den Charakter stärken, sagt man, doch ich empfinde nur Angst und hoffe, dass die angekündigten Wölfe sich von der Straße verzogen haben. Wenn die Autos sie nicht in die Flucht schlagen, warum sollten sie sich dann beim Anblick eines Fußgängers verziehen?

Ich komme voran. 15 Minuten, 20, eine halbe Stunde. Mein Gebet wurde erhört, die Wölfe scheinen verschwunden zu sein. Etwas weiter kommt ein Reiter im Galopp auf mich zu, und die ungestüme Kraft seines braunen Pferdes, das eine weiße Wolke pulvrigen Schnees aufwirbelt, gibt mir Sicherheit. Er bleibt neben mir stehen. Er scheint über dreißig zu sein, sein schwarzer Bart ist voller weißer Schneeflocken. Nach kurzer Begrüßung ruft er mir zum Abschied zu: »Das Dorf Jochin liegt abseits der Straße und es gibt nur ein Haus auf deinem Weg.«

Bei Ismail und dem Ungeheuer

Da liegt es, auf der Anhöhe, das einsame, befestigte Haus. Auf seinem Vorplatz empfängt mich ein verkrüppelter Mann mit verhärmtem Gesicht. Ich stelle mich vor: »Ich komme aus Frankreich und gehe zu Fuß nach Mashhad.« Diese Pilgerstadt im Nordosten des Iran ist für ihn zweifellos ein verständlicheres Ziel als China. Ismail kann wohl verstehen, dass ich wegen der Wölfe nicht draußen schlafen will, ist jedoch misstrauisch und will meinen Pass sehen. Er steckt ihn flugs in seine Tasche und öffnet ein winziges Zimmer,

Armenien: Kirche in Nijni Talin bei Sonnenaufgang. Im Hintergrund der Berg Ararat, Symbol Armeniens auf türkischem Boden

Türkei: Die tanzenden Derwische. Endlich im Orient!

Georgien: Sommerliches Beisammensein in Karelien

Armenien: Die malerische kleine Kirche von Nijni Talin stammt aus dem 7. Jahrhundert.

Georgien: Die in den Fels gehauene Festung von Vardzia, ein perfekter Schutz gegen die türkischen und persischen Invasoren

Iran: In der eisigen Winterkälte zeigt mir der freundliche Reiter den Weg zum Dorf Jochin

Iran: Das Dorf Dastgert, in dem ich meine zweite Nacht im Iran verbrachte, ist am Morgen mit Schnee bedeckt.

Usbekistan: Ausblick vom alten Wasserturm auf die Kalon-Moschee,
rechts dahinter die Zitadelle von Ark

Usbekistan: Junge Usbekin im goldenen Abendlicht

Tadschikistan: Am Kalon-See gönnt sich eine Schäferin mit ihren Kindern eine Ruhepause.

Tadschikistan: Eingebettet zwischen hohen Gipfeln liegt auf 3000 Meter Höhe der Allaudin-See.

Tadschikistan: Begegnung mit einem Bauernmädchen am Rande der sich endlos hinziehenden Felder

Tadschikistan: Blumenteppich am Südhang der Murat-Schlucht

das vom übrigen Gebäude getrennt ist und auf den Hof hinausgeht. In diesem spartanischen Zimmer – außer Teppichen gibt es kein Mobiliar – riecht es eigenartig nach Hund, aber ich bin froh über diese von der Vorsehung geschickte Unterkunft. Als ich nach der Toilette frage, zieht Ismail die Augenbrauen zur Stirn hoch, die sich daraufhin in Falten legt. Er sagt kein Wort, aber seine Augen blicken beunruhigt. Er bewaffnet sich mit einem großen Stock, wirft einen Blick nach draußen und rät mir: »Vorsicht! Bleib dicht bei mir. Ich weiß nicht, wo der Hund ist.« Er begleitet mich 30 Meter bis zum Eingang des kleinen Häuschens und legt sich draußen auf die Lauer. Als ich heraustreten will, eine erneute, noch deutlichere Warnung: »Bleib, wo du bist! Der Hund ist da!« Minuten verstreichen. Ich fange an, in der Kälte der hereinbrechenden Nacht, in 1400 m Höhe, die Geduld zu verlieren. Plötzlich taucht Ismail wieder auf und gibt mir ein Zeichen herauszukommen. Auf dem Hof sehe ich am anderen Ende ein riesiges, weißliches Tier an einer Kette. Ich hoffe, dass sie stark genug ist, denn wütend zerrt das Biest wie wild daran und will sich auf mich stürzen. Ismail führt mich zurück in mein Zimmer, dessen einzige Öffnung die Tür ist. Von außen verschließt er die beiden Türflügel mit einer kleinen Kette, dann lässt er seinen Hund los. Der stürzt sich sofort auf die Tür, schiebt seine Schnauze zwischen die beiden sich bewegenden Türläden, knurrt und bellt in der Hoffnung, den Eindringling einzuschüchtern, der es gewagt hat, in sein Revier einzudringen.

Ich verkrieche mich auf mein Lager im hinteren Winkel des Raumes und bete, dass das Kettchen die ganze Nacht hält, und vergewissere mich, dass mein Verteidigungsarsenal in Reichweite ist. Mit einem derartigen Koloss mag Ismail gelassen bleiben angesichts der Wölfe, ich aber muss eher vor seinem Beschützer auf der Hut sein.

Ismail bringt mir einen Ölofen und später Tee. Dann setzt er sich, mit dem Rücken zur Wand, neben die Tür, die er mit dem Stock blockiert, während der Hund auf der anderen Seite weiter wütet. Er sieht das Buch, das ich während seiner Abwesenheit zu lesen begonnen habe, und versteht die arabische Inschrift auf dem Einband.

»*Al-Qoran?*«, fragt er mich. Er zeigt sich erfreut, sein heiliges Buch vorzufinden, ergreift es mit beiden Händen, küsst es, führt es zweimal an die Stirn und gibt es mir zurück. Ismail erklärt mir, dass er Türke ist, was zweifellos *aseri* (Aserbaidschaner) bedeutet. Seine Muttersprache ist nicht Persisch. Die Geschichte hat dieses Volk getrennt: Der Nordwesten des Iran wird mehrheitlich von den *aseri* bewohnt, die eine Sprache derselben Familie wie das Türkische sprechen, nahezu identisch mit der des benachbarten Aserbaidschan, jedoch sehr verschieden von der in der Türkei gesprochenen Sprache. Ich versuche, die Neugierde meines Gastgebers zu befriedigen, aber die Unterhaltung erweist sich als schwierig. Einige Grundwörter genügen, mir dies klar zu machen: »Dorf« heißt in der Türkei gemeinhin *köy* und hier *tchent*, »Hund« *köpek* und hier *it*, »Katze« *kedi* und hier *pichik*, »Reis« *pirinç* und hier *düye* ... Mein Gastgeber ist 55 Jahre alt, verheiratet und Vater von sechs Kindern. Wenn ich Ismail betrachte und an all die von Krankheit angeschlagenen und zahnlosen Iraner denke, denen ich begegnet bin, denke ich wie schon so oft, wie sehr der Fortschritt in Medizin und Ernährung selbst den westlichen 80-Jährigen zu besserer Gesundheit und gesünderen Zähnen verhilft als den 60-Jährigen in dieser Gegend der Welt.

Die Momente des Schweigens irritieren mich. Ismail bleibt gelassen; nur einmal unterbricht er die Stille:

»Morgen musst du um 7 Uhr weg sein.«

»Ich werde um 6.30 Uhr aufstehen, dann bin ich um 7 Uhr weg.«

»Nein, aufstehen um 6 Uhr.«

Er trinkt keinen Tee, besteht jedoch darauf, dass ich die 1-Liter-Teekanne, die er zubereitet hat, leer mache. Ich habe sie gegen 21

Uhr ausgetrunken, worauf Ismail mir zu verstehen gibt, dass es Zeit zum Schlafen ist. Er fragt mich, ob ich auf die Toilette gehen möchte. Nachdem ich das Wasser aus meiner Feldflasche und den ganzen Tee getrunken habe, halte ich es für besser.

»Ja, bitte.«

»Aber nein, das geht nicht!«, erwidert Ismail. »Da ist der Hund!« Und damit geht er und schließt die Tür.

Es mag wie Tortur erscheinen, ist aber, einfach ausgedrückt, nichts anderes als Vorsicht: Hinter der Tür, da ist der Hund, und dahinter sind vielleicht die Wölfe. Ich schlafe ziemlich schlecht. Ich muss wohl Albträume haben wegen des Monsters, das ins Zimmer eindringen und mich in Stücke reißen könnte.

Nachdem Ismail mir am Morgen meinen Pass zurückgegeben hat, halte ich ihm einen Geldschein hin, um für meine Übernachtung zu bezahlen, aber er weist ihn zurück und wünscht mir auf der Schwelle seiner Tür eine gute Reise. Strahlend blauer Himmel. Der Hund ist nicht da. Der Tag verspricht schön zu werden, und tatsächlich komme ich in 2000 m Höhe durch herrliche, baumlose, tief verschneite Landschaften. Sie erinnern mich an einsame Winkel in den Alpen, hier versehen mit Spuren von Damhirschen, Hasen und – wegen der Exotik – natürlich Wölfen. Nach diesem Tagesmarsch erreiche ich das einzige Hotel von Varzaghan. Der Hotelbesitzer verkündet mir klipp und klar, dass sein Haus voll ist, aber mit Hilfe von freundlichen Einwohnern finde ich in einem Café Unterkunft. Es ist voll mit Männern, die eine *ghalian* rauchen, die wir unter dem Namen Nargileh oder Wasserpfeife kennen. Aus einem bemalten Glasgefäß kommt ein Rohr, durch das der manchmal parfümierte Tabakrauch eingeatmet wird, der über glühenden Kohlen verdampft. Die im Gefäß enthaltene Flüssigkeit, die den Rauch filtert, brodelt mit großen Blasen und blubbernden Geräuschen. *Ghalian*-Rauchen ist für viele iranische Männer tägliche Praxis und dient als Vorwand, Freunde zu treffen. Wenn man es auf nüchternen Magen raucht und nicht daran gewöhnt ist, wird man leicht müde.

In dem Augenblick, in dem das Café schließt, treffen zwei Polizisten ein – zweifellos hat man sie herbeigerufen. Sie bitten mich höflich, ihnen zu folgen. Einer von ihnen ist blond und hat europäische Gesichtszüge, eine Seltenheit. Bedeutet Iran nicht »Land der Arier«? Und ließ der Schah nicht im Jahre 1935 verlauten, dass dieser Name den Ursprüngen seiner Nation mehr entspreche als der Name Persien? Die Kunde von der Anwesenheit eines Fremden in der Stadt muss bis zur Polizeistation vorgedrungen sein, daher das Erscheinen des Blonden und seines Kollegen. Bereits vor zwei Tagen wurde ich in dem kleinen Dorf Kharvanak von einem finster dreinblickenden Uniformierten unfreundlich kontrolliert. Er hatte telefonische Erkundigungen eingeholt, was mit mir zu tun sei. Währenddessen hatten junge Rekruten, *sarbaz* – »die ihren Kopf opfern«, gemeint ist damit: »der Nation« –, alle durchweg mitfühlend und weitaus sympathischer, angeboten, ihre Mahlzeit mit mir zu teilen: ein Stück Huhn mit Reis. Eine Stunde später hatte der Offizier, sichtlich verärgert über die Antwort seiner Vorgesetzten und wohl auch darüber, keinen Spion verhaften zu können, mir widerwillig meinen Pass zurückgegeben und mich ziehen lassen, was ich nach herzlichem Händeschütteln mit den Rekruten tat. Ich frage mich, wie lange diese Spielchen noch andauern werden. Wird man mich jetzt alle zwei Tage kontrollieren, was jedes Mal einen beträchtlichen Zeitverlust bedeutet? Wird man es mir aus irgendeinem mysteriösen Grund verbieten, meinen Weg zu Fuß fortzusetzen? Nach den üblichen telefonischen Erkundigungen lässt der Offizier den Hotelier wecken, der dann gezwungen wird, mir eine Schlafstelle zur Verfügung zu stellen. Die Polizei behält allerdings meinen Pass ... Am Morgen muss ich ihn leider bei einem der Vorgesetzten abholen. Wieder einmal werde ich verhört und die Telefonkontrollen beginnen von neuem. Zunächst ruppig und kurz angebunden, heißt mich der Vorgesetzte schließlich höflich willkommen, nachdem er sichergestellt hat, dass der Hierarchie Folge geleistet wurde.

Wieder bei Laune, lasse ich mich in einem Café nieder, verspeise frisches Brot, das ich mit Butter und ausgezeichnetem Naturhonig bestreiche. Ein Mullah ist anwesend, so etwa um die fünfzig, grau melierter Bart. Die ehrenamtlichen Mullahs entsprechen unseren Priestern und Pastoren. Wie der Mullah in Varzaghan tragen die meisten unter ihnen den weißen Turban. Der Träger eines schwarzen Turbans signalisiert mit dieser Farbe, dass er in direkter Linie vom Propheten abstammt. Seine Erben setzen vor ihren Namen den Titel *seyed*, um damit anzuzeigen, dass sie dem örtlichen Adel angehören. Ob schwarz oder weiß, jedenfalls stoßen die *akhund* – die »Turbane« –, wie sie auch abwertend betitelt werden, bei ihren Landsleuten längst nicht auf einmütige Zustimmung. Nachdem ich verhört worden bin, zögere ich etwas, den anwesenden Mullah zu fragen, ob ich ein Foto von ihm machen darf, aber er stimmt freundlich zu und postiert sich inmitten der Wasserpfeifenraucher.

Das Café steht auch Frauen offen, aber nur auf der für sie reservierten Etage, auf der sie von unten nicht gesehen werden können. Sie verlassen das Café diskret über eine Treppe, die zum hinteren Teil des Saales hinunterführt. Mit abgewandtem Kopf ziehen sie ihr Kopftuch auf der Saalseite demonstrativ noch weiter vors Gesicht, um nicht den Blicken der Männer zu begegnen, ein sträflicher Akt in der hier praktizierten Tradition des Korans.

Ali Reza, 1361 geboren

Vor Ahar holt mich ein junger Mann ein, der mich, mit der Hand auf dem Herzen, grüßt: Salam alaikum! Ich erwidere seinen höflichen Gruß. Ich mag diese einfache Begrüßungsformel, mit der man seinem Gegenüber sein Herz schenkt und ihm wünscht, dass der Friede mit ihm sei. Während er ein Stück des Weges mit mir geht, stellt er mir die üblichen Fragen: »Woher kommst du?«, »Wohin gehst du?«, »Durch welche Länder bist du gekommen?«, »Seit wann bist du unterwegs?«, »Welche Religion hast du?«, »Wie alt bist du?« Ich frage meinerseits Ali Reza nach seinem Alter. Ich schätze ihn auf 18, aber bei seiner Antwort mache ich große Augen: »Ich bin 1361 geboren.« Ich habe wohl verstanden, was er mir gesagt hat, und er sieht keineswegs so aus, als habe er so früh am Morgen schon ein Gläschen getrunken. Aber nichts zu machen: Selbst von allen Seiten betrachtet, sieht er nicht nach 638 Jahren aus. Dann fällt mir glücklicherweise ein, dass bei den Muslimen die Geschichte im Jahre 622 der christlichen Zeitrechnung mit der *hidjra* beginnt, der Flucht Mohammeds nach Mekka, als er etwas 52 Jahre alt war. Da im Iran ein Sonnenkalender von 365 Tagen und einem Vierteltag gilt, der am 20. oder 21. März mit der Tagundnachtgleiche beginnt, sind wir also erst im Jahr 1378. Die muslimischen Länder, die dem Mondkalender folgen, sind bereits im Jahr 1420. Ihre kalendarische Zeit vergeht schneller als die im Iran (die Mondmonate zählen 29 oder 30 Tage, und das Jahr hat etwa zehn Tage weniger als das unsrige, also 355 Tage). Nach Berechnung des persischen Kalenders ist Ali Reza nicht älter als 16 oder 17. Ich bin einigermaßen beruhigt über meine Beobachtungsgabe!

Ahar

Bei Anbruch der Nacht gelange ich ins wirtschaftliche Zentrum der Region Ahar, als die aus der Schule kommenden, schwarz verhüllten Schülerinnen gerade auf die dunkle Straße strömen. Das Schauspiel vollkommen farbloser Einheitskleidung dieser reinen Mädchenschule ist in seiner Strenge beeindruckend. Nach dem anstrengenden Tempo, das ich mir in Armenien und nun im Iran auferlegt habe, gönne ich mir ein paar Ruhetage. In einem Café bestelle ich einen *abgucht* – »Kochfleisch« –, einen Mini-Eintopf nach iranischer Art. Der Kellner bringt eine leere Schale und einen leeren Teller sowie einen Metalltopf mit einer Brühe, in der Lammfleisch, Kichererbsen und andere Gemüse schwimmen. Wenn ich mit einem Gericht oder lokalen Gepflogenheiten nicht umzugehen weiß, beobachte ich, wie es die anderen Gäste um mich herum machen. Belustigt über meine abwartende Haltung, sagen sie sich wohl: »Dieser Dummkopf weiß nicht, wie man isst. Wir werden es ihm erklären.« Sie raten mir, die Brühe in die Schale zu gießen und darin mein Brot einzutunken. Danach kann ich das auf dem Teller verteilte Fleisch verzehren. Alles Übrige wird zerstampft und dann mit weiteren Brotstücken verspeist. Nicht schlecht, der *abgucht*.

Ich betrachte die Stadt im schönen Licht der Sonne, die auf die Statue des islamischen Soldaten scheint. Das Maschinengewehr in der Faust, ist er bereit, durch die Welt zu marschieren und jeden, der es zu vergessen wagt, an die Grundpfeiler des Islams zu erinnern: daran glauben, dass es keinen Gott gibt außer Allah und dass Mohammed sein Prophet ist – täglich fünf Gebete sprechen in Richtung Qibla, dem Heiligtum des Propheten in Mekka – den *zakat* entrichten, die Almosenabgabe an die Armen – die Pilgerfahrt nach Mekka ausführen, wenn man reich genug dafür ist – fasten im zehnten Mondmonat, dem Monat des Ramadan. Er thront erst seit kurzem hier auf einem Ehrenplatz, wie seine Brüder, die man überall im Land aufgestellt hat.

Die Iraner sind mit erdrückender Mehrheit schiitische Muslime inmitten der islamischen Welt, die im Gegensatz dazu zu 90 Prozent aus Sunniten besteht. Die Sunniten beherrschen das religiöse Leben in Indonesien, in Pakistan, in Afghanistan, in der Türkei, in Nordafrika und in zahlreichen Ländern Schwarzafrikas. Die beiden Familien haben sich nach dem Tod des Propheten getrennt, und ein wahrer Erbfolgekrieg mit Intrigen und Morden brach aus. Die Sunniten meinen, dass Mohammeds legitimer Nachfolger Abu Bakr sei, der Vater von Aischa, der jüngsten Frau Mohammeds, die er heiratete, als sie noch keine zehn Jahre alt war. Die Schiiten dagegen behaupten, der Prophet Mohammed sei 632 ohne männliche Nachkommen gestorben und habe seinen Cousin und Schwiegersohn Ali ausdrücklich zu seinem Nachfolger erklärt. Wie dem auch sei, Ali und Fatima hatten zwei Söhne, Hassan, der auf seinen Vater als zweiter schiitischer Imam folgte, und Hussein, der nach der Ermordung seines Bruders dritter Imam wurde. Den *hadith* zufolge (Aussprüchen, die neben dem Koran dem Propheten sowie seinen Nachfolgern zugeschrieben werden), an die die Mehrheit der Schiiten glaubt, soll Mohammed zwölf Nachfolger, zwölf heilige Imame, gehabt haben. Der zwölfte Imam, Mahdi (oder Mehti gemäß der Schreibweise), musste untertauchen, um am Tage des Jüngsten Gerichts in Begleitung von Jesus Christus zurückzukehren. Von den Duodezschiiten aufgrund dieser Gabe »Imam der Zeit« genannt, soll er im Verborgenen die Welt beobachten und heute über 1000 Jahre alt sein. Die Sunniten und die Schiiten haben sich in der Folge nochmals in zahlreiche Dynastien und philosophische Strömungen aufgeteilt, die sich zu Erben der Macht oder der Lehre des Propheten erklären. Seit der Februarrevolution von 1979 – danach »islamische Revolution« getauft – steht dem Land im Namen des Propheten Mohammed, seines Schwiegersohns Ali und ihrer Nachfolger ein Führer vor, der die religiöse Macht innehat.

Trotz der Freundlichkeit der Menschen lassen mich der übersteigerte Islam in Form der Darstellung des islamischen Soldaten und die Verherrlichung des heiligen Krieges erschauern. Zu Zwecken nationaler Einheit wird diese Einstellung vom Regime unterstützt. Das Porträt des Imam Khomeini ist auf eine Mauer im Hintergrund gemalt. In allen Städten des Iran überwacht diese allgegenwärtige und allmächtige schützende Gottheit das Land. Vor diesem Führer gehen Frauen im schwarzen Tschador vorüber und manchmal ein Mullah im Turban, dessen Aufmachung in starkem Kontrast zu den meist nach westlicher Art gekleideten Männern steht. In der Zeit, als Khomeini während der Präsidentschaft von Valéry Giscard d'Estaing in Neauphle-le-Château, in der Nähe von Paris, im Exil war, trug er den Titel Ayatollah, der einen hohen Grad der Gelehrsamkeit im schiitischen Islam bezeichnet. Nach seiner Rückkehr in den Iran, wo er sich an die Spitze der Revolution von 1979 stellte, erhielt er dann den symbolischen Titel Imam der jungen, islamischen Republik, was ihn beim iranischen Volk als direkten Erben der zwölf heiligen Imame auswies.

Fakhrabat, ein iranisches Dorf

Aus einem mir unerklärlichen Grund ist mein Rucksack um das Gewicht meines elektrischen Abwehrgeräts leichter geworden. Sicherlich wurde es aus einer Außentasche entwendet. Bei dem Gedanken, dass mein Weg mich durch Gebiete mit Wölfen führen wird, bedauere ich das sehr. In meinem Hotelzimmer fabriziere ich mir einen Gurt für mein Messer mit einer Ersatzschlinge. Ein Iraner, den ich in einem Café getroffen habe, riet mir: »Wenn der Wolf eines Rudels dich angreift und dich in den Arm beißt, dann lass bloß nicht das Messer fallen. Du bist Rechtshänder, also musst du mit dem angewinkelten linken Arm deinen Hals schützen. Wenn der Wolf dich in den linken Arm beißt, versetzt du ihm mit dem rechten Arm einen Messerstoß.« Ich bereite mich also psychologisch darauf vor, auf Wölfe zu stoßen.

Mit bewundernden Blicken auf den majestätischen Berg Sabalan, der sich am klaren Himmel abzeichnet, erreiche ich das Dorf Fakhrabat. Trotz des Menschenauflaufs, den ich verursache, bietet mir niemand eine Unterkunftsmöglichkeit an. Bis Ardabil, noch etwa 60 Kilometer entfernt, gibt es kein Hotel, und ich möchte ohne Zelt nicht draußen schlafen, auf 1300 Meter hohen verschneiten Hochebenen, die zudem von vermeintlich gefährlichen Wölfen heimgesucht werden. Unterdessen erscheint Mehbub, ein stämmiger, etwa 30 Jahre alter, bärtiger Mann. Er fragt die Leute, was ich hier treibe. Sogleich lässt er verlauten, dass er mich beherbergen möchte, und führt mich zu seinen liebenswürdigen Eltern. Nach Anbruch der Nacht bereitet seine Mutter ein leichtes Mahl, während Milat, ihr zweieinhalbjähriger, pfiffiger Sohn, ununterbrochen lachend auf mich einredet. Zwischen zwei Wortsalven erklärt mir Mehbub, dass er aufs Land zurückgekehrt ist, um als Friseur zu arbeiten, nachdem er in Teheran geboxt hatte und verschiedenen Gewerben nachgegangen war. Dort hatte er sich wohl besonders als Chauffeur hervorgetan, wie das an der Wand hängende Glückwunschschreiben des Präsidenten der Republik Khatami bezeugt. Dann begeben wir uns ins Café, um unseren Magen mit ein paar Fleischspießen zu füllen. Freunde von Mehbub sitzen bereits beim Tee zusammen. Ahmed, um die dreißig, Lastwagenfahrer und öffentlicher Unterhalter, mimt für mich den Beruf oder auch das Nichtstun eines jeden in der Runde: Taxi-, Busfahrer, Geflügelzüchter, Bauer, Händler, Verfechter der Siesta … Vor der Glastür des Cafés haben sich junge Leute, die von dem Ausländer gehört haben und ihn nun sehen wollen, und sei es auch nur durch eine Glasscheibe, zu einem fröhlichen Haufen zusammengerottet. Die Stimmung erreicht ihren Höhepunkt, als ich mit Mehbub herauskomme. Wir gehen über den Dorfplatz bis zum Friseursalon, umringt von einer Kohorte von Kindern. Er schließt sein Geschäft auf, um mir die Haare und den Bart zu schneiden, den ich mir zwei Wochen vor Erreichen der islamischen Republik hatte wachsen lassen. Ich war der Meinung gewesen, dass man das Tragen eines solchen Attributs hier schätzen würde. Vor dem Salon, in den uns einige Männer gefolgt sind, herrscht Chaos. Rund 40 Jungs von vier bis 20 Jahren drängen sich gegen die Scheibe, weil sie nicht verpassen wollen, wie mir der Bart gestutzt wird und meine Haare fallen. Durch den Druck ihrer Köpfe gegen das Schaufenster droht es zu zerspringen. Hin und wieder erscheint ein Erwachsener und sagt ihnen, sie sollen sich beruhigen und sich verziehen. Sie weichen ein paar Meter zurück, aber sobald sich die Tür wieder schließt, kleben sie erneut an der Scheibe.

Zur Vollendung meiner Grunderneuerung gehen wir ins Hammam, wo der kostenpflichtige Zutritt und die vorgerückte Stunde die Begeisterung der Jugendlichen dämpfen. Man entkleidet sich in einem ersten, geräumigen Saal, der als Garderobe dient. Auf einem Ofen verstreute Orangenschalen parfümieren die Luft und die Haare, die man hier trocknen lässt. Mit der Unterwäsche bekleidet, begibt man sich in den Nebenraum, wo sich jeder in einer Einzelkabine wäscht. Dann setzt man sich zum Schwitzen auf den heißen Stein, die einen ruhen sich schweigend aus, die anderen diskutieren schweißtriefend mit ihrem Nachbarn. Zur Erfrischung stellt man sich regelmäßig und genüsslich immer wieder unter die Dusche. Nach der Sitzung im Hammam, zu der sich die gesunde Müdigkeit nach meinem Tagesmarsch hinzugesellt, überkommt mich große Freude beim Gedanken ans Schlafengehen.

Am nächsten Morgen bietet Mehbub mir an, den Tag bei ihm zu bleiben. Hocherfreut stimme ich diesem Ruhetag am Fuß des Berges Sabalan zu, dem zweithöchsten Gipfel des Landes, der etwa so hoch ist wie der Montblanc. Außer von den Cafés und dem Friseursalon wird der friedliche Dorfplatz von der Moschee Suleyman gesäumt. Suleyman gilt als Halbbruder von Imam Reza, achter schiitischer heiliger Imam. Reza wurde in Mashhad vergiftet, Suleyman wiederum in Fakhrabat getötet. Hier, in der seither mehrfach wieder aufgebauten Moschee, möchte ich sein Grabmal besuchen. Zunächst muss man durch die Moschee gehen, um in den winzigen, etwa zwei mal drei Meter großen Raum zu gelangen, in dem sich das Grab befindet. Das Ganze ist durch eine Scheibe und ein zwei Meter hohes Gitter geschützt. Während die Gläubigen schweigend umherwandeln, legen sie von Zeit zu Zeit ihre Stirn an das Gitter und küssen es, dabei schließen sie ehrfürchtig die Augen, um dem Geist des heiligen Mannes möglichst nah zu sein. In einem Winkel des Hauptraumes dieser Moschee hängen die Fotos von 15 jungen Männern, die während des Krieges gegen den Irak an der Front starben. In Fakhrabat gibt es nur 500 Häuser, und allein aus diesem Dorf, fernab des Feindes von gestern, mussten 15 Männer ihr Leben lassen. Der Krieg, das ist nun nicht länger die unpersönliche Bilanz von einer Million unbekannter Iraner, die wir für Fundamentalisten halten und deren Tod im Fernsehen nüchtern vermeldet wurde. Für mich ist der Krieg hier das Schwarzweißfoto eines ewig 15-jährigen Gesichts, das mir in einer Mischung aus Stolz und Unschuld, Sanftmut und Schmerz direkt in die Augen blickt und das mir sagt: »Ich bin tot!«

Im Laufe meiner Reise im Iran habe ich die Bekanntschaft von Mahmud gemacht, einem bärtigen 30-Jährigen, der mich zum Abendessen und zum Übernachten bei sich einlud. Ich traf dort seine Familie an, aber nur Männer und Kinder – nicht einmal der Schatten einer Frau war zu sehen. Die Frauen leben getrennt, auf die Küche oder andere Zimmer ihres geräumigen Hauses beschränkt. Welch seltsames Land, in dem die Frau bisweilen nur eine Stimme ist, die man in einer Unterhaltung hinter einer Tür vernimmt! Dann versuche ich immer, sie mir vorzustellen. Manchmal sage ich mir, dass ich nichts versäume: Bah! Was für eine schreckliche Stimme! Das muss ein dickes Weib sein, eine zänkische Mutter, ohne jeglichen Charme! Häufig aber idealisiere ich sie mir: Sie ist vielleicht so um die 25 und ganz sanft ... Der Iran ist ein Land, das zum Träumen einlädt.

In seinem Salon erzählte mir Mahmud von den Narben des Krieges: »In den 80er Jahren war ich zu jung, um einberufen zu werden, aber ich bin mit 13 in den Krieg gegen den Irak gezogen, als freiwilliger *bassidji*. Ich hatte das Glück, mehrere höllische Jahre zu überleben!« Dieses Glück hatten sein Vater und einige Mitglieder seiner Schwiegerfamilie nicht. Die Erinnerung an sie, festgehalten in Porträts an der Wand, trieb ihm Tränen in die Augen. »Die Iraker, die sind nicht schuld«, fuhr Mahmud zwischen zwei Schluchzern fort. »Das amerikanische Volk auch nicht. Schuld ist die amerikanische Regierung, die diesen verrückten Saddam überredet hat, uns anzugreifen.« Das Motiv war, die Ölinteressen in der Region zu wahren und dem erklärten Willen von Imam Khomeini entgegenzuwirken, seine Revolution in die gesamte islamische Welt zu exportieren. Es scheint, als wäre einer der vordringlichsten Wünsche von Imam Khomeini gewesen, den Iran mit den von Schiiten bevölkerten irakischen Gebieten zu vereinen, um daraus eine große schiitische islamische Republik zu bilden ... Angesichts von Mahmuds Schmerz konnte ich mich dieser Sichtweise nur anschließen. Sein Drama ist das einer verlorenen Kindheit. Auf allen Friedhöfen des Iran beweinen Mütter ihren Sohn, dessen Foto eine Stele ziert. Der Begriff des Märtyrers bezeichnet für uns jemanden, der für ein friedliches Ideal, aus Menschenliebe gestorben ist, aber die islamische Sicht ist kriegerischer: Hier ist ein Märtyrer ein Held, der im Kampf während des *djihad* gefallen ist. Zehn Jahre nach Ende des Irak-Iran-Krieges sind die Wunden noch immer sichtbar.

In der Moschee von Fakhrabat lerne ich Mehbubs Onkel kennen, Kulam Hussein Kolami, ein rüstiger 80-Jähriger. Seine Aufgabe ist es, nach den Gebeten, an jedem Tag des Jahres, den Tee zu servieren. Diese Arbeit, die er seit seinem elften Lebensjahr verrichtet, ist jetzt im Monat des Ramadan offensichtlich reduziert, und die abendliche Teeausgabe beschäftigt ihn mehr als die nach den täglichen Gebeten. Kurzes Nachrechnen, und mir wird schwindelig bei dem Gedanken, wie viele Millionen Tees er in seinem Leben und mit dieser Hingabe schon serviert hat! Der Tuch- und Lebensmittelhändler des Dorfs, Ichek Sunzade, 79 Jahre alt, erwartet mich in seinem Laden in Gegenwart seiner Söhne Saber, Sadek und Dzaber. Er empfängt seine Besucher im Schneidersitz, seine Schuhe hat er unter der gut 40 Zentimeter hohen Estrade abgestellt, von der aus er als Herr und Meister über sein Geschäft herrscht. Ichek kassiert das Geld seiner Kunden und führt seine Berechnungen nach alter Art auf seinem riesigen, roten Rechenbrett aus. Tuchhandel ist ein lukratives Geschäft in einem Land, in dem die Frauen ihren Tschador häufiger selbst anfertigen, als dass sie ihn kaufen.

Die Familie besteht darauf, dass ich etwas esse: »Wir sind Muslime. Wir müssen fasten, denn wir respektieren den Koran. Das ist Gottes Wort durch den Mund seines Propheten Mohammed. Im Augenblick dürfen wir vom Morgengrauen bis zum Sonnenuntergang während des Ramadan-Monats nicht essen. Aber du, du bist kein Muslim, und zudem bist du ein Reisender. Du darfst!« An diesem Tag, an dem ich nicht marschiere, lehne ich das Angebot ab, um ihre Entbehrung ein wenig zu teilen. Ich hoffe, dass ich sie mit diesem Verhalten nicht enttäusche. Ihre Einladung wertete ihren Verzicht umso mehr auf, als sie damit einem Nächsten eine Freude bereiten wollten, die sie sich selbst versagten.

Bei unserer Rückkehr zu Mehbub treffen aus den benachbarten Städten und Dörfern seine anderen Geschwister mit ihren Kindern zum traditionellen Familientreffen am Freitagnachmittag ein. Alle freuen sich über das Wiedersehen, einfach nur um miteinander zu schwatzen oder schweigend beieinander zu sitzen. Die Kinder sehen zufrieden aus. Wie auch in den anderen Ländern, durch die ich zuletzt gekommen bin, habe ich im Iran sehr wenig Tränen und Gezänk erlebt, das schon früh zu verteidigendes Eigentum mit sich bringt. Vielleicht ahnen die Kinder, wo das Glück liegt, wenn sie sehen, wie die Alten sich mit den einfachen Dingen des Lebens zufrieden geben, einem Tee und einem Gespräch rund ums Feuer, dem Betrachten der Berge oder des Meeres. Ein Land, dessen Bewohner trotz aller Schwierigkeiten fähig ist, Glück zu empfinden, lässt mich nachdenklich werden.

Während der zweiten Nacht in Fakhrabat werde ich wieder gegen vier Uhr morgens geweckt, zur Mahlzeit vor Sonnenaufgang. Durch das tägliche Fasten der Gläubigen hatte ich hin und wieder Mühe gehabt, tagsüber etwas zu essen zu finden und es im Verborgenen zu mir zu nehmen. Nun wird deswegen zum ersten Mal mein Schlaf gestört, aber auch das ist eine Erfahrung wert. Nach der nächtlichen Unterbrechung mache ich mich in Richtung des alten Weges auf. Als ich über die Schwelle der Tür trete, gießt die Mutter der Familie einen Eimer Wasser hinter mir aus, damit Allah mich beschütze.

Am nächsten Morgen sehe ich am Straßenrand vier Wölfe! Von der anderen Seite der Fahrbahn werden sie von zwei Hunden beobachtet, die den Zugang zu einem Schafstall bewachen. Einer der Hunde bellt ununterbrochen nervös, während der andere, ein dickes weißes Ungetüm, auf seinem Hinterteil sitzt und völlig gelassen die Attacke abwartet. Wenn die Wölfe eine Stunde nach Tagesanbruch noch immer auf der Jagd sind, bedeutet das, dass sie keine erfolgreiche Nacht gehabt haben! Sie sind zugleich schön und beunruhigend. Ein gemischtes Gefühl erfüllt mich: die Freude, ihre majestätische Wildheit bewundern zu dürfen, und gleichzeitig die Furcht, ihnen unter unheilvolleren Bedingungen wieder zu begegnen. Ich weiß nicht, wen sie im Visier haben, die Hunde oder den Schafstall, auf alle Fälle muss erst einmal der Dicke aus dem Weg geschafft werden. Aber da eilen auch schon mehrere Männer herbei und schlagen sie in die Flucht. Bei meinem Marsch durch dieses dünn besiedelte, recht flache Gebiet am Fuße des Sabalan muss ich befürchten, dass die Raubtiere wieder auftauchen könnten, um mich anzufallen. Ich blicke immer wieder hinter mich. Dieses eine Mal bin ich froh über den zunehmenden Autoverkehr, als ich die Hauptstraße etw zehn Kilometer vor Ardabil erreiche.

Am späten Nachmittag treffe ich in der Stadt ein. Wie in den meisten anderen Städten des Iran komme ich an einer endlosen Reihe von Garagen vorbei, wo Mechaniker, Karosseriebauer und Schrotthändler das Leben fahrbarer Untersätze aller Art verlängern. In einem Land mit geringem Einkommen ist ein Auto derart kostspielig, dass man geneigt ist, es so lange zu behalten, bis es nur noch eine zusammengeschusterte Klapperkiste mit geflickten Reifen ist.

Tags darauf bewundere ich im Stadtzentrum eine schöne, schillernde Moschee, ehe ich die Ortschaft wieder vorbei an einem Haufen Reparaturwerkstätten, Karosseriebauern, Schrotthändlern verlasse ... Nachdem ich durch einen Tunnel auf die andere Seite des Berges gelangt bin, stelle ich fest, dass die Vegetation hier ganz anders ist. Das erinnert mich an die Veränderung der Landschaft in der Türkei, als ich von den dürren Hochebenen Anatoliens zu den dunklen Gestaden des Schwarzen Meeres marschierte. Dort gelangte ich aus einer trockenen Klimazone in ein Gebiet mit starken Niederschlägen, die den Teeanbau rund ums Kaspische Meer möglich machen. Da ich mein Marschtempo durch Armenien und den Nordwesten des Iran bis in die Nähe von Astara an der aserbaidschanischen Grenze erhöht hatte, beschließe ich, mir ein Weihnachtsgeschenk zu machen. Ich verschreibe mir eine Pause und fahre mit dem Bus nach Isfahan und Shiraz, ein Umweg, der mich einen monatelangen Marsch gekostet hätte.

Weihnachten und Ramadan in der »halben Welt«

Während der Westen sich auf das Neujahrsfest des Jahres 2000 vorbereitet, besteht meine einzige Sorge als ein im Jahre 1378 Umherirrender darin, den Ort zu finden, an dem ich in einer passenden Atmosphäre an der Weihnachtsmesse teilnehmen kann. In Isfahan ist die bedeutende armenische Gemeinschaft in ihrem täglichen Leben nicht allzu sehr eingeschränkt. Es steht ihr sogar das Recht auf die Herstellung von Wein für den Eigenverbrauch zu. Und auch in einem armenischen Museum werden die Religion und die christlichen Traditionen hochgehalten. Dort kann ich eines der kuriosesten Objekte meiner Reise bestaunen: einen Goldfaden, auf dem der aufmerksame Besucher unter dem Mikroskop ein Zitat der Bibel in armenischen Schriftzeichen lesen kann.

Bei der Messe, die von Pater Lazare aus der französischen Vaucluse zelebriert wird, treffe ich auf ungewöhnliche Reisende: Jérôme und Marianne haben in ihrem Landrover den Weg von Les Deux-Sèvres bis hierher zurückgelegt, während Michel und seine ungarische Frau Orsolya mit dem Fahrrad den Boulevard de la Liberté von Buressur-Yvette bis nach Isfahan geradelt sind. Wir feiern fröhlich Silvester in einem Zimmer des Hotels Amir-Kabir: Jérôme und Marianne haben passend dazu in ihrem Wagen eine Flasche Champagner und Gänseleberpastete ausfindig gemacht. Geschmuggelt schmeckt das noch viel besser.

In den folgenden Tagen setze ich meine Besichtigung des lichtdurchfluteten Isfahan fort, das die Perser die »halbe Welt« nennen. Ich bin fasziniert von den majestätischen Brücken und dem grandiosen Platz des Imams aus dem 17. Jahrhundert, dem goldenen Zeitalter der Stadt. Auf diesem 500 mal 160 Meter großen Platz bekommt man noch Pferdekutschen zu Gesicht, die nicht nur die iranischen Kinder, sondern auch die ausländischen Schaulustigen begeistern. Aber vor allem die Reinheit der Moschee des Imams, vormals Moschee des Schahs, und ihr bezauberndes Gemisch blauer und gelber Fayencen üben eine magische Wirkung auf mich aus. Ich kehre viermal dorthin zurück, zu verschiedenen Tageszeiten und bei unterschiedlichem Licht. Ich verweile lange Zeit, um das sie überflutende Licht zu studieren, und gerate ins Schwärmen und Staunen ob ihrer Herrlichkeit.

Ich hatte die Absicht, hier nur drei oder vier Tage zu bleiben, aber durch die Besichtigungen und meine Schreibarbeit rückt der denkwürdige 31. Dezember 1999 immer näher. Das Datum fällt mit dem letzten Freitag des Ramadan zusammen und das Gebet wird auf dem großen Platz des Imams stattfinden. In der Mitte des Platzes ist ein Becken und davor ein freier Platz für den Ayatollah, der die Zeremonie abhalten wird. Abgesehen davon ist der ganze Platz bevölkert, rechts die Männer, links die Frauen. Sie alle knien nieder und richten sich wie eine riesige Woge wieder auf, um Gott zu danken. Ich weiß nicht, wie viele Menschen sich auf diesem Platz versammelt haben, 60 000, vielleicht mehr. Die Szenerie ist ungemein beeindruckend, da Imam Khomeini einige Jahre nach der Revolution verfügte, dass das letzte Freitagsgebet im Ramadan der Befreiung Palästinas und der Vernichtung der Besatzer – des Staates Israel und dessen Helfershelfer, die Vereinigten Staaten – geweiht sein soll. 15 Meter lange Spruchbänder hängen vom Balkon des Ali-Qapu-Palastes herab. Die riesigen Porträts des Ayatollah Khomeini und seines Nachfolgers Khamenei wachen über die Menge. Unter ihren beifälligen Blicken verbrennen Fanatiker die amerikanische Flagge. Dann wird eine Stoffpuppe in den Farben Israels mit Benzin übergossen und verbrannt. Ein nicht ganz so gewalttätiger Zeitgenosse schwingt eine Schaufel – auf Persisch *bil* –, an der ein Schild »Clinton« hängt zur Verhöhnung des amerikanischen Präsidenten. Der religiöse Eifer, der sich im Hass auf die Vereinigten Staaten und

Israel bündelt, ist ungeheuer. Ein anderes Spruchband am Palast verkündet auf Persisch: »2000-mal nieder mit den USA«. Insbesondere zum Ende des Gebets, einem Aufruf zur Zerstörung Israels, in dem der Ayatollah die Schlachtrufe »Nieder mit Israel!« und »Nieder mit den USA!« brüllt, werden diese von erregten Anhängern mit erhobener Faust aufgenommen. Mit dem heiligen Zorn werden die Massen manipuliert, und das hilft dem Regime, den Teil der Nation zu besänftigen, der immer schwerer zu bändigen ist.

An diesem Tag sehe ich auf dem Platz keinen anderen Westeuropäer. Lange vor dem Gebet macht mir ein Fanatiker in Zivil mit scheelem Blick und herrischem Ton den unberechtigten Vorwurf, ich hätte Frauen fotografiert. Ein anderer Inquisitor in Zivil fragt mich auf Englisch: »Was machen Sie in der Armee?« Dann tut er so, als habe er sich getäuscht: »Was arbeiten Sie?« Etwas später nähert sich ein fast zwei Meter großer, kahl rasierter Koloss. Eine schwarze

Am 31. Dezember 1999, letzter Tag des Ramadan, beten in Isfahan 60000 Menschen für die Zerstörung der USA und Israels.

Brille verdeckt sein Gesicht. Er will wissen, ob ich Journalist, dann, ob ich Amerikaner bin. Meine verneinenden Antworten stellen ihn zufrieden. Ansonsten keinerlei Feindseligkeit. Eine Person versichert mir sogar diskret: »Dieses Verhalten ist jämmerlich, aber als Beamte wurden wir schon vor zwei Monaten zu diesem Gebet bestellt. Unsere Abwesenheit würde Sanktionen nach sich ziehen.« Ein anderer Iraner erklärt mir, dass Ayatollah Khomeini in der Begeisterung des Machtwechsels ein Referendum organisiert habe. Die Frage sei gewesen: »Wollt ihr eine islamische Republik?« Bei dem Begriff Republik ertönte bei den Iranern, die bisher an die Monarchie gewöhnt waren, ein silbernes Glöckchen. In diesem Land moslemischer Kultur schien das Adjektiv »islamisch« nach dem erzwungenen Ende des Zoroastrismus, nach der Invasion der Araber im 7. Jahrhundert, wie ein Versprechen, Toleranz zu üben, zu teilen und den Ärmsten zu helfen. Daraus resultierte hingegen jene Theokratie, die einen Teil der Iraner, allen voran die Jungen, von ihrer Religion entfremdet hat.

Mit den besten Wünschen der Religionspolizei

Obwohl ich eigentlich nach Astara weitermarschieren wollte, fahre ich von Isfahan nach Teheran, um dort die französische Botschaft aufzusuchen. In einer Straße der Hauptstadt richte ich meinen Fotoapparat auf eine Mauer, verzichte aber auf ein Foto und stecke den Apparat wieder in meine Tasche. Keine 20 Meter weiter packt mich jemand mit aller Kraft von hinten – ein bärtiger, graugrün Uniformierter. Der Typ ist ein Offizieller, offensichtlich ein Militär. Mir ist absolut nicht danach, im harten politisch-religiösen Klima des Iran den starken Mann zu spielen, und das umso weniger, als der Mann blitzschnell Verstärkung von fünf Jugendlichen in Zivil erhält. Obwohl ich keinerlei Widerstand leiste, kreisen sie mich ein und stoßen mich brutal, um mich einzuschüchtern, so hoffe ich wenigstens. Da sind sie also, die Wölfe, die ich befürchtet habe: gefährlich, grimmig, grausam, blutrünstig vielleicht ... Ich werde gezwungen, durch die enge Metalltür in der Mauer zu gehen, die ich fotografieren wollte. Dahinter befindet sich zunächst ein einfaches Zimmer, daran grenzt ein zweiter, unmöblierter Raum, in den sie mich hineinschubsen. Seltsamerweise bin ich mehr um die 27 Filme in meiner Tasche besorgt als um mein eigenes Schicksal. Der Chef spricht mich auf Persisch an, sogleich assistieren ihm zwei Personen, die etwas Englisch sprechen. Ich frage sofort, ob ich meine Botschaft anrufen kann. Sie lehnen ab. Sie durchsuchen meine Tasche und beschlagnahmen meine Filme und, völlig illegal, meinen Pass. Mehr als zehn Jahre nach dem iranisch-irakischen Krieg existiert im Zeitalter der Information per Satellit noch immer die Phobie vor Spionen. Ohne Überprüfung einer Tasche, in der sich zwei weitere Filme befinden, werde ich nach diesem unangenehmen Intermezzo wieder freigelassen. Auf einem dieser Filme ist eines der besten Fotos meiner Reise: ein 13-jähriges Mädchen im Tschador, voller Anmut und mit Licht überflutetem Gesicht in der Moschee des Imams – der ehemaligen Moschee des Schahs – in Isfahan. Zweifellos hat es Gott gefallen, dass ich es behalte. Es ist nach 16 Uhr. Ich gehe auf schnellstem Wege zur Botschaft, Avenue Neauphle-le-Château, benannt nach der Ortschaft nahe Versailles, wo der Imam Khomeini im Exil wohnte. Bei der Berichterstattung meiner Durchsuchung verfinstern sich die sympathischen Gesichter des Konsuls Christian Lopez, seiner Sekretärin Fadila und des begeisterungsfähigen Thierry Lagarde: »Das ist kein geringes Problem. Heute Abend ist es zu spät, noch etwas zu unternehmen, wir werden uns morgen darum kümmern!«, lässt der Konsul verlauten.

Am nächsten Tag statten der Konsul und ich den Typen einen Besuch ab. Wir klopfen an die Tür, eine Luke wird geöffnet: »Der Chef ist nicht da. Wir können Sie nicht empfangen.« Die Luke wird wieder geschlossen. Zweiter Versuch: »Kommen Sie später wieder!« Klack! Beim dritten Versuch öffnet sich die Tür mit dem Hinweis: »Sie müssen das Außenministerium einschalten, um Ihren Pass und Ihre Fotos zurückzubekommen.« Es sind *bassidji*, Mitglieder der religiösen Polizei, die eine Sektion »mobilisierter Freiwilliger« bilden. Zu allem Unglück soll, sehr geheim, in ihrem Gebäude, auf dem keinerlei Fotografierverbot angezeigt ist, ihr Geheimdienst untergebracht sein. Die *bassidji* sind oftmals mutige, von ihrem tiefen Glauben getriebene Leute, aber man findet unter ihnen auch Faulpelze ohne Ausbildung, deren fanatischer Lebensgrund darin besteht, ihre Mitbürger zu kontrollieren und ihnen zu schaden. Ihre Aufgabe ist es einzugreifen, sobald die moralische Ordnung bedroht scheint. Da sie berechtigt sind, das Gesetz des Koran nach ihrem Gutdünken anzuwenden, können sie sich begriffsstutzig und auch ziemlich boshaft verhalten, selbst nach der Wahl von Präsident Khatami, der das Regime etwas gelockert hat. Diese Freiwilligen haben weibliche Gegenparts, die vorwiegend überprüfen, dass die Haare der Frauen nicht zu sehr aus ihren Kopftüchern hervorschauen.

In Teheran kann ich ohne Pass nicht im Hotel wohnen. Während meines einmonatigen Aufenthalts werde ich also im Gästehaus der Botschaft untergebracht, in dem üblicherweise Minister und andere hoch gestellte Besucher beherbergt werden. Im Laufe meiner Reise hatte ich bisweilen den Eindruck gehabt, in bestimmten Vertretungen, denen es vor allem darum ging, sich zusätzliche Arbeit zu ersparen, nicht willkommen zu sein. Nicht so die französische Botschaft von Teheran, die, wie jene von Erewan, einem Unbekannten ohne Empfehlung jede nur erdenkliche Hilfe und Unterstützung anbietet. Dies unter der Ägide des Botschafters Philippe de Suremain, der die Maxime verkörpert: »Einfachheit ist wahre Größe.«

Trotz aller Anstrengungen des Konsuls, meinen Pass zurückzuerlangen, vergehen etwa zehn Tage, ohne dass der iranische Außenminister auf die Forderungen der Botschaft eingeht. Am 15. Tag bringt der Botschafter meinen Fall beim Vizeaußenminister vor. Das Problem im Iran ist, dass die politischen Kräfte, einschließlich des Präsidenten und seiner Minister, gegen die religiösen Kräfte nicht viel ausrichten können. Sie fürchten ihre Polizei, die sie der Kollaboration mit den ausländischen Mächten bezichtigen könnte …

Drei Wochen vergehen. Noch immer nichts! Die Botschaft kann mir natürlich einen neuen Pass ausstellen, aber ohne iranisches Visum kann ich weder das Land verlassen noch meinen Marsch in Aserbaidschan wieder aufnehmen.

In meinem Unglück kann ich mich glücklich schätzen, Franzose zu sein und in einem Augenblick guten Einvernehmens zwischen Frankreich und Iran verhaftet worden zu sein. Ein Israeli oder ein Amerikaner wäre sicherlich schlechter behandelt worden als ich. Und ein Iraner hätte wahrlich einiges zu befürchten gehabt. Unter den gegebenen Umständen beschäftige ich mich in aller Ruhe damit, die persische Sprache Farsi zu lernen, indem ich lese oder schreibe. Und dann gibt es auch – die Pflicht des Vaterlandes ruft – die Stunde des abendlichen Aperitifs. Da treffe ich, wenn sie gerade Ruhepause haben, den einen oder anderen Polizisten und den Koch der Botschaft, wobei der eine einen Fruchtsaft, der andere einen Pastis oder den denkwürdigen Nusswein schlürft.

Nach einem Monat und wiederholten Interventionen der Botschaft werde ich bei der Ausländerpolizei vorgeladen. Der französische Konsul und der Dolmetscher Mehrdad Sanai gehen mit. Zwei eigentlich recht sympathische Männer der Geheimpolizei verhören mich. Ihre ziemlich durchsichtigen Fragen zielen hauptsächlich auf meine Reiseroute im Iran ab. Was meine Sponsoren betrifft, so halte ich es für besser, Ricard kaum zu erwähnen. In islamischen Republiken muss man bisweilen Bescheidenheit an den Tag legen. Schließlich wird verkündet, dass man mir am folgenden Tag meinen Pass und meine Filme aushändigen wird. Aber tatsächlich bekomme ich nur meinen Pass zurück. Wer garantiert mir, dass die iranischen Behörden ihn nach einem Monat illegaler Beschlagnahmung nicht zu zweifelhaften Zwecken verwendet haben? »Ihre Fotos werden an einem anderen Ort verwahrt. Sie können sie in zwei oder drei Tagen abholen«, teilt man mir des Weiteren mit. Ich werde sie nicht wiedersehen.

Fußball am Kaspischen Meer

Hofft die religiöse Polizei womöglich, dass ich den Iran verlasse? Weit gefehlt, nach meinem verlängerten Aufenthalt setze ich am 4. Februar meinen Weg von Baharestan, nahe Astara, beharrlich genau da fort, wo ich ihn verlassen hatte. Dort treffe ich meinen Freund Faramarz wieder, Ingenieur auf der Straßenbaustelle, wo ich ihn sechs Wochen zuvor kennen gelernt hatte. Ich hatte ihm meine Anschrift in Marseille auf ein Stück Papier gekritzelt. Als er mich wiedersieht, kramt er freudig das zusammengefaltete Papier aus seiner Brieftasche hervor, die mir mit Ausnahme dieses Schatzes ziemlich leer erscheint. »Bleib heute Abend mit den Arbeitern hier! Wir bringen dich unter.« Nach der Unterbrechung würde ich lieber weiter vorankommen, aber man schlägt die Erinnerung an eine so lieb und teuer gehütete Freundschaft nicht so einfach in den Wind. Ich beginne mit meiner Wanderung um das Kaspische Meer also erst am 5. Februar.

Das Kaspische Meer, eingeschlossen, etwa 30 Meter unter dem Meeresspiegel der Ozeane gelegen, nur ein Drittel so salzhaltig wie diese, halten manche für einen riesigen See. Mit seinen durchschnittlich 170 Meter Tiefe wäre es demnach bei weitem der größte See der Erde. Die Wolga und der Ural sind die Hauptflüsse, die es an seinem Nordufer mit Wasser versorgen. See oder Meer – das ist nicht ganz unbedeutend angesichts der riesigen Vorkommen an Kohlenwasserstoffen, die in seinem Untergrund lagern. Im einen Fall gehören diese Vorkommen den angrenzenden Ländern, die sie sich teilen, im anderen Fall nur dem nächstgelegenen Anrainerland. Sind derartige Reichtümer und Milliarden von Dollar im Spiel, kommt den Begriffen eine gewisse Bedeutung zu.

Die durch die Verdunstung entstehenden Wolken werden von den Bergen zurückgehalten, die die iranische Küste säumen. Die hohen Niederschlagsmengen haben dort den Reisanbau begünstigt. Dadurch ist eine veränderte Ernährungsweise entstanden, die mich wahrhaft glauben lässt, ich sei in Südostasien angekommen. Anstelle von Brot ist nun Reis das Grundnahrungsmittel meiner Gastgeber in den Dörfern dieser wolkenverhangenen Küstenregion. Sie sind außerordentlich gastfreundlich und reichen mir stets einen gut gefüllten Teller.

Der Marktflecken Talech zählt 40 000 Einwohner und einen Erst-Liga-Fußballclub. Die beiden Wirtsbrüder, die in mir einen glühenden Anhänger erkannt haben, nehmen mich mit zum Spiel Talech gegen Esteklal. Esteklal, eine der beiden großen iranischen Mannschaften, war der Fußballclub »Real« von Teheran, der Club des Schahs. Die Mullahs haben ihn in »Unabhängigkeit« umbenannt. Bei meinem Marsch durch den Iran wurde ich regelmäßig gefragt, genauso ernst wie von der Polizei, dafür aber häufiger und dann umso herzlicher, ob ich für die »Abi« sei – die »Farbe des Wassers« – oder für die »Roten« von Persepolis, die andere renommierte Mannschaft. Fußball und seine enorme Popularität bleiben nur teilweise von der amtierenden Macht verschont: Die momentan beste Mannschaft musste ihren alten Namen ebenfalls gegen »Piruzi« – »Sieg« –

eintauschen. Obwohl Alexander der Große Persepolis in Schutt und Asche legte, ist es seit 2500 Jahren der ganze Stolz des Iran. Aufgrund des ruhmreichen Darius I. war ihr Name für das Regime der Mullahs eine unerträgliche Erinnerung an das Königtum. Das Volk hängt noch immer an dem Namen.

Das Match verspricht spannend zu werden. Die ganze Stadt ist voller Ungeduld. In dieser ländlichen Region des Landes der islamischen Revolution schlägt nun die Stunde der Fußball-Rebellion: Die Barrieren des Stadions werden überrannt. Die Tribünen sind brechend voll, Zuschauer hocken oben auf den Masten, von wo aus sie das Spiel verfolgen. Diejenigen, die wie wir zu spät kommen, müssen sich mit einem Platz auf dem Abhang des benachbarten Hügels begnügen. Aber wir können trotzdem zwei Drittel des Feldes und die beiden Tore sehen. Einige hundert ganz in Blau gekleidete Anhänger von Esteklal sind aus der Hauptstadt angereist. Zusammen mit meinen Kameraden für einen Tag ergreife ich für die Adler von Talech Partei. Vor dem Match bringt das Verlesen einer Stelle aus dem Koran die Menge zum Schweigen, doch danach wird doppelt so laut in die Hände geklatscht, um die 22 Spieler anzufeuern. Das 0-zu-0-Endergebnis ist etwas enttäuschend, wenngleich die Begeisterung der Zuschauer dies kaum widerspiegelt. Die Adler können zufrieden sein, sie haben ihr uneinnehmbares Nest verteidigt.

Frauen, einschließlich die der Fußballer, sind im Stadion nicht erlaubt, so als würde der Anblick von Sportlerbeinen ihre Seelen verderben, aber sie können sich mit dem Fernseher trösten, der jeden Tag nationale oder europäische Spiele überträgt. Mittelgroße, französische Städte wie Lens, Metz und Auxerre, die sehr gute Mannschaften haben, genießen im Iran einen enormen Bekanntheitsgrad. Unsere Schöngeister in Frankreich haben lange Zeit verkannt, wie sehr Fußball zu unserem internationalen Ansehen beiträgt, im selben Maße wie die Revolution von 1789. Im Iran ist der runde Ball die zweite Religion. Bei diesem Gesprächsstoff ist von Vorteil, dass sein Vokabular keine Grenzen kennt. Es erleichtert erste Kontakte, umso mehr als Frankreich in letzter Zeit in dieser Disziplin an Ansehen gewonnen hat. Ich brauche nur ein paar Mal »Zidane! Barthez! Blanc!« zu erwähnen, und schon geben mir die Iraner zu verstehen, dass sie meine Leidenschaft teilen. Als erfahrener und höflicher Besucher habe ich mein Wissen über den lokalen Fußball erweitert und einige im Fernsehen übertragene Spiele verfolgt, um dem Stolz meiner Gesprächspartner zu genügen: »Ali Parvin! Mahmud Khord Bin! Und dieser Ali Karimi, was für ein Dribbelkünstler! Ali Daiei, toller Torschütze!« Ein paar Handbewegungen, ein simulierter Kopfstoß mit einem fiktiven Ball, und schon haben wir uns gegenseitig davon überzeugt, dass wir Amateure sind. Ich erinnere mich an meine erste Unterhaltung im Iran:

»Woher kommst du?«

»Aus Frankreich, aus der Stadt Marseille.«

»Marseille! Oh! Papin! Ravanelli!«

In der Halbzeit des Spieles bestürmen mich die Schaulustigen wie überall mit Fragen:

»Von wo bist du?«

»Ich bin Franzose.«

»Kennst du Zinaidine Zeydane?« (Sie sagen Zeydane wie hey im Englischen.)

»Zinedine Zidane?«

»Ja. Der ist ein Moslem!«

»Gut möglich. Er ist in Frankreich geboren.«

Es ist erstaunlich, mit welcher Geschwindigkeit die Gespräche zum Thema Fußball via Zidane zur Religion überleiten, mehr noch im Iran als in der Türkei. Die islamische Kultur überschreitet die Grenzen. Bei meinen Gesprächen auf der Straße überhäufen mich die Iraner mit Namen westlicher, konvertierter »Berühmtheiten«:

»Anelka.«

»Der braucht dringend Allah!«

»Und Roger Garaudy, der berühmte französische Philosoph, wird verfolgt, weil er Moslem ist.«

»Er ist nicht sehr bekannt in Frankreich, und er wird nicht verfolgt.«

»Und Cat Stevens?«

»Ja, ich weiß, das ist ein guter Sänger.«

»Und Anthony Quinn?«

»Ach ja! Er ist Moslem?«

»Ja, ja, wie Muhammad Ali und Mike Tyson.«

Die Iraner irritieren mich mit ihrer Ansicht, die Zugehörigkeit zum Islam mache die Genialität von Zidanes Ballspiel aus. Sie sollten begreifen, dass er nicht deshalb ein außergewöhnlicher Fußballer ist, weil er Moslem ist, sondern ganz einfach, weil er in Marseille geboren ist. Wie kann man in diesem Punkt nur so wenig objektiv sein?

Menschenhändler

Ich gehe am Strand über einen Teppich perlmuttweißer Muscheln. Unter azurblauem Himmel und schneeweißen Gipfeln lasse ich mich am Meeresufer zum Essen nieder. Im Hafen Anzali erklärt mir ein Wichtigtuer beim Tee ganz spontan ein Verfahren, das er sichtbar beherrscht: die Verschickung von Iranern in die Vereinigten Staaten, nach Kanada, Japan, Großbritannien, Schweden, Dänemark, Deutschland oder Frankreich. »Nach England kostet es 6000 Dollar. Vom Iran gelangt man mit einem Pass legal in die Türkei. Dort steigt man ins Flugzeug nach Bosnien, von wo aus man per Schiff nach Italien eingeschleust wird. In Italien bekommt man einen falschen griechischen Pass, mit dem man in den Flieger nach

Großbritannien steigt. Im Flugzeug zerreißt man den Pass, und bei der Ankunft beantragt man die Anerkennung als Flüchtling.«

Nichts hält die mit ihrem Leben im Iran unzufriedenen Menschen zurück, schon gar nicht die Profiteure, die deren Ausreise organisieren. Viele junge Leute, die nicht einfach so immigrieren oder ein Touristenvisum bekommen können, versuchen auf diese Weise ihr Glück. Die Iraner sind oft gewissenhaft und fleißig, dennoch lassen sich viele von diesem unglaublichen Versprechen täuschen: »In Europa muss man nicht arbeiten und wird trotzdem vom Staat bezahlt. Und wenn man Kinder hat, bekommt man Geld.« Die ihnen zu Ohren gekommenen Summen erscheinen ihnen märchenhaft angesichts der vier Cent, die hier in einer Bar ein Tee kostet. Da der hohe Brotpreis im heutigen Iran – wie im Frankreich der vergangenen Jahrhunderte – einer der Hauptgründe für den Volkszorn ist, subventioniert die Regierung den Getreidepreis. Ein für 80 Tomans (etwa 10 Cent) gekauftes Kilo Getreide wird an die Müller zum Viertel seines Preises abgegeben, damit der Bäcker sein Brot zwischen 10 und 12 Tomans (eineinhalb Cent) verkaufen kann. Benzin, ein weiteres, vom Staat subventioniertes Basisprodukt, wird für vier Cent verkauft, d. h. zur Hälfte des Selbstkostenpreises; Heizöl kostet rund einen Cent pro Liter. Jedes Mal, wenn ich mich auf ein Gespräch über den Vergleich der Löhne einlasse, muss ich die Kosten für Mieten in Paris oder in der Provinz, den Preis für ein Baguette oder für Fleisch erklären. Dann erscheint die Sonne Europas meinen Gesprächspartnern nicht mehr so rosig. Im Allgemeinen und in vielerlei Hinsicht sind die Iraner wie die Türken, nur dass die Iraner oft voller Komplexe sind.

Die Iraner wie die Türken haben den Islam als Kultur. Sie sind sentimental, großzügig und gastfreundlich. Sie überlassen dir zur Erinnerung ihr Passfoto und möchten dafür als Erinnerung ein *yuh degari*, einen Gegenstand ohne wirklichen Wert, ein Foto oder sonst etwas. Wie die Türken sind die Iraner krankhaft neugierig. Ob Kind oder Greis, sie können es einfach nicht lassen, dich beim Schreiben zu beobachten oder deine Karten und Unterlagen durchzusehen. Manchmal öffnen sie sogar deine Post. Und schließlich lieben sie, so wie die Türken, ihr Land und stellen dem Besucher oft die Frage: »Wo ist es besser, bei euch oder hier?« Aber die Türken, die mit dem Credo erzogen wurden: »Glücklich, wer sich Türke nennen darf«, zweifeln nicht einen Augenblick daran, dass ihr Land bei uns absolute Präferenz genießt. Was die Iraner betrifft, so sind diese zutiefst davon überzeugt, dass die Antwort lauten wird: »Überall sind die Lebensbedingungen besser als in eurem Land.«

Obwohl löbliche Anstrengungen unternommen worden sind, Jungen und Mädchen qualifizierte Ausbildung in allen Schularten zu gewährleisten und das Straßennetz nach zehn Jahren Krieg zu erneuern, entschuldigt dies nur teilweise die wirtschaftlichen Schwierigkeiten und schon gar nicht den Mangel an Freiheit. Ich hatte das Gefühl, dass unter den Jugendlichen große Verzweiflung herrscht. In den Städten sprechen mich junge Leute an und vertrauen mir an: »Erzählen Sie bei sich zu Hause, dass das Volk im Iran freundlich ist, aber die religiöse Macht, das sind keine guten Moslems« oder: »Finden Sie, dass man im Iran genug Freiheiten hat?« In jeder Stadt gibt es einen Jugendlichen, der mir seinen Groll gesteht, sobald er sich unbeobachtet fühlt: »Ich kann nicht mit meiner Freundin Hand in Hand ausgehen oder mit ihr ins selbe Auto steigen, ohne Gefahr zu laufen, dass ich von den *bassidji* verhaftet und sogar Stockhiebe versetzt bekomme. Manche unter uns wagen es, ins Bordell zu gehen. Das ist illegal, aber so etwas gibt es. Wenn der Ort entdeckt wird, riskieren die Prostituierten und ihre Freier, gesteinigt oder öffentlich aufgehängt zu werden. Dieses System ist durch und durch heuchlerisch. Die Mullahs und andere Männer mit Geld wenden einen Trick an: Sie besorgen sich einen Heiratsvertrag von bestimmter Dauer, zum Beispiel für 48 Stunden, und können sich so in aller Legalität irgendeine Frau auf Zeit besorgen.«

21 Jahre nach der Revolution hat der Iran weiterhin seine Parias, wie etwa jenen intelligenten und höflichen jungen Mann, der mir seinen ganzen Kummer gesteht: »Ich würde gern den Iran verlassen und studieren. Weil mein Vater dem Schah nahe stand, darf ich hier keine Universität besuchen.«

Aus Trotz und aus Wagemut spielen manche mit dem Feuer und flüchten sich in andere verbotene Vergnügungen: Alkohol, strafbar mit 80 Stockhieben, oder Drogen. Da es dem Iraner an Sex mangelt, raucht er und macht sein Land, so wie Afghanistan, zu einem der wenigen Länder, wo Opium der Sex des Volkes ist.

Hochzeit auf dem Land

Der florierende Immobilienmarkt verwehrt sozusagen den Zugang zum Strand. Die Mauern der Villen versperren den erholsamen Blick aufs Meer. Ich muss mich also in den stinkenden Abgaswolken auf der Asphaltstraße vorwärts quälen. Diese vorübergehende Unannehmlichkeit wird von der Freundlichkeit der Anwohner des Kaspischen Meers, Balsam fürs Herz, wieder gutgemacht. Im Dorf Sorkh Rud möchte Peyman mich unbedingt zu seinen Eltern einladen. Ziemlich groß und breitschultrig, mit 28 Jahren Träger des schwarzen Gürtels dritter Dan im Taekwondo, reiht er sich ein in die Ahnengalerie der berühmten iranischen Kämpfer. Die nötige Kraft schöpft er aus dem Gebet. Am frühen Abend unterbricht er unser Gespräch, kniet nieder und wendet sich gen Mekka, ohne weiterhin Notiz von mir zu nehmen. Zur Stunde Gottes ist ihm der Rest der Welt gleichgültig. Nachdem er seine Pflicht erfüllt hat, erhebt er sich wieder, sieht seine Mutter lächelnd an und gesteht mir mit erstaunlicher Einfachheit: »Ich liebe meine Mutter sehr.«

Sie bietet mir Tee an und, wie so häufig bei Iranern, eine Schale mit Früchten: Äpfel, süße Zitronen, gezuckerte und auch bittere Orangen. An der Küste des Kaspischen Meers wachsen alle möglichen bei uns unbekannten Arten von Zitrusfrüchten, die schon jetzt, Anfang März, reif sind. Wenn wir in Frankreich unseren Gästen vor einem Essen Salziges anbieten, so servieren die Iraner Früchte und Süßes. Ihre Fleischspieße verfeinern sie mit dem Saft von Bitterorangen. Aufgrund der wirtschaftlichen Lage sind allerdings wahre kulinarische Genüsse im Iran leider selten.

Als ich am folgenden Morgen aufbrechen will, bestehen Peyman und seine Mutter darauf, dass ich sie zur Hochzeit ihrer Kusine begleite. Schon wieder eine Verspätung in meinem Zeitplan, aber was macht das schon, eine solche Gelegenheit lasse ich mir nicht entgehen. Die Familie der Braut versammelt sich in ihrem Dorf. Die des Bräutigams trifft sich bei seinen Eltern in einem anderen Dorf. Männer und Frauen bereiten die Hochzeit in zwei benachbarten Häusern, die der Familie gehören, getrennt vor. Ich geselle mich zu den Männern in einem etwa neun Meter langen, gangähnlichen Raum. Die Söhne sind bei den Vätern. Etwa 40 geladene Gäste drängen sich um eine auf dem Fußboden ausgebreitete Decke aus Wachstuch. Der Tee, der mit viel Zuckerwaren und Früchten zum Aperitif serviert wird, versüßt immer wieder das Warten auf das bevorstehende Mahl. Der Zucker wird auf die Zunge gelegt und mit dem brennend heißen Getränk, das ihn sofort zum Schmelzen bringt, in zwei Schlucken hinuntergespült. Ich habe im Iran derart viele zahnlose Münder gesehen, noch dazu bei relativ jungen Personen, dass ich mich diesem Ritual entziehe.

Ein jeder möchte wissen, wer ich bin. Meine Unterhaltung auf Persisch fällt mir immer leichter, stellt man mir doch stets dieselben Fragen. Ich verstehe diese indoeuropäische Sprache immer besser, zumal unsere westlichen Sprachen bestimmte Worte aus ihr entlehnt haben, die von ihren südasiatischen und persischen Ursprüngen erstaunlich wenig abweichen. Die persische Syntax ist auch verwandt mit jener der europäischen Sprachen, und viele geläufige Wörter sind noch heute ähnlich, obwohl sie nach und nach deformiert wurden. *Pedar* und *madar* gleichen den lateinischen *pater* und *mater*. *Bradar* ähnelt dem deutschen Wort für Bruder, englisch *brother* und russisch *brat*. »Gut«, »besser« und »schlecht«, *khub*, *bettar* und *bad*, sind dem englischen *good*, *better* und *bad* ähnlich. *Garm* entspricht im Deutschen und Englischen *warm*. Die französische Frage »Qui est-ce? (Wer ist das)« heißt *Ki é* und wird in Isfahan *Ki és* ausgesprochen. Auch viele der iranischen Zahlen ähneln den französischen, wie etwa *doh*, *shish*, *deh* für *deux*, *six* und *dix*.

Brennend interessiert ist man am Thema Hochzeit in Frankreich. Ich berichte von unserer standesamtlichen und kirchlichen Hochzeit, von den Aperitifs und der Speisenfolge und dass Wein dazu serviert wird, von dem Beisammensein von Männern und Frauen, dem gemeinsamen Ort der Festlichkeiten beider Familien ... Wichtigste Frage ist, wer in Frankreich für die Mitgift aufkommt. Im Iran ist das der entscheidende Punkt, der so manche Eheschließung hinauszögert. Trotz einiger regionaler Unterschiede muss hier der Brautvater alles, was für den Hausstand des Paares benötigt wird, bezahlen, vom Sofa bis zum Kühlschrank, nicht zu vergessen Geschirr und Fernseher. Dagegen übernimmt der Vater des Bräutigams die Kosten für den Empfang und die Zeremonie. Das Feilschen um diese enormen Ausgaben braucht Zeit, deshalb ist das Zustandekommen der Hochzeit nun für beide Familien Anlass zu ausgiebigen Festlichkeiten.

Da darf ich also nun mit den Männern, bei diesem Fest ohne Alkohol, Gerichte mit Hühnchen und Ente teilen, die mit Safranreis gereicht werden, dessen gelbe Körner mit den roten Preiselbeeren farbenfroh und appetitlich aussehen. Wegen der Enge des Raumes laufen die Leute teilweise über das auf dem Boden ausgebreitete Wachstuch, auf dem die Speisen stehen, gerade so, als würde man bei einer französischen Hochzeit völlig ungeniert von Tisch zu Tisch springen. Obwohl zunehmend fröhlich, bleibt die Gesellschaft in diesem Dorf dennoch sehr förmlich. Nach dem Essen bedanken sich die Gäste überschwänglich beim Vater. Viele sind bereits gegangen, noch ehe das Brautpaar vom Haus der Eltern des jungen Ehegatten eintrifft. Das Brautpaar ist westlich gekleidet, er im Anzug und sie in Weiß, hochgeschlossen und züchtig. Das Haar ist mit einem blütenweißen Schleier bedeckt. Wir begrüßen das Paar und verabschieden uns.

Bei den Fischern

Am Ufer des Kaspischen Meers schaue ich gern den Fischern zu, die ihrerseits gerne ihre Arbeit unterbrechen, um sich mit mir zu unterhalten. Abbas – ein Lächeln erhellt zeitweilig sein hageres Gesicht – spricht mich an: »Übernachte heute Abend hier! Wir bereiten dir einen Fisch zum Abendbrot. Wir Iraner haben gerne Gäste. Gäste sind ein Geschenk Gottes!« Wie könnte ich solche Gastgeber enttäuschen?

Später bieten mir diese neu gewonnenen Freunde an, mit ihnen im Boot hinauszufahren, um die Netze auszulegen und ihnen anschließend beim Einholen vom Strand aus zu helfen. Vom Heck aus bewundere ich die schnellen und präzisen Bewegungen und werde Zeuge der jahrhundertealten Suche des Menschen nach Nahrung. Wind kommt auf, die Wellen schlagen gegen das Boot. Ein paar Regentropfen fallen. Es ist gar nicht so leicht, in diesen langen, engen Booten das Gleichgewicht zu halten. Die riesigen, 1200 Meter langen Netze werden in 20 Minuten zu Wasser gelassen. Wie Flüssigkeit aus dem Hals einer Karaffe fließt, so fließen sie über Bord.

Später ziehen am Strand zwei Gruppen von Fischern in jeweils 50 Meter Abstand die riesige Reuse an ihren Enden. Traktoren mit einer Winde am Heck unterstützen sie beim Einholen der Netze. Der Bauch der Netze ist nicht mehr fern, bald wird man es wissen: Der Fang ist mäßig. Das schlechte Wetter hat die Fische vom Ufer verscheucht. Ein Stör wird ins Wasser zurückgeworfen – die Regierung hat das Monopol für die Vermarktung seiner schwarzen Eier, des Kaviars, eine wichtige Einnahmequelle für das Land. Die anderen Fische werden in Kisten gestapelt. Die Stimmung bei den Fischern, die proportional zum Wert ihres Fangs bezahlt werden, ist mies. Einmal mehr müssen sie den Gürtel enger schnallen. Während die Fische zum Verkauf angeboten werden, zieht so mancher Fischer an einer stärkenden Zigarette, die er gerade bei Chapur gekauft hat, dem Großvater, der sie stückweise abgibt.

Abbas kauft seinen Fischerkollegen einen exzellenten *mahi e sefid*, einen »Weißfisch«, ab, das delikateste Produkt ihres Fangs. Trotz meines Drängens lehnt er mein Angebot ab, mich am Kauf zu beteiligen: »Du bist ein *mehman*. Gäste zahlen nicht.« Ich folge ihm bis zu seiner ärmlichen Behausung. Die Fischer wohnen zu zweit in zehn Quadratmeter großen, aneinander gereihten Baracken. Die Inneneinrichtung ist dürftig: kein Möbelstück, einige Teppiche oder Teppichbodenstücke auf dem Boden, zwei winzige Matratzen, die am Abend mit den Decken ausgebreitet werden, ein Ofen, ein Kocher, ein paar Teller, Bestecke und Küchengeräte und ein Besen ohne Stiel zum Säubern des Zimmers.

Beim Kochen ruft Abbas durch die angrenzende Bretterwand: »Reza, das Salz!« Eine Hand taucht aus einer Öffnung auf und reicht das Gewürz. Fischer aus der Nachbarschaft besuchen uns. In der Genossenschaft der Fischer arbeiten 80 Männer, die größtenteils Türkisch sprechen und aus den Bergen der Region von Ardabil stammen.

Schwarz gekleidete Frauen auf einem iranischen Markt am Kaspischen Meer

Wir haben uns um den Ofen geschart und lauschen dem abgearbeiteten, krummbeinigen Ältesten: »Wir arbeiten sechs Monate hier, im Herbst und im Winter. Alle 25 Tage kehren wir für fünf Tage zu unseren Familien zurück. In den übrigen sechs Monaten, im Frühling und im Sommer, bestellen wir unsere Felder, damit wir Brot für zwölf Monate herstellen können.« Während dieser Zeit, der Paarungszeit, ist der Fang von Meerestieren verboten. Und in dieser Zeit werden auch die Touristen streng überwacht: Die Strände der Frauen sind von denen der Männer durch Mauern oder Zeltplanen abgetrennt.

Beim Abendessen beschreibt Abbas sein Leben, das mich an gewisse düstere Schilderungen von Zola oder Hugo erinnert:

»Ich bin 25 Jahre alt, kann jedoch nicht heiraten. Ich habe noch nicht genug Geld beisammen für die Zeremonie. Und ich könnte schwerlich eine Ehefrau und Kinder ernähren. Wie viel Geld gibt dir dein Land, wenn du deine Reise beendest?«

»Ich werde nicht von meinem Land bezahlt.«

»Das ist unmöglich! Was du da machst, ist schwer, und es ist gut für dein Land. Sogar hier spricht man über Frankreich. Also muss man dich doch dafür bezahlen.«

Die materiellen Sorgen sind hier zu groß, als dass man sich vorstellen könnte, einfach nur zum Spaß zwei Jahre lang zu Fuß unterwegs zu sein oder sich in metaphysische Fragen zu verlieren. Das harte Leben an diesen dunklen Ufern macht deutlich, wie nichtig unsere Fragestellungen als verwöhnte Westeuropäer oft sind. Und klar wird mir auch: Es ist ganz entschieden gut, Franzose zu sein.

Trotz meiner vielen Zwischenstopps nähere ich mich allmählich dem Ende des Kaspischen Meeres. Ich folge parallel zur Straße verlaufenden Bewässerungskanälen für die Reiskulturen. Frösche gesellen sich zu den Wasserschildkröten, die in der Sonne dösen. Bei schönem Wetter zeichnet sich zu meiner Rechten in der Ferne die majestätische Silhouette des Berges Damavand ab. Mit seinen 5600 Metern überragt er hier Reisfelder, dort ausgedehnte, gelb blühende, duftende Rapsfelder.

Um später nichts zu bereuen, verlasse ich die Hauptstraße und gehe 60 Kilometer am Strand einer Halbinsel entlang, die als Nationalpark ausgewiesen und von zahlreichen Fischerdörfern gesäumt ist. Heftiger Regen prasselt auf die Küste nieder. Fischer, die gerade ihre Netze einholen, werden davon genauso überrascht wie ich. Sie bieten mir umgehend an, mit zu ihren Pfahlbauten zu kommen. Meine Gastgeber sind keine Perser. Aus ihren runden Gesichtern, ihren hervorstehenden Backenknochen und mandelförmigen Au-

gen entnehme ich ihre fernen, zentralasiatischen Wurzeln. Ihre Familien sind zu Beginn der kommunistischen Ära aus der Sowjetunion geflohen; sie sind Turkmenen und stammen möglicherweise von den Stämmen Attilas oder Dschingis Khans ab. Der Ofen heizt den Raum auf, aber ein jeder behält beim Essen seine Mütze auf dem Kopf. Ibrahim, um die dreißig, stämmig, einfach und jovial, trägt einen blauen Pullover, auf den »Let's dancing Rock & Roll« gestickt ist. Ich lege eine vierstündige Ruhepause ein und teile mit meinen neuen Freunden nun auch hier einen »Weißfisch«, der aus dem Meer direkt auf unseren Teller gekommen ist. Aufgrund der großen Gastfreundschaft in dieser Gegend ist dieser Fisch mein Grundnahrungsmittel am Kaspischen Meer geworden. Meine Anwesenheit stört keineswegs die Gebete dieser im schiitischen Land verstreuten Sunniten. Nach beendetem Mahl danken sie Gott für die Nahrung, die er ihnen täglich beschert, so wie Christen vor dem Essen dem Herrn für »das tägliche Brot« danken. Das Gebet endet mit dem Auflegen der Hände auf das Gesicht. Dann kommt das weltliche Leben wieder zu seinem Recht, und neben der Arbeit vergehen die Tage hier mit nichts anderem als Gesprächen um den Herd. Die Fischer arbeiten sechs Tage hintereinander, dann sind sie sechs Tage zu Hause. Ihre Hinund Rückfahrten werden von ihrer Fischereigenossenschaft organisiert.
Der Besuch eines seltsamen Vogels lenkt die Unterhaltung wieder einmal auf Zidane:

»Der ist ein Moslem!«

»Ich glaube, ja.«

»Ja, ja, er ist Sunnite!«

Meine Freunde möchten, dass ich zu Abend bleibe, aber es ist besser, wenn ich auf der Halbinsel noch ein Stück weiter vorankomme. Ich lasse mehrere persische Fischerdörfer hinter mir, ehe ich am folgenden, wolkenlosen Tag ihren turkmenischen Brüdern wieder begegne. Sie sind in dieser Region in der Mehrheit. Erneut nehmen sie mich freundschaftlich auf, und so kann ich meine Fischkur fortsetzen.

Noch so manch andere Bewohner dieser Küstengebiete blicken mir ins Auge: stolze Reiher und andere weiße Stelzvögel, Kormorane, die ihre Flügel in der Sonne zum Trocknen ausbreiten, Pelikane, die so plump wirken und dennoch geschickte Taucher sind, auch tollpatschig watschelnde Wildenten. Einige Adler suchen in der Erde mit ihren Schnäbeln nach einem Nagetier. Am meisten bin ich jedoch von dem Tier überrascht, dem die Fischer den Namen Hund-Fisch – *sagmahi* – gegeben haben. Faulenzend liegt dieser dicke Seehund am Strand und ergreift erst die Flucht, als ich schon beinahe über ihn stolpere. Aus purer Neugierde und voller Vertrauen folgt er mir im Wasser noch weitere 500 Meter. Dann verschwindet er in den Fluten und überlässt mich der Träumerei des Spaziergängers, der nie lange einsam bleibt.

Nachdem ich in der Badehose eine Art Meeresarm durchquert habe, erreiche ich am 11. März in der Abenddämmerung das Dorf Achur Adeh, am äußersten Ende der Halbinsel. Es ist beinahe verlassen, nachdem ein plötzliches, vorübergehendes Ansteigen des Kaspischen Meers es vor etwa acht Jahren überflutete, zweifellos infolge eines Erdstoßes. Morgen werde ich das Boot für eine rasche Überfahrt nach Bandar e Turkmen nehmen, dem »Hafen der Turkmenen«.

Festtage

Ich verlasse also das Kaspische Meer, das mir auf mehr als 600 Kilometern Gesellschaft geleistet hat. Zur Abwechslung will ich einmal schnell vorankommen: Ich beabsichtige, eine Hin- und Rückfahrt – mit dem Bus! – nach Teheran zu machen. Ein nahezu ergebnisloses

Zu Gast beim Mullah Mohamad in Gonbad e Qabus während des Kurban-Fests

Unternehmen, denn das französische Konsulat in Aschchabad, das ich für die Beschaffung des turkmenischen Visums um Hilfe gebeten hatte, hat den Antrag noch nicht bearbeitet. Es ist schwierig, dieses Visum zu ergattern, und die Fremdenpolizei weigert sich, mein iranisches Visum zu verlängern: vorn die Mauer und hinten der Fußtritt. Ich versuche ein weiteres Mal, die zahllosen konfiszierten Negative zurückzubekommen, welche die Polizei inzwischen entwickelt hat. Ich bin einverstanden, dass sie Fotos behalten, die ihnen missfallen, aber sie kommen ihrer Verpflichtung nicht nach, mir die anderen herauszugeben. Das erstaunt mich, denn im Allgemeinen halten die Iraner ihr Wort. Souvenirdiebe! Euretwegen muss ich all jene enttäuschen, denen ich versprochen habe, ihnen ihre Porträts zu schicken.

Das einzig Interessante an diesem Abstecher in die verstopfte und verschmutzte Hauptstadt ist, dass ich am »Tchaharchembe Suri«-Fest teilnehmen kann. Am Vorabend des letzten Mittwochs im iranischen Jahr, das am 20. März mit dem Winter endet, werden in den Höfen der Gebäude Reihen von Feuerwerkskörpern angezündet, über die die Jugendlichen im Lauf springen: ein Relikt des Zoroastrismus. Überall knallt es. »Das ist das erste Jahr seit dem Schah, dass dieses Fest so frei abläuft. Feuerwerk und Knaller sind normalerweise im Iran verboten. Diesmal wird es toleriert«, vertraut man mir an. Das Ganze ist beeindruckend, manchmal gefährlich, auch wenn die Knaller an speziell vorgesehenen Stellen angezündet werden. Glücklicherweise wird hier nicht getrunken! Das Fest ist wirklich eindrucksvoll, trotzdem bin ich besorgt, weil die Verwaltung sich weigert, mein Visum zu verlängern. Meine Aufenthaltsgenehmigung im Iran gilt nur noch ein paar Tage. Ich beschließe, mich weit weg von Teheran nach Gonbad e Qabus, einem Verwaltungszentrum in der Provinz, zu begeben und von dort einen neuen Antrag zu stellen. Nach zwei weiteren Absagen innerhalb von zwei

Tagen verlässt mich allmählich der Mut. Am dritten Tag jedoch entspannt sich die Lage, auch wenn das bewilligte Visum mir lediglich die Zeit lässt, bis nach Mashhad zu marschieren und nicht bis zur turkmenischen Grenze.

In Gonbad gibt es Angenehmeres zu besichtigen als die Verwaltung: den imposanten, im Jahr 1004 errichteten Wachturm, Namensgeber der Stadt, den »Turm von Qabus«. Auf einer 37 Meter hohen Röhre aus rötlichem Stein sitzt ein spitzer, 17 Meter hoher Hut, der dem Ganzen das Aussehen eines Bleistifts verleiht. Mit seinen 54 Metern, Fundamente nicht mitgerechnet, ist dies einer der ersten Wolkenkratzer der Geschichte: Denn dieser 100-jährige Wachturm ist immerhin so hoch wie ein 20-stöckiges Gebäude! Im Schatten des Turmes habe ich beim lächelnden Ghelitch Anvari Zuflucht gefunden. Er ist *dutar*-Spieler – »zwei Schnüre« –, ein zartes, zwei- oder dreisaitiges Instrument mit langem Griff. Pausbäckig wie ein Hamster, füllig wie ein Mönch, genießt Ghelitch nicht nur die Musik. Am heutigen Tage, zum Kurban-Fest, ist es Pflicht, ein Tier zu opfern: Hammel, Ochse, Dromedar oder ein anderes. Ghelitch hat sich einen Hammel beschafft, der Größe seiner Familie – eine Frau und vier Kinder – entsprechend. Gemäß der Tradition gibt es einen Mann, der berechtigt ist, die Tiere abzustechen, von Haus zu Haus zu gehen, überall, wo seine Dienste benötigt werden, und seines Amtes zu walten. Dem Tier wird die Gurgel durchgeschnitten; nachdem es ausgeblutet ist, wird es gehäutet und tranchiert. Die Fleischstücke werden je nach Verwendung für verschiedene Gerichte sortiert. Ich bin damit beauftragt, die Zubereitung der Koteletts zu überwachen.

Nachdem wir uns den Bauch voll geschlagen haben, statten wir nach der Siesta dem sunnitischen Ordensbruder des Viertels einen Besuch ab, um ihm ein frohes Fest zu wünschen. Der Turkmene Nur Mohamed Nurizade ist nett und dickbäuchig. Wie Ghelitch hat er

im Wohnzimmer direkt auf dem Boden ein Tischtuch ausbreiten lassen, auf dem Berge von Früchten, Bonbons, Kuchen, Sonnenblumenkernen und Erdnüssen ausgebreitet sind. Die Besucher halten sich zurück. Zweifellos sind sie bereits gesättigt oder möchten den harmonischen Anblick der dargebotenen Speisen nicht zerstören. Dann machen wir die Runde bei den Freunden. Bei jedem weiteren Gastgeber wird uns Fleisch angeboten, das wir nicht verschmähen dürfen, egal, ob wir noch Appetit haben. Die Kinder tragen ihre schönsten Gewänder, wobei die Mädchen mit ihren Handtaschen besonders elegant sind. Sie klopfen an jede Tür im Viertel und rufen: »*Heid-e Kurban, kabul e Allah*« – »Für das Opferfest, nehmt Allah auf.« Es ist Brauch, ihnen dann einige Leckereien und Sonnenblumenkerne zu geben.
Nach Beendigung der Kurban-Festlichkeiten fahre ich mit dem Bus rund 70 Kilometer zurück, um meinen Marsch dort wieder aufzunehmen, wo ich ihn zuletzt beendet hatte. In diesem turkmenischen Teil des Iran genießt die Frau mehr Freiheit als ihre persische Landsmännin. Ihre bunten Gewänder und Kopftücher sind Ausdruck einer im Iran seltenen Fröhlichkeit, auch wenn die traditionellen Halsketten unter ihrer Kleidung verborgen bleiben.

Fast überall in der Welt ist am Montag, dem 20. März, der letzte Tag des Winters. Im Iran markiert dieses Datum die Ankunft des neuen Jahres nach einer vollen Umdrehung der Erde um die Sonne in 365 Tagen. Mit einer Präzision, die mich verblüfft, verlasse ich also im Jahr 2000 um 11.05 Uhr Ortszeit das Jahr 1378 und trete ins Jahr 1379. Zwei Daten an einem Tag! Im Gegensatz zum Tchaharchembe Suri in Teheran verläuft der Jahreswechsel hier trübselig: keine Musik, keine Knallfrösche, keinerlei Abwechslung. Alles ist verboten! Weiter entfernt, im Dorf Eimer, sehe ich mein erstes Dromedar. Es ist alt, einsam, lahm. Bei Sonnenuntergang kehrt es humpelnd ganz allein nach Hause zurück. Offensichtlich kennt es die Uhrzeit. Auch das Dromedar wird die Nacht also nicht draußen bei den Feierlichkeiten verbringen.

Schließlich laufen mir Suleyman und Rahime über den Weg. Die beiden freundlichen Brüder laden mich zu sich ein und zeigen mir ihre lokale Berühmtheit Djalil Eimiri. Infolge einer medizinisch falsch gesetzten Spritze kann er sein rechtes Bein nicht mehr gebrauchen, hat sich aber dennoch seine Begeisterung und seine Lebensfreude bewahrt. Mit seinem Bruder Hamid ist er der Bäcker im Dorf und verkauft sein Brot von einem erhöhten Podium aus, um mit seinen Kunden auf gleicher Höhe zu sein.

Djalil ist außerdem ein Star: Er ist Mitglied der Volleyball-Nationalmannschaft im Sitzen. In seinem Zimmer zeigt er mir stolz die Medaillen, die auf den Möbeln ausgebreitet sind, und die an den Wänden hängenden Zeugnisse für die verschiedenen Teilnahmen an internationalen Turnieren. Er hat sich besonders bei den Paralympischen Spielen von Atlanta ausgezeichnet, wo seine Mannschaft sogar den zweiten Platz belegte. Aus einer sorgfältig sortierten Schachtel holt er Reiseprospekte der von ihm besuchten Länder hervor, Fotos von seinen Spielen, bei denen das Netz etwa einen Meter über dem Boden sein muss, und Plaketten der Wettkämpfe, an denen er teilgenommen hat. Durch sein Handicap und dank seines ungemein starken Willens durfte er die Welt entdecken, was nur wenigen Iranern vergönnt ist. Meine ganze Bewunderung gilt dir, Djalil, den das Schicksal mit einer so hart erkämpften Medaille belohnt hat. Du hast es jedoch verstanden, nie ihre Kehrseite zu zeigen!

Beim Verlassen von Djalils Haus erwartet uns ein ohrenbetäubendes Froschkonzert.

Die faszinierende Begegnung mit Djalil hat mir neuen Schwung und Willenskraft verliehen. Nach Gonbad e Qabus schlägt mein Auftauchen verängstigte Kinder in die Flucht. Ihre älteren Kameraden halten mich hingegen an und bitten mich um ein Autogramm. Babi ist 16, und er begleitet mich ein Stück des Wegs auf seinem Fahrrad. Die kleinen, farbigen Kugeln an den Speichen seiner Räder schlagen bei jeder Umdrehung aneinander und erzeugen eine angenehme Musik.

»Woher bist du?«

»Aus Frankreich.«

»Frankreich, ich weiß nicht, wo das ist, aber ich glaube nicht, dass du Ausländer bist, denn ich weiß genau, dass die *gharedji* nie Persisch sprechen.«

In diesem Gebiet des Iran, durch das wenige Besucher kommen, fragt mich ein anderer junger Mann, ob ich Araber sei. Da viele Iraner nach Mekka pilgern, erscheint es ihm nur logisch, dass Saudis im Gegenzug den Iran bereisen. Ein dritter Mann, der allein auf einem Feld am Straßenrand arbeitet, ist durch mein Erscheinen verwirrt und verunsichert. Unfähig, sich eine andere Möglichkeit als diese Alternative vorzustellen, fragt er mich: »Bist du persisch oder turkmenisch?«

Ich stelle mir vor, wie er heute Abend in seinem Dorf diese interessante Geschichte zum Besten geben kann, und antworte ihm, dass ich zu Fuß von sehr weit her komme und dass mein Land Frankreich heißt.

Marsch mit der religiösen Polizei

Auf der Hauptstraße von Golestan, die den Dschungel – den »Wald« – kreuzt, wo sich Bären und Panther herumtreiben, atme ich erneut die Abgase der Autos ein. Der vermeintliche Campingplatz von Golzar bietet mir Schutz für die Nacht. In der Abenddämmerung taucht dort eine dunkle Masse in 50 Meter Entfernung aus dem Gehölz auf.

Sie ist so beeindruckend, dass ich für den Bruchteil einer Sekunde glaube, es handle sich um ein aus seiner fernen afrikanischen Heimat an diesen Ort verirrtes Nilpferd. Sehr schnell stelle ich jedoch fest, dass es nur ein monströses Wildschwein ist, das hierher zum Herumwühlen in den Mülleimern gekommen ist. Man sagt, dass es bis zu 300 Kilogramm wiegen kann. Dieses hier ist an die Nähe von Menschen gewöhnt und greift nur an, wenn es belästigt wird. Als ich später zum Zähneputzen gehe, passe ich gut auf, dass ich eventuelle heimliche Schnüffler nicht störe.

Nach einem Spaziergang durch den Wald will ich mich am nächsten Tag gerade wieder auf den Weg machen, als ich vier *bassidji* – an ihren schwarz-weißen Schals zu erkennen – vorbeikommen sehe. Sie sind auf Pilgerfahrt nach Mashhad, und einer von ihnen trägt eine rote Fahne zum Ruhme Mahdis, des zwölften Imams, des Imams der Zeit. Sie gehen schnell voran. Aus Misstrauen gegenüber ihren Artgenossen, die meine Filme beschlagnahmt haben, lasse ich sie vorbeigehen. Ich ziehe also erst weiter, als sie einen Vorsprung von 20 Minuten haben. Das Schicksal wollte es, dass ich sie wieder einhole: Sie haben Halt gemacht, um auf einen der ihren zu warten, der sich in die Natur verflüchtigt hat. Weit zurückgeblieben, hat er sich hinter einem Felsen ein wenig zum Ausruhen hingelegt und ist dann, erschöpft vom infernalischen Marschtempo seines Chefs, eingeschlafen. Vor 17 Tagen waren diese Gewaltmarschierer noch zu sechst, als sie von Qom aufbrachen, der Stadt, wo die Schwester von Imam Reza begraben ist. Zwei von ihnen mussten bereits per Anhalter weiterfahren, um ihre von Blasen gepeinigten Füße zu schonen. Jetzt sind die jungen Männer bei Kilometer 700 ihrer Wegstrecke angelangt, das bedeutet fast 40 Kilometer am Tag. Sie sind zwischen 17 und 20 Jahre alt, mit Ausnahme ihres Chefs, der ist 28 und in beispielhafter physischer Verfassung, dazu besitzt er noch die Hartnäckigkeit eines religiösen Eiferers:

Schäfer auf den rauen Hochebenen von Khorasan

»Du müsstest zum Islam konvertieren. Das ist die vollkommene Religion. Der Koran ist wie das letzte Stockwerk eines Gebäudes, erbaut über der Thora und der Bibel.«

»Wenn es ein Paradies gibt, dann führen mehrere Wege dorthin. Ich habe nicht den direktesten genommen, aber ich bin glücklich so.«

Wir sind uns zwar sympathisch, aber sie machen sich Sorgen um mein Seelenheil: »Wir glauben wie du an Jesus. Das ist ein Prophet. Im Ganzen hat es 124 000 Propheten gegeben. Jedes Volk hat seinen Verkünder des göttlichen Wortes erhalten. Vor Mohammed hat es fünf bedeutende Propheten gegeben: Adam, Noah, Abraham, Moses und Jesus. Aber der wichtigste, der letzte, das ist Mohammed.«

Allein schon die Tatsache, dass ich mit ihnen marschiere, vereinfacht mein Übernachtungsproblem. Wir ruhen uns in der Moschee von Tchechme Khan aus. Nach ihren Gebeten bereiten sie ein paar

Eier auf einem Kocher zu. Ich darf an ihrem Omelette teilhaben und steure meine Thunfischkonserven zum gemeinsamen Mahl bei. Der Jüngste von ihnen, verheiratet mit 16 Jahren und für seine 17 Jahre schon recht vollbärtig, wird in einer Woche Vater, noch vor dem Ende der Pilgerfahrt. Er erkundigt sich:

»Philippe, tragen die Frauen in Frankreich den Tschador?«

»Nein, nur wenige Musliminnen! In Frankreich kleidet man sich, wie man will. Was hältst du davon?«

»Der Tschador ist gut für die Frauen.«

»Warum?«

»Das hat der Prophet gesagt. Und in Frankreich, tragen da die Frauen so kurze Röcke?« (Er zeigt in Schenkelhöhe.)

»Wenn sie es wollen.«

»Wenn ich könnte, würde ich es verbieten!«

»Es ist besser, wenn die Leute selbst aussuchen können, was sie möchten.«

Für einen Westeuropäer kann der Koran als ein Regelwerk für das Leben, das Gesetz und die Politik erscheinen, das dem Oberhaupt (wörtlich bedeutet der Begriff *musulman* »Gott unterworfen«) absolute Macht verleiht. Mohammed führt an, dass ihm seine Macht von Gott anvertraut wurde und er daher keinen Ungehorsam duldet. Zweifellos macht dies die Anwendung der Demokratie in muslimischen Ländern so schwierig. Ganz gleich, ob Mohammed das Wort Gottes gepredigt hat oder einfach nur ein brillanter Redner war, für die westliche Ratio kommt störend hinzu, dass es dank des Korans, unter der absoluten Autorität des Oberhauptes und aufgrund seiner Auslegungen, ein Leichtes ist, Dinge und zugleich deren Gegenteil zu rechtfertigen. Zur Zeit Mohammeds war die Stellung der Frauen »progressiv« zu nennen, doch der Koran überrascht bisweilen: »Männer sollen vor Frauen bevorzugt werden, weil Allah auch die einen vor den anderen mit Vorzügen begabte und auch weil jene diese erhalten« (4. Sure, Vers 35). Mohammed ändert manchmal Grundsätze: Er ermahnt die Menge, in Richtung Jerusalem zu beten, damit sich die Juden seiner Sache anschließen. Zwei Jahre später, als er die Hoffnung verloren hat, sie zu bekehren, verlangt er von seinen Gläubigen, sich gen Mekka zu orientieren. Ebenso haben Juden und Christen entsprechend der 2. Sure ein Recht auf das Paradies, aber laut 3. und 5. Sure steht es allein den Muslimen zu. Handelt es sich hierbei um Spitzfindigkeiten der Übersetzung oder des Islams, um die waghalsigen Auslegungen des Korans zu erklären? Und bezüglich der heiklen Frage des Minirocks würde ich meinem Gesprächspartner gerne den Koran zitieren: »Keinerlei Religionszwang!« (Vers der 2. Sure, ebenfalls übersetzt mit: »Keinerlei Gewalt in Bezug auf Religion«), aber mein Persisch ist nicht gut genug. Ich wechsle also das Thema und schlage vor, schlafen zu gehen. Im Gotteshaus dauert die Nacht nur bis zum Gebet vor Tagesanbruch, also breite ich nun meinen Schlafsack auf dem Teppich der Moschee aus.

Im Iran wurde ich mit dem Despotismus der Macht und der Toleranz des Volkes konfrontiert. Ist nicht einer der Schlüssel zur Zukunft der Menschheit die Frage, welche Anschauung des Islams sich in der muslimischen Welt durchsetzen wird: der Wille, die anderen Kulturen zu beherrschen, bis der Islam sich über die ganze Welt verbreitet hat, oder aber die Liebe zum Nächsten, auch wenn dieser kein Reisender ist? Meine Ärgernisse im Januar und meine Diskussionen mit einem Eiferer in der Gruppe vermögen nichts an meiner Meinung über das iranische Volk zu ändern: Es ist herzlich und gastfreundlich. Wie so oft in den Ländern, durch die ich gekommen bin, ob mit christlicher Kultur oder muslimischer, bin ich tief bewegt von der außergewöhnlichen Großzügigkeit der Menschen, die alle bereit sind, mit mir das Wenige, was sie besitzen, zu teilen. Sie sind ohne Zweifel von Natur aus freundlich, aber ihre Religion legt ihnen zudem auch nahe, den Reisenden zu helfen. Viele

Iraner erachten es zum Beispiel als ihre oberste Pflicht, mir beizustehen, so dass es in den Dörfern immer wieder zum Streit kommt, wer mich aufnehmen darf.

Unterwegs nach Robat e Kara Bil erteilen mir meine Weggefährten einen freundschaftlichen Rat: »Wenn du von einem Wolfsrudel angegriffen wirst, musst du den zwölften Imam um Hilfe rufen.« Da ich jedoch nicht so recht überzeugt erscheine oder sie die Methode für den Vertreter eines christlichen Landes für ungeeignet halten, fügen sie hinzu: »Erflehe die Hilfe von Jesus!« Wie dem auch sei, sie begleiten ihre Pilgerreise musikalisch mit einigen religiösen Gesängen zu Ehren von Imam Hussein und Reza und mit schönen Liedern in der Sprache ihrer Heimatregion Lorestan, im Westen des Iran. Ich schätze die Gesellschaft dieser Leute, doch vor einem Museum über die lokale Fauna verabschiede ich mich von ihnen und gehe auf die Entdeckung anderer behaarter Kreaturen.

Inmitten einer beachtlichen Vielfalt von Vögeln stehen ein Bär mit aufgesperrtem Maul, und dann zwei mächtige Panther mit gelbschwarz geflecktem Fell, die nach einem nächtlichen Zusammenstoß mit einem Fahrzeug ausgestopft wurden. Beim Anblick dieser wilden Bestien, eineinhalb Meter lang, der Schwanz nicht mitgerechnet, wird mir klar, in welche Gefahr ich mich begebe, wenn ich mich allein in das Naturschutzgebiet von Golestan wage, daher werde ich versuchen, meinen Marsch vor Sonnenuntergang zu beenden.

Die *bassidji* mit ihrem Eilschritt sind verschwunden, als ich meinen Weg auf der Straße fortsetze. Nach einigen Tagen auf den trockenen und windigen Hochebenen, wo die Schafe sich zum Schutz vor der Kälte aneinander drücken, wird die Landschaft allmählich wieder farbiger. Die zahlreichen Blüten der Pflaumenbäume und die Weinberge um den Fluss Tcheilakh verkünden den nahenden Frühling. Die landwirtschaftliche Nutzung ist ein Beweis dafür, dass man hier vor Jahrzehnten Menschen ansiedelte, um die Entwicklung dieser einsamen Region voranzutreiben. So wurden Dörfer wie das von Badranlu geschaffen, eine kurdische Oase von 300 Häusern.

Beschneidungsfest und ein Flötenspieler

Als ich einige Tage später das Dorf Qarlog verlasse, kündet der Hof eines geräumigen Hauses unterhalb der Straße von einem Familienfest. Leute eilen herbei und laden mich zum Fest ein. Den Gesten der Gastgeber, die ich frage, worum es hier geht, entnehme ich sehr schnell, dass es sich um eine *khatna suri*, eine Beschneidungszeremonie, handelt. Man führt mich in ein Zimmer und reicht mir zur Begrüßung einen Tee. Draußen werden Hölzer aneinander geschlagen, Tänzer, die einen Kampf simulieren, indem sie mit Stöcken in jeder Hand den Takt schlagen und sich dann zum Klang der Flöte und des Tamburins im Kreis drehen. Die Zuschauer belohnen sie mit Geldscheinen, die sie ihnen zwischen die Zähne schieben. Ich gehe hinaus, um ihre Vorführungen zu beobachten, als mich ganz plötzlich einer von ihnen am Arm packt und mit in ihre Sarabande einbezieht. Unter dem Beifall der Gesellschaft muss ich tanzen und nun meinerseits die Geldscheine zwischen meine Schneidezähne klemmen, die sie mir lachend hinhalten. So belohnen sie eher meine Freundlichkeit als meine unbeholfenen Tanzschritte in den schweren Wanderschuhen.

Beim Mahl sind Männer und Jungen auf der Terrasse der ersten Etage versammelt, während die Frauen und Mädchen sich in einem Zimmer darunter befinden. Etwa 40 sitzende Männer bilden ein Viereck, in dessen Mitte das Tischtuch ausgebreitet wird, auf dem anschließend der Reis und das gekochte Hammelfleisch serviert werden. Nach dem Schlemmermahl verabschieden sich die Gäste nach und nach, ohne sich um das Neugeborene zu kümmern, das am Abend von einem Arzt beschnitten wird.

Der folgende Tag, der 13. Tag des ersten Monats im iranischen Sonnenkalender, ist der Tag der Natur. Nach einer uralten Tradition soll an diesem 1. April die Natur den Menschen näher gebracht werden, obwohl es mir eher so vorkommt, als verschmutzten die Iraner bei den überall abgehaltenen Picknicks vielmehr ebendiese Natur, denn überall hinterlassen sie Plastiktüten, leere Flaschen, Windelhöschen, Konservendosen und Abfälle aller Art. Schon in Ex-Jugoslawien und in der Türkei schockierten mich die Berge von Unrat, Flaschen, Pappkartons und Verpackungen an den Straßenrändern. Was hat Mutter Erde eigentlich getan, dass wir sie so schlecht behandeln?

Auf der Straße begegnet mir ein Flötenspieler, er ist klein, etwa 20 Jahre alt, seine Haut ist sehr matt: »Ich komme aus dem Süden des Landes, mal per Anhalter, mal zu Fuß. Ich will zum Grab von Imam Reza. In Gorgan hat mir ein Mann mit einem Messer mein ganzes Geld geklaut. Seit gestern Mittag habe ich nichts gegessen und getrunken.« Ich biete ihm also mein Wasser an und teile mein Essen mit ihm. Wieder einmal freue ich mich, dass ich einem Iraner ein wenig von der Fürsorge zurückgeben kann, die mir seine Landsmänner sonst zukommen lassen. Wir machen uns gemeinsam auf den Weg. Bisweilen treten wir auf Geldstücke, die von vorbeifahrenden Pilgern auf die Straße geworfen werden. Freudig hebt er die paar Münzen auf, die er als Geschenk Gottes an seine Stirn führt. Er sammelt auch eine zerdrückte Zigarettenkippe auf, zündet sie an und macht zwei, drei Züge. Wir beschließen, die Straße über die Berge abzukürzen. Während der nächsten eineinhalb Tage erzählt er mir die Geschichte seines bisherigen, recht traurigen Lebens: »Ich wurde wegen Drogenhandels verhaftet, bin aber der Todesstrafe entkommen, weil ich minderjährig war.«

Mein neuer Freund erzählt so viele Dinge ... Einem Bauern gegenüber beteuert er, er sei Bulgare, den Mädchen, die uns über den Weg laufen, erzählt er, wir reisten schon seit einer Ewigkeit zusammen, und dann schimpft er mit Kindern aus mir unverständlichen Gründen. In einem Dorf kaufe ich Nahrungsmittel für zwei. Er mischt sich ein: »Diese Konservendosen sind nicht gut. Diese Schokolade ist zu einfach. Man muss die teuerste nehmen.« Obwohl ich ihn gebeten habe, so viel wie möglich am Dorfbrunnen zu trinken, da ich nicht weiß, wo und wann wir wieder nachfüllen können, leert er, kaum dass wir aufgebrochen sind, praktisch meine ganze Thermosflasche. Er behauptet, an einem einzigen Tag 70 Kilometer zu Fuß zurückgelegt zu haben, beklagt sich aber, dass ich für ihn zu schnell marschiere. Trotz seiner Müdigkeit will er seltsamerweise meine Thermosflasche und meine Fotoapparate tragen, um mir zu helfen. Ich vertraue ihm nur die Flasche an. Als ich ihm ein gutes Stück voraus bin, bleibe ich auf dem Weg stehen, um mich mit Bauern auf einem Feld zu unterhalten. So gebe ich ihm die Gelegenheit, mich zu überholen. Ich bin sogar angenehm überrascht, als er plötzlich am Fuß eines Hügels einen Zahn zulegt. Mit etwas gutem Willen, sage ich mir, gelingt einem schließlich alles. Nun erklimme auch ich den Hang. Niemand da, keine Spur mehr von ihm auf dem welligen Gelände. Ich hefte mich an seine Fersen und erreiche kurz darauf eine geteerte Straße, die zur einen Seite zur Hauptstraße nach Mashhad abfällt und zur anderen zum Dorf hinaufführt, durch das wir kommen sollten. Ich gehe also in Richtung Dorf. Dort hat ihn keiner gesehen. Ich gehe wieder abwärts und finde ihn auch dort nicht. Das Gefühl, dass er mich betrogen haben könnte, schmerzt mehr als der Verlust meiner Thermosflasche, die jetzt zu Frühlingsbeginn nur noch einen sentimentalen Wert hatte.

Im türkischsprachigen Dorf Niyat lege ich eine Pause ein. Einige Bewohner, betroffen über die mögliche Hinterhältigkeit einer der ihren, richten mich wieder auf. In Gesellschaft von Abbas-Ali und Yazdan genieße ich ein gutes Mittagessen mit gebackenen Auberginen und Tomaten in reichlich Öl, in das wir unser Brot tauchen. Ich möchte es so sehen, dass mein Flötenspieler mit meiner Thermosflasche ein *yah degari*, eine Erinnerung an mich, behalten wollte, die ihm auch nützlich sein wird. Und wenn er mich doch bestohlen hat, dann hat er mir immerhin aus Sympathie nicht mehr abgenommen und mir auch keinen Messerstoß versetzt. Das Leben hat ihm wenig geschenkt, im Gegensatz zu mir, der ich zu meinem Vergnügen reise.

Mashhad, Stadt der Begegnung

Mein rechtes Knie meldet sich wieder. Ein pochender, stechender Schmerz setzt mir moralisch wie physisch zu. Nach vier Tagen in den Bergen halte ich es für klüger, auf der Hauptstraße weiterzumarschieren. Am 7. April hält ein Motorradfahrer in Zivil an und zeigt mir seinen Polizeiausweis. Offensichtlich verstört, dass er meine Spur verloren hat, wirft er einen Blick auf ein Dokument mit Angaben über mich:

»Wo waren Sie in den letzten vier Tagen?«

»In den Bergen. Sehen Sie sich meine Karte an. Ich bin durch diese Dörfer gekommen; ich habe sogar beim Kommissariat vorgesprochen. Sie können es nachprüfen.«

»Wo haben Sie Ihren Militärdienst geleistet?«

Man befürchtet noch immer, ich sei ein Spion, oder man will mir Angst machen: »Melden Sie sich an der nächsten Straßenkontrollstelle!«

Schon vor Gonbad hatten zwei etwa 40 Jahre alte Polizisten auf einem Motorrad mich aufgefordert, meinen Namen zu nennen. Also hatte ich ihnen geantwortet, dass ich Philippe Valéry heiße. Der Mann auf dem Rücksitz des Motorrads spreizte daraufhin die Finger seiner rechten Hand, die er geschlossen gehalten hatte, um die mit einem Kugelschreiber in seine Handfläche geschriebenen Angaben zu verbergen: »Ach ja! Philippe Lucien Paul Valéry«, entfuhr es ihm. Anscheinend sind Fotokopien meines Passes oder offizielle Informationen zu meiner Person im Umlauf. Immerhin, welch außergewöhnliche Berühmtheit!

Aufgrund erneuter Polizeikontrollen, vor allem aber wegen meines Knieproblems ist meine Ankunft in Mashhad nicht besonders lustig. In dieser Stadt habe ich vor allem zwei Aufgaben zu erfüllen: das Mausoleum von Imam Reza aufzusuchen und mein Visum erneuern zu lassen. Diese administrative Pflichtübung erfordert immer einen langen Atem. Zunächst läuft alles gut. Ich fülle die Formulare aus, lege meine Passfotos bei, für die der Fotograf Nader kein Geld wollte, dann werde ich gebeten, am nächsten Tag wiederzukommen.

Ein so außergewöhnlicher Ort wie das Grab von Imam Reza ist sehenswert. Ich koste die letzten vor mir liegenden Kilometer genauso aus wie die Pilger, die sich dorthin zu Fuß begeben. Ihr Bestreben, als Gläubige Gott zu begegnen, erinnert ein wenig an das meiner Reise, nämlich Menschen zu begegnen. Das Grabmal von Imam Reza, achter schiitischer heiliger Imam, liegt im Zentrum einer riesigen Anlage von fünf Höfen mit farbigen Mosaiken. Imam Reza wird von den Iranern ganz besonders geliebt: Er ist in Mashhad an einer Vergiftung gestorben und so der einzige der zwölf heiligen Imame, der im Iran begraben ist. Je näher man dem Grab kommt, desto größer wird die Inbrunst der Gläubigen, die in Gruppen auf Teppichen schlafen, die in den Höfen ausgebreitet sind. Behinderte beten für ihre Genesung; sie sind mit einem Strick an das Gitter der Grabstätte, in der der Imam ruht, angebunden. »Von Zeit zu Zeit geschehen Wunder. Nach einem oder mehreren Tagen des Gebets können manche Gelähmte wieder ihre Gliedmaßen gebrauchen«, wird mir erzählt.

Zeremonie der Gläubigen in Mashhad: Selbstgeißelung zum Gedenken an Husseins Tod in der Schlacht von Kerbala

Die Verehrung für Imam Reza erreicht ihren Höhepunkt an seiner letzten Ruhestätte. In einem Raum – die Wände sind mit glimmerartigen Spiegeln bedeckt und die Decke in kleine, ineinander verschachtelte Kuppeln unterteilt – ist das Grab durch ein über vier mal drei Meter großes silbernes Gittergehäuse vor den Exzessen der Gläubigen geschützt. Durch ein hohes, dickes Glasfenster, das auch hier die Männer von den Frauen trennt, kann man die aufgewühlte Menge auf der anderen Seite sehen. Die Männer pressen sich gegen das Gitter, versuchen es zu berühren, ihre Stirn daran zu drücken und es zu küssen. Ein Vater hebt seinen ein paar Monate alten Säugling über die vorderste Reihe, so dass seine Stirn das silberne Gitter berührt, dann küsst er die gesegnete Stirn seines Sohnes. In die Masse der Menschen, die darum kämpfen, mit dem Objekt ihrer Verehrung in Kontakt zu treten, schiebt sich bisweilen ein behinderter Pilger in einem Rollstuhl. Auf mir rätselhafte Weise bringt der Unglückliche alle Umstehenden auf der Stelle dazu, in ihrem Gebet innezuhalten, um ihn durchzulassen. Sobald er seinem Glauben Genüge getan hat, legt die Menge von neuem los. Die Frauen auf der anderen Seite des Fensters sind noch erregter. Sie vergießen Tränen der Rührung in Erinnerung eines geliebten Wesens, vielleicht eines Märtyrers aus dem Iran-Irak-Krieg, in dessen Namen sie diese Pilgerreise unternommen haben. In ganzen Trauben drängen und schubsen sie sich gegenseitig, um ihre Verehrung kundtun zu können. Ein kleines Mädchen wird über mehrere Reihen von Frauen gehoben, damit es das Gitter berühren kann. Das Kind, das bereits weiß, was es zu tun hat, legt daraufhin die Hand an seine Stirn, ehe es aus dem Gedränge herausgeholt wird. Ich bin wie hypnotisiert von diesem Schauspiel.

Am folgenden Tag, Montag, den 10. April, erwarten mich ganz profane Pflichten, denn ich muss mich weiterhin um mein Visum kümmern. Erneut werde ich von der Fremdenpolizei auf Persisch verhört. Der Fernseher bleibt eingeschaltet, so bekomme ich mit, was auf dem Sender Canal + gezeigt wird: ein Fußballspiel. Eine Mannschaft in Weiß schießt ein Tor. Nicht möglich, es ist O. M. – *Olympique Marseille* – gegen Monaco! Ich stehe auf und bitte die Polizei, auf der Stelle mein Verhör zu beenden, damit ich den Sieg meines Vereins bewundern kann. 4:2 gegen den künftigen Meister. Wunderbar! O. M. hat es fast geschafft, ich jedoch nicht! Eigentlich müssten die Inspektoren, wahrscheinlich Fußballliebhaber, diesen Fall von höherer Gewalt verstehen und Nachsicht üben angesichts meines Fehlverhaltens. Doch sie lassen mich weiter schmoren. Am Ende unseres Gesprächs bitten sie mich um etwas Geduld. Ein Mann in Zivil prüft eingehend meinen Fall und stellt mir immer wieder Fangfragen und vergleicht dann meine Antworten mit meinen vorherigen Erklärungen. Erneut lässt man mich allein warten. Ich hoffe, dass ich nun gleich meine Verlängerung bekomme, man rät mir jedoch, am 12. April noch mal wiederzukommen.

Ein Polizeioberster nennt mir einen Franzosen, der seit acht Jahren in Mashhad wohnt, zum Islam übergetreten ist und an einer Übersetzung des Korans arbeitet. Eher verwunderlich! Trotzdem rufe ich Christian Bonaud an, dessen neuer muslimischer Name Yahya Alawi ist. Als Doktor der Arabistik hat er eine Abhandlung über Imam Khomeini geschrieben, den er für einen heiligen Mann hält. Christian – unter seinem schwarzen irakischen Gewand mit weißer Kapuze wölbt sich sein Bauch – ist von leutseliger Natur. Als islamischer Gelehrter, der sich bei seinen Überlegungen immer mal wieder den Bart streicht, vermittelt er mir das Bild eines glücklichen und hochgeistigen Menschen. Aus seinem Zitatenschatz, mit denen er seine Rede ausschmückt, bleibt mir besonders der Satz von Pater Gardet im Gedächtnis: »Der Islam ist eine Gesellschaft verheirateter Mönche.« In diesem Ausspruch kommt die Harmonie zum Ausdruck, die diese Kultur jenen vermittelt, die bereit sind, die Regeln zu befolgen, aber gleichzeitig auch die Schwierigkeit derjenigen, die diese Form von Mönchstum ablehnen.

Trotz einiger Meinungsverschiedenheiten bleibt Christian für mich ein bemerkenswerter Gastgeber und Führer. Durch ihn lerne ich in Mashhad im Restaurant Sarab die Köstlichkeit von Hammelnacken mit Pflaumen und Zwiebeln kennen, außerdem die Dattelmilch eines talentierten Eiskonditors. Bei dieser Gelegenheit legt Christian mir seine Analyse der Religionen dar: »Um das Glück zu erlangen, ist es wichtig, gegen sein Ego anzukämpfen. Durch die Ausschaltung des Ichs und durch den Trancezustand will der Sufismus zur Begegnung mit Gott gelangen. Das Ego und der Machthunger sind die Feinde des Friedens und der inneren Freude. Durch Meditation und Trance gelingt es manchen Sufis, Kräfte zu entwickeln, mit deren Hilfe sie sich auf irgendeine Weise in Gedanken an andere Orte des Planeten versetzen oder auch mit Tieren und Pflanzen kommunizieren können. Vor allem Buddha und ebenso Christus riefen zur Ausschaltung des Ichs auf.«

Man kann darüber lachen, aber was wäre die Welt letzten Endes ohne Religion? Eine Welt voller Egoismus und Individualismus? Eine Welt, in der es kein Nachsinnen, keine Meditation und keine Weisheit gäbe? Wie will man Wertvorstellungen der Nächstenliebe und des Teilens bewahren, um auch weiterhin »Menschen guten Willens« heranzubilden? Haben die Religionen nicht zumindest diese soziale Funktion? Was wird aus der Welt ohne Spiritualität? Wer kann heutzutage Maßstäbe setzen: das Geld, das Kino, das Fernsehen oder die Gewalt? Die vorherrschende Kultur allein? Oder schlimmer: eine totalitäre Ideologie, stalinistisch oder maoistisch, oder aber der Größenwahn irgendeines Erleuchteten? Steht die Welt, die materialistische westliche Welt zumindest, kurz davor, dasselbe Schicksal zu erleiden wie das Römische Reich hinter seinem Limes?

Bei meinem Aufenthalt in Mashhad nehme ich als Gast an den Achoura-Feierlichkeiten teil, hauptsächlich an Hussein, Hosseiniye Najafiye und Kerbalayi geweihten Gebetsstätten. Für die schiitischen Muslime ist dies der Gedenktag des zehnten Tages des Moharram-Monats. An jenem Tag, im Jahr 680 unserer Zeitrechnung, starb Hussein, Sohn von Ali und Fatima, Enkelsohn des Propheten, dritter Imam, bei der Schlacht von Kerbala im Irak. Neun Tage vor diesem Datum werden Festabende veranstaltet. Sie beginnen mit der Predigt eines Mullahs, wobei dieser bildreich diese Schlacht schildert; sein Bericht ist halb göttliche Botschaft, halb Ritterepos. Hussein wurde getötet, nachdem er mit seinen 72 Gefährten ohne Wasser und Nahrung drei Tage den tausenden von Soldaten des omaijadischen Kalifen, den ersten Sunniten, widerstanden hatte. An den ergreifendsten Stellen, wie etwa der Ankündigung des Martyriums von Hussein und seines gerade ein paar Monate alten Sohnes, sieht man so manch bärtigen Koloss auf seinem Teppich in Tränen ausbrechen, als verkünde man ihm den Tod eines Nahestehenden. Man stelle sich eine Kirche vor, in der alle Gläubigen bei der Verkündung des Todes von Christus am Kreuz zu weinen anfingen. Es ist eine bewegende Glaubensbekundung, an der mich die Muslime in brüderlicher Atmosphäre teilhaben lassen.

Später am Abend entblößen die Trauernden ihre Oberkörper. Sie bilden Kreise oder stellen sich in Richtung einer naturgetreuen Nachbildung des in Kerbala befindlichen Grabmals von Hussein auf. Dabei schlagen sie mit ihren muskulösen Armen rhythmisch auf den Brustkorb, den sie so zum Schwingen bringen, und skandieren zusammen den Namen von Hussein in immer schnellerem Tempo.

Nun gesellt sich eine beeindruckende Gruppe von mehreren hundert Türkischsprachigen aus Mashhad hinzu, allesamt schwarz gekleidet, die Farbe der Trauer. Sie tragen über einen Meter lange Stöcke, die ebenfalls schwarz sind und Schwerter symbolisieren. Vor sieben oder acht Jahren verordnete die iranische Regierung den Gebrauch dieser Stöcke. Jedes Jahr werden die Feierlichkeiten vorübergehend wegen stark blutender Personen, die sich den Schädel aufgeschlagen haben, unterbrochen. Gebannt sehe ich ihnen zu: Die Gläubigen schlagen auf einen unsichtbaren Gegner ein, führen dann den Stock immer schneller an ihre eigene Stirn, wobei sie ebenfalls den Namen von Hussein skandieren. Sie bekunden ihren Wunsch, den Schmerz des Märtyrers nachzuempfinden, und zeigen, dass sie – wären sie dort gewesen – mit ihm Seite an Seite gekämpft hätten. Von der Zeremonie mitgerissen, fallen einige in Trance; sechs energische Männer beruhigen sie.

Jeden Abend, zu vorgerückter Stunde, wird im Untergeschoss der Hosseiniye ein kostenloses Essen organisiert, an dem die Bedürftigsten teilhaben dürfen. Man lädt mich ein, mich der Gruppe anzuschließen. Alle Gäste treffen zur selben Zeit ein und lassen sich an Tischdecken, die im ganzen Raum ausgelegt sind, auf der Erde nieder. Das Essen wird aus riesigen Reistöpfen mit Fleisch, Bohnen und Rosinen gereicht. Ein freudiges Zusammentreffen, das alle im Glauben, in Freundschaft und bei gutem Appetit vereint.

Bisweilen brechen Prozessionen von Männern jeden Alters auf, die den Namen Husseins skandieren. Einige von ihnen tragen an langen Metallstangen Behälter mit glühenden Kohlen, andere wiederum Gestelle, die mit Federn und geschnitzten Tieren, wie Löwen oder Ibissen, geschmückt sind. Für einen einzigen Mann sind sie sehr schwer, aber es ist ein Privileg, diese Last zu Ehren des Enkelsohns des Propheten in der Öffentlichkeit zu tragen. Die Freiwilligen schreiten bis zur Erschöpfung voran, festgegurtet an die auf ihren Schultern ruhende Stange, ehe sie dann, schwankend, ihre schwere Last einer anderen frommen Person anvertrauen. Sobald sie am Mausoleum eintreffen, verwandeln sich die tranceähnliche, religiöse Inbrunst und das Hämmern auf den Brustkorb fast in Hysterie.

Noch immer hellwach und fasziniert von der Intensität des Schauspiels, an dem ich gerade teilgenommen habe, kehre ich gegen fünf oder sechs Uhr morgens ins Hotelzimmer zurück, das ich mit Jorg Moniez, einem aus Indien zurückgekehrten Reisenden, teile. Um acht Uhr klingelt das Telefon. Ich taste nach dem Hörer, aus dem ich eine energische Stimme auf Persisch sagen höre:

»Guten Tag, Agha Philippe. Wie ist Ihr Programm heute Morgen?«

»Ich bin spät ins Bett gekommen, ich werde also schlafen, und heute Abend sehe ich mir die Achoura-Feierlichkeiten an.«

»Wann verlassen Sie Mashhad? Ihr iranisches Visum ist verlängert worden.«

»Ich weiß nicht. Bestimmt in zwei oder drei Tagen. Ich möchte noch einmal die Achoura-Feierlichkeiten sehen.«

Mein Gesprächspartner hat sich mir nicht vorgestellt, aber es ist offensichtlich, dass er zum Geheimdienst gehört. Seine Mitarbeiter werden nicht müde, mir ihre Wertschätzung zu bezeugen: Jeden Tag stellen sie Erkundigungen über mich an. Am nächsten Morgen – wieder bin ich erst um sechs Uhr ins Bett gekommen – taumle ich zwei Stunden später erneut ans klingelnde Telefon:

»Hallo!«

»Hallo, Agha Philippe.«

»Wer sind Sie?«

»Ich bin ein Freund von Yahya. Wie ist Ihr Programm heute?«

Ich ziehe den Stecker aus dem Telefon, aber der Hotelwächter erscheint mit einem schnurlosen Telefon: »Es ist für Sie.«

Verfolgt vom Geheimdienst

Die Feierlichkeiten gehen am Samstag, dem 15. April, mit einer Prozession von Geißelbrüdern zu Ende. Am 18. habe ich immer noch nicht mein Visum für Turkmenistan, und mein iranisches Visum ist nur noch zehn Tage gültig. Also zwingt mich die Bürokratie erneut zu akrobatischen Übungen: bis zur turkmenischen Grenze marschieren und mit dem Bus nach Mashhad zurückfahren in der Hoffnung, dort endlich das für meine Weiterreise erforderliche Visum abholen zu können. Um der größten Hitze zu entgehen, breche ich am späten Nachmittag auf, denn auf dem Weg von Mashhad nach Turkmenistan wird die Hitze er-drückend sein, vor allem zur Mittagszeit. Am Ausgang der Stadt spricht mich ein mit einem Walkie-Talkie ausgestatteter Verkehrspolizist an:

»Sind Sie zu Fuß unterwegs auf der Seidenstraße?«

»Ja, das bin ich.«

»Ich habe Sie früher erwartet«, meint er. Meine Bewunderung für die Effizienz dieser beängstigenden Polizei hält sich in Grenzen.

Etwa zehn Kilometer weiter erwartet mich vor der Polizeistation von Khiyaban ein Polizist, der mich bittet, einen Augenblick zu warten. Sein Vorgesetzter trifft ein und sieht mich verdutzt an:

»Sie sind nicht zu dritt?«

»Äh, nein. Ich bin allein.«

Ich muss in der Polizeistation Platz nehmen, er lässt sich meinen Pass geben, und wieder wird eine halbe Stunde lang herumtelefoniert, ehe ich in den Regen entlassen werde. Später werde ich erneut kontrolliert und darf weitergehen – bis zur nächsten Polizeistation in Charak Razaviye. Dort werde ich freundlicher empfangen. Man lässt mich auf einem überdachten Parkplatz von zwei bis sechs Uhr morgens schlafen. Außer von einem Nagetier mit hellem, glänzendem Fell, niedlich wie ein Hauskätzchen, werde ich von niemandem geweckt. Es kauert einen Meter von mir entfernt in einer Ecke der Parkbox. Wir blicken uns in die Augen. Ich habe Vertrauen: Es sieht nicht aus wie ein dreister Schnüffler, der mit seiner Schnauze in meinem Rucksack herumwühlen möchte. Es ist eine gute, ehrliche Feldratte, die nichts mit den schmutzigen, grauen Nagern der städtischen Mülleimer gemein hat.

Ich mache mich beim Morgengrauen auf den Weg und bin gegen Mittag recht müde. Es ist heiß, und ich bin froh, zwischen zwei Dörfern ein schattiges Plätzchen zu finden. Ich gestatte mir eine Stunde zum Essen. Einige 100 Meter entfernt haben sich zwei Männer ebenfalls niedergelassen. Es sind keine Bauern. Sie scheinen darauf zu warten, dass ich wieder aufbreche. Wer sind sie? Am Ende meiner Rast gehe ich zu ihnen. Einer ist jünger als 25 Jahre, der andere etwa so alt wie ich. Wahrscheinlich der Höhergestellte.

Er ergreift das Wort: »Wir sind zu Ihrem Schutz da. Durch dieses Gebiet kommen Drogenhändler.«

Das mag stimmen, aber ihre Beschützergeschichte glaube ich nicht so recht. Ich bin auf jeden Fall gezwungen, mit ihnen zu marschieren. Deshalb also erwartete die Polizei gestern Abend am Ortsausgang von Mashhad drei Personen.

Im nächsten Dorf, Abravan, bin ich schweißgebadet, aber das ist nichts im Vergleich zu meinem älteren Bewacher. Auf der Polizeistation fordert er einen Ersatzmann an und wirft das Handtuch. Am Abend bringen die Umstände meine Wächter auf Tuchfühlung mit mir: Der Bürgermeister des Dorfes Tchahak quartiert uns im selben Zimmer seines Hauses ein! Ich bin recht zufrieden mit mir und stolz für Frankreich. Auf über 40 Kilometern und trotz der Hitze konnten die Iraner sehen, mit welchem Marschschritt ich die Straße bezwungen habe. Ich habe einen ihrer Chefs außer Gefecht gesetzt, und meine beiden anderen Opfer sind erschöpft. Sonst bin ich mit durchschnittlich fünf Kilometern pro Stunde in flachem Gelände zufrieden; hier habe ich zugegebenermaßen ein wenig übertrieben. Wenn man mich schon für einen Spion hält, dann bitte auch für einen erstklassigen!

Tags darauf werden wir in einer Polizeistelle zum Mittagessen eingeladen. Alle sind höflich, bis ein mickriger Mann in einem flatternden Leichenbestattergewand eintrifft, passend dazu sein imposanter schwarzer Bart. Brüllend und zitternd vor den Befehlen eines Vorgesetzten am anderen Ende des Telefons, setzt er jedem Versuch der Verbrüderung ein Ende: »Der Fremde muss gehen! Von jetzt an wird sich ein Auto um seine Überwachung kümmern.«

In einem Restaurant am Straßenrand esse ich am nächsten Tag zu Mittag. Mein Uhrenthermometer zeigt mehr als 40 °C an. Männer setzen sich zu mir an den Tisch und stellen mir Fragen zu meiner Reise. Das riecht eindeutig nach Geheimpolizei. Und tatsächlich sehe ich am Abend, im Dorf Churlukh, dieselben Kumpanen wieder. Sie fragen mich aus, machen kein Geheimnis mehr aus ihrem Metier: »Warum bist du nicht über Quchan gegangen?« – »Was hast du fünf Tage lang in Bojnurd gemacht?«

In einer wüstenähnlichen Landschaft etwas abseits der Straße ist die 900 Jahre alte Karawanserei von Charaf dem Verfall preisgegeben. Aufgrund ihrer Ausmaße und Wandmalereien ist sie aber immer noch sehenswert. Ich beende meinen Marsch ziemlich früh in Gombadli, dem letzten Dorf vor der Grenzstation von Sarakhs, das noch 35 Kilometer entfernt ist. Der in meine Uhr eingebaute Höhenmesser zeigt nicht mehr als 430 Meter an. Die kommenden Tage versprechen heiß zu werden. Der Wind dreht auf Sturmstärke. Der Dorfkrämer rät mir, in der Moschee Schutz zu suchen, aber die örtliche Polizei, die Instruktionen erhalten hat, quartiert mich lieber beim Bürgermeister ein. Ich frage mich, was sie ihm wohl über mich erzählt haben, denn er ist derart misstrauisch, dass er mich bis Tagesanbruch in einem stickigen Zimmer einschließt. So bekomme ich also seine Familie nicht zu Gesicht und höre auch sonst nichts von ihm außer einigen Abschiedsworten.

In dem Glutofen geht mir ein Satz nicht aus dem Sinn: »Möge Gott, dass es nicht heiß werde!« Während meines letzten Marschtages im Iran glaube ich, in der brennenden Sonne sterben zu müssen. Völlig entkräftet gelange ich nach Sarakhs, um sogleich wieder in entgegengesetzter Richtung mit dem Bus aufzubrechen. Kurz vor der Endstation von Mashhad bleibt der Bus stehen. Niemand steigt aus: Die Polizei blockiert ihn. Wegen mir, wie ich schon bald begreife. Der Mann, der in den Bus steigt, ist stämmig, und mit seinem Galgengesicht sieht er wie ein Schläger aus! Er studiert ein Blatt Papier, will meinen Namen wissen und fügt, ehe er mich abführt, hinzu: »Wir haben was zu besprechen.«

Statt einer Begrüßung fährt mich sein Chef an: »Also, Agha Philippe, ich habe jeden Tag hier am Bus auf Sie gewartet.«

»Ich habe Ihren Männern doch genau erklärt, dass ich mit dem Bus nach Mashhad zurückmuss, um mein turkmenisches Visum abzuholen.« Er setzt sein Verhör im Auto fort, das mich ins Hotel bringt. Nachdem ich nach sechs Marschtagen zum ersten Mal wieder geduscht habe, schlafe ich sofort ein. Da ich bereits mein usbekisches Visum habe, beschließe ich, für Turkmenistan ein Transitvisum für fünf Tage zu beantragen. Das ist wenig, um dieses Land zu Fuß zu durchqueren, selbst wenn man schnell läuft, aber ausreichend, um in die Hauptstadt zu gelangen und es dort verlängern zu lassen.

Turkmenistan

Durststrecke
28. April – 24. Mai 2000

Mit dem Bus fahre ich über den der Hauptstadt nächstgelegenen Grenzposten nach Turkmenistan. In Aschchabad erhalte ich eine einwöchige Verlängerung meines Visums. Leider ist es mir damit aber noch immer nicht möglich, die 460 Kilometer von Sarakhs zur usbekischen Grenze zu bewältigen, und das in einem Land, das zu vier Fünfteln aus Wüsten besteht, wo die Hitze tagsüber unerträglich wird. Die turkmenischen Behörden erklären mir, dass es absolut unmöglich sei, eine weitere Verlängerung zu bekommen. Ich beschließe, in der Hauptstadt zu bleiben und es trotzdem mit Verhandlungen zu versuchen. Nachdem die französische Botschaft mir vermeintliche Unterstützung zugesagt hat, erlischt ihr Interesse, ohne mir eine Erklärung zu geben oder Mitteilung zu machen. Nach einigen Tagen wird mir klar, dass man mich völlig abgeschrieben hat. Telefonisch ersuche ich die Hilfe des Generalkonsuls von Russland in Marseille, Alexander Choulguine, und der turkmenischen Botschaft in Frankreich. Sie helfen mir jedenfalls weiter! Dank ihrer Intervention fällt die Entscheidung: zweiwöchiges Visum.

Turkmenbaschi – Kopf der Turkmenen

Während der einen Woche konnte ich wenigstens die turkmenische Hauptstadt besichtigen. Infolge des starken Erdbebens von 1948 gibt es in Aschchabad keine historischen Bauwerke mehr. Nachdem ich die holprigen Gehwege und die sich türmenden Müllberge in den Gassen des Stadtzentrums hinter mir gelassen habe, stoße ich

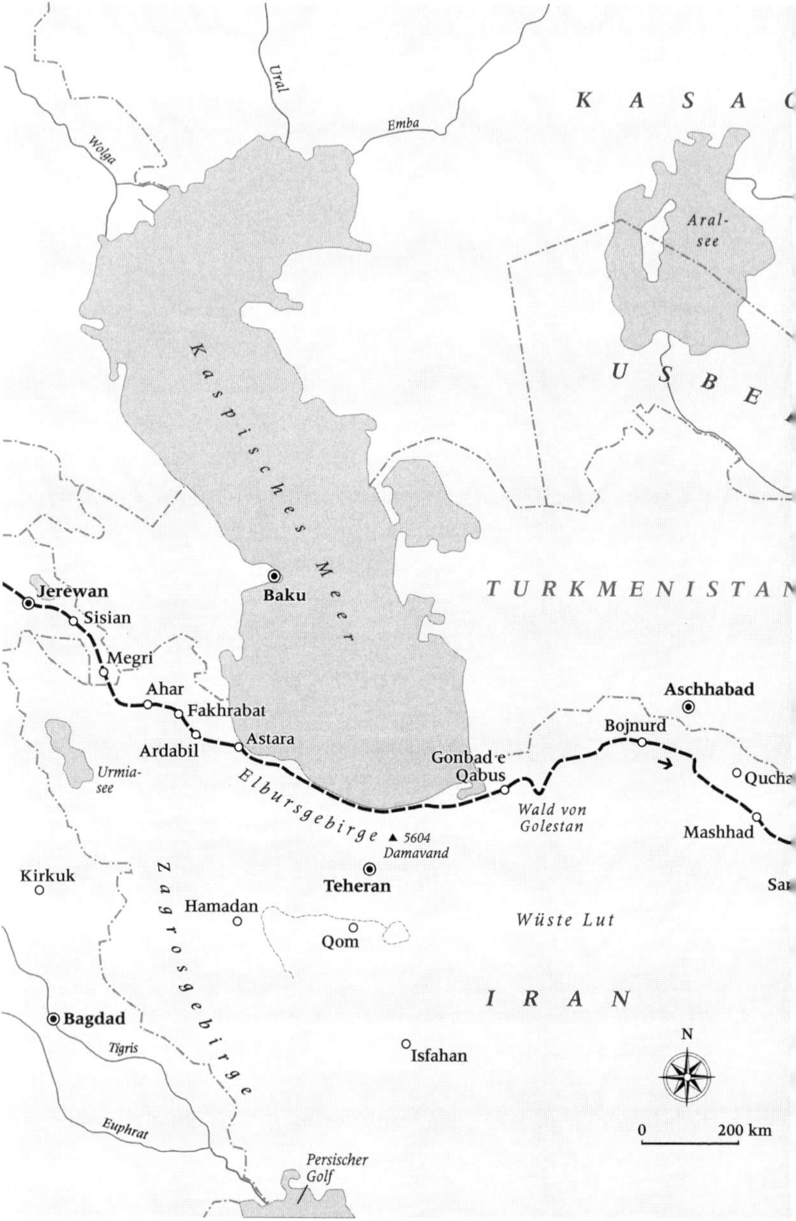

Ural
Emba
Wolga
K A S A
Aral-
see
Kaspisches Meer
U S B E
Baku
Jerewan
Sisian
Megri
Ahar
Fakhrabat
Ardabil
Astara
TURKMENISTAN
Aschhabad
Bojnurd
Gonbad e
Qabus
Urmia-
see
Elbursgebirge
▲ 5604
Damavand
Wald von
Golestan
Mashhad
Kirkuk
Teheran
Hamadan
Qom
Wüste Lut
Zagrosgebirge
I R A N
Bagdad
Tigris
Isfahan
N
Euphrat
0
200 km
Persischer
Golf

HSTAN
Balchaschsee
Syrdarja
Alma Ata
Frunse
Issyk-Kul
KIRGISISTAN
Taschkent
STAN
Osch
Samarkand
CHINA
Pik Lenina
7132
Kaschgar
Opal
Buchara
Pendzhikent
TADSCHIKISTAN
Karakulsee
7719
Kungur Shan
Turkmenabad
Duschanbe
Pamir
Tachkorgan
7546
Muztagata
Amu Dar'ya
Sarhad
Khundjerab-Pass
ary
Faizabad
Kaleh e Pandjah
Akbilis
Mala Hauz
Han
Taloqan
Ishkashim
Irshad-Pass
Sost
Mazar e Sharif
8611
K2
7485
Noshaq
7707
Tirich Mir
Gilgit
Indus
8125
Nanga Parbat
Hindukusch
Kabul
Peshawar
Herat
Islamabad
AFGHANISTAN
Indus
Kandahar
PAKISTAN
Quetta

im Regierungsviertel auf eine Oase moderner Gebäude. Der dazugehörende Präsidentenpalast sticht durch seine Größe und seine mit Blattgold versehene Kuppel hervor. Auf dem weiten Platz vor dem Palast promenieren turkmenische Grazien in traditioneller Kleidung und lassen sich vor den neuen Bauwerken fotografieren. Das mit rund vier Millionen Einwohnern bevölkerungsmäßig kleine Land, das jedoch fast so groß ist wie Frankreich, verfügt glücklicherweise über Erdöl und Gasvorkommen, seine wichtigste Deviseneinnahmequelle, und vor allem hat es den Turkmenbaschi.

Im Oktober 1992 zum »größten Helden Turkmenistans« und dann vom Parlament zum Präsidenten auf Lebenszeit ernannt, lässt sich Saparmurat Nijassow nunmehr Turkmenbaschi nennen oder »Chef der Turkmenen« (im Türkischen und Turkmenischen heißt *bach* »Kopf«, »Chef«). Da er unbedingt der Atatürk seines Landes sein will, hat er bereits die Schreibweise der turkmenischen Sprache geändert und ist vom kyrillischen zum lateinischen Alphabet übergegangen. Der Personenkult, auf den die alte Sowjetunion so viel Wert legte, lebt mit ihm wieder auf. Nach einem Aufenthalt in Turkmenistan würden einem im Iran die Porträts von Khomeini und in der Türkei von Atatürk kaum mehr auffallen. Das Bild des Turkmenbaschi ist auf allen Banknoten und auf allen Münzen zu finden. Er ist in der rechten oberen Ecke der beiden Fernsehkanäle des Landes eingeblendet, von denen einer folkloristische Programme zeigt, während der andere hauptsächlich die täglichen Reden des Präsidenten überträgt. So kann es vorkommen, dass ein Minister seine Absetzung über den kleinen Bildschirm erfährt. Nijassows Porträt, gemalt oder als Foto, ist auf allen öffentlichen Gebäuden, Ministerien und Krankenhäusern angeschlagen. Als der ergrauende Präsident sich 1999 die Haare schwarz färben ließ, mussten sämtliche Bilder von ihm retuschiert werden. Ein gutes Geschäft für die mit diesem monumentalen Lifting beauftragten Drucker und Maler.

Aschchabad: ein Veteran der früheren Roten Armee vor dem allgegenwärtigen Porträt des Präsidenten Nijassow

Auch in den Schulen – Quelle des Wissens und des Einheitsdenkens – wurde die Büste des Turkmenbaschi nicht vergessen; auf dem Einband der Lesebücher der Grundschule prangt das Foto des von Kindern umringten Präsidenten. Und auch Parolen an den Mauern der Städte und Dörfer zeigen, dass der Leader an sein Volk denkt. Sein liebster Leitspruch verheißt den Turkmenen, dass das 21. Jahrhundert ihr goldenes Jahrhundert sein werde. Das Nationalgefühl wird noch angefacht durch die allgegenwärtige Parole: »*Halk, watan, Turkmenbachi*« – »Volk, Vaterland, Turkmenbaschi« –, was allzu sehr an das finstere »Ein Reich, ein Volk, ein Führer« Nazideutschlands erinnert.

Turkmenistan, das sich neutral erklärt hat, ist glücklicherweise ein recht friedliches Land. Das neue Symbol der Nation, der futuristische Turm der Neutralität vor dem Präsidentenpalast, liefert den Beweis dafür. Der 75 Meter hohe Turm, schlank wie eine Rakete, steht auf drei Füßen. Auf der Spitze wacht ein zwölf Meter hoher Turkmenbaschi, in Golddoublé, über das Land und streckt seine weit geöffneten Arme seinem Volk und der Sonne entgegen. Ein Motor unter der Statue sorgt dafür, dass der charismatische Führer ständig vom himmlischen Gestirn angestrahlt wird. Es kann aber auch umgekehrt sein! Ich bin mir da nicht so ganz sicher, seit ich in Turkmenistan bin.

Nicht genug damit, dass Präsident Nijassow das Zentrum seiner Hauptstadt illuminiert, er hinterlässt seine Spuren sogar noch in der Wüste. Ein großer Meteorit ist dort 1998 eingeschlagen. Der Präsident sah in diesem vom Himmel herabgefallenen Felsbrocken ein Vorzeichen, einen Wink des Himmels an seinen irdischen Herold. Folglich wurde der Meteorit höchst opportun Turkmenbaschi getauft. Nijassow hat auch den wichtigsten Hafen des Landes in Turkmenbaschi umbenennen lassen. Das größte Stadion von Aschkabad heißt natürlich »Turkmenbaschi-Sportkomplex«. Von Minderwertigkeitskomplex kann hier wahrlich keine Rede sein! Trotz alledem, oder vielleicht deswegen, schätzen viele Turkmenen aus bescheidenen Verhältnissen ihren Turkmenbaschi und das neue Gefühl von Stolz, das er ihnen gegeben hat. Aber nicht alle lassen sich täuschen. Frage ich so manch einen seiner Landsleute, ob der Turkmenbaschi täglich im Fernsehen erscheint, geben sie mir lachend zur Antwort: »Nein, er erscheint dort stündlich!«

100 Kilometer Wüste bei 40 °C

Erst in der turkmenischen Wüste lasse ich die verherrlichenden Bilder des allmächtigen Präsidenten hinter mir. Mit meinem kostbaren Visum in der Tasche fahre ich mit dem Bus nach Sarakhs zurück, um dort meinen Marsch auf der turkmenischen Seite der Grenze fortzusetzen. Im Bus freunde ich mich mit Orazgul an, einer Ärztin, die schon in Frankreich gewesen ist. Sie lädt mich zu ihrem jüngeren Bruder Tschahari ein. Ich amüsiere mich über den Mangel an Originalität gewisser Vornamen in Turkmenistan, wie Tschahari – »Vierter« auf Persisch – oder Bechim – »Fünfter« auf Turkmenisch, wie ich glaube. Solche Namen sind allerdings leichter zu ertragen als in der Türkei Yeter – »Das reicht« –, der nach dem Willen seiner Eltern sicherlich der Letzte ihrer großen Kinderschar sein sollte. Der Vorname von Orazguls Tochter ist poetischer: Altin, was »Gold« bedeutet. Sie ist gerade mal vier Monate alt und steckt bis zum Hals in einem weißen Laken, um das ein rotes Band gewickelt ist. So sieht sie aus wie ein kostbares Geschenkpaket. Ich hatte solche Verschnürungen schon auf Fotos von chinesischen und mongolischen Kindern gesehen. Und wie die Türken rühmen sich auch die Turkmenen, Dschingis Khan und andere Schreckensherrscher aus dem Osten unter ihren Ahnen zu haben. Die turkmenischen Männer, im Allgemeinen kräftig gebaut, sind sicherlich würdige Nachfahren der robusten Reiter der nordasiatischen Steppen, ganz im Gegensatz zur Vorstellung, die man von den kleinen, schmächtigen Asiaten hat.

Am Nachmittag bringen mich Tschahari und sein Neffe Aziz zur Polizeistation, damit ich mich dort melde, bevor ich meinen Marsch wieder aufnehme. In vielen einstmals kommunistischen Ländern können sich die Menschen noch längst nicht frei bewegen. Wie zu Zeiten der Sowjetunion hat der turkmenische Bürger einen Anwohnerausweis seiner Region und ist nicht berechtigt, woanders Arbeit zu suchen. Es gibt zahlreiche Straßenkontrollen und häufige Geldstrafen. Tschahari und Aziz haben sich in Schale geworfen für den Gang zum Kommissariat. Sie bitten mich, mit der Schuhbürste meine Aigle zu polieren, die Treter, die mir seit Oktober über mehr als 2500 km in Armenien und im Iran treu gedient haben. Ich fürchte, die Bürste kann nicht viel ausrichten, um sie wieder auf Hochglanz zu bringen. Da ich die Sympathie der Polizei gewinnen will, setze ich lieber wie gewohnt auf den Umstand, dass ich ein paar Brocken Turkmenisch spreche und in aller Bescheidenheit unterwegs bin, und so läuft auch alles glatt. Anschließend erledige ich ein paar Einkäufe im Basar: eine neue Mütze, um mich vor der Sonne zu schützen, zwei harte Brote, die sich gut halten, Fleisch- und Fischkonserven, Schokolade und weitere Nahrungsmittel. Mit den Vorräten und acht Liter Wasser überschreitet mein Rucksack mein maximales Tragegewicht um 25 kg.

Wir verbringen eine kurze Nacht auf einem *krawat* unter einer Laube. Im Sommer flüchten sich die Turkmenen am Tage wie in der Nacht gern auf diese Art Bettstatt, einen riesigen, erhöhten Platz im Freien. In der Kühle der Nacht können sie sich von der brütenden Hitze des Tages erholen. Das erhöhte Bett hält dem Schlafenden die kriechenden Insekten vom Leib, und ein Moskitonetz schützt ihn vor den nächtlichen Angriffen der lästigen Mücken.

Ich verlasse Tschaharis Zuhause am 8. Mai um fünf Uhr morgens und nehme eine wenig befahrene Straße, die durch wüstenartige Sanddünen zu einem künstlichen See führt. Ich bin gut gerüstet für die 100 Kilometer Wüste, die mich von der Hauptstraße Aschchabad – Mary – Tschardju – Buchara trennen. Danach kommt noch eine Wüste, dann aber auf einer Asphaltstraße mit Autoverkehr und vereinzelten Dörfern.

20 Kilometer weiter spricht mich ein Traktorfahrer an. Ich strecke ihm meine Hand hin, die er mit einer weit ausholenden Armbewegung ergreift. Unsere Hände klatschen ineinander, und um mir mit noch größerer Herzlichkeit zu zeigen, dass ich willkommen bin, umklammert Chikhi mit seiner riesigen linken Pranke freundschaftlich meine rechte Hand. Daraufhin begrüße ich seine Cousins, bei denen er auf Besuch ist. Der 31-jährige Djuma Yusupow und sein Bruder Begentch, beide pausbäckig und mit fröhlichen Gesichtern, sind auf der benachbarten Kolchose geboren. Sie züchten Rinder. Ich halte Begentch für nicht älter als 15, aber er ist 18 und bereits verheiratet mit einer sehr jungen, hellhäutigen Frau, Yarigul. Seine Mutter, Ogulbibi, strahlt mit ihren 60 Jahren mehr durch ihre erfrischende innere Freude als durch ihre turkmenischen Schmuckgehänge aus glänzendem Kupfer und roten und grünen Steinen. Wie schon in Aschchabad sprechen mich die bunt gekleideten Frauen auch hier lachend an, ohne Furcht oder Scham, stellen mir Fragen oder reichen mir Sonnenblumenkerne. Welch ein Unterschied und was für eine Freude nach dem Iran!

Als sich die Sonne dem Zenit nähert und ich müde aussehe, fordern mich Ogulbibi und ihre Kinder auf, mich in ihrem Haus auszuruhen. Von der Hitze erschöpft, schlafe ich drei Stunden lang. Als sie mich aufwecken, steht bereits eine große Schale mit eingeweichtem Brot, Makkaroni und einer Art gemischter Erbsen auf dem Tisch. Kein besonders typisches Gericht, aber genau die Nahrung, die es braucht, um auf den Feldern zu arbeiten oder bis nach China zu marschieren.

»Was für eine Hitze«, sage ich, »über 40 Grad.«

»Das ist noch gar nichts. Zwischen Ende Juni und Anfang August steigt die Temperatur auf 50 Grad an, manchmal 55 Grad!«

Das klingt für mich wie: »Du hast Glück, es könnte schlimmer sein!« Trotzdem mache ich mich am Nachmittag gegen halb vier auf den Weg, der für mich in die turkmenische Höllenglut des Monats Mai führt. Wieder einmal verfluche ich die iranische Religionspolizei, die mich einen Monat aufgehalten hat. Zähle ich die zwei Wochen, die für den Erhalt des turkmenischen Visums nötig waren, mit, so durchquere ich Turkmenistan sehr viel später, als in meiner ursprünglichen Reiseplanung vorgesehen.

Djuma hatte mich auf ein Haus auf dem Weg hingewiesen: »Zwölf bis 20 Kilometer von hier, rechts von der Straße, wenn du eine leichte Kurve siehst, dort kannst du Wasser finden. Vorsicht, es ist von der Straße aus nicht zu sehen!« Ich trinke also, weil ich mit diesem Haus rechne. Ich trinke, ich trinke, ich trinke. Mein Wasservorrat wird kleiner, aber wenigstens wird gleichzeitig mein Rucksack leichter. Ich schreite unter einer bleiernen Sonne voran, und weit nach 18 Uhr bemerke ich frische Spuren von Tieren neben einer Zisternentränke: keinerlei Behausung, kein Mensch. Ich laufe die Umgebung ab, rufe laut, aber nicht einmal Hundegebell ertönt auf mein Geschrei hin. Nichts! Kein Hund, kein Mensch, kein Haus und vor allem kein Wasser! Dass ich die eingeplante Wasserstelle verpasst habe, beunruhigt mich sehr. Um das kostbare Nass zu sparen, marschiere ich also so viel wie möglich in der Nacht weiter, denn wenn ich bei 20 °C und nicht am hellen Tag bei über 40 °C laufe, verbrauche ich fünfmal weniger.

Das Geheul der Schakale hallt durch die Stille der Nacht. Man sagt ihnen nach, dass sie ungefährlich sind. Als ich mich gegen Mitternacht in meinen Schlafsack einrolle, lege ich trotzdem den Riemen meines Messers um mein Handgelenk. Doch wenn mir tatsächlich Gefahr von Tieren droht, dann viel eher von Skorpionen, Spinnen und vor allem Schlangen. Für diese Kaltblüter ist mein ausgestreckter Körper eine willkommene Wärmequelle. Die Attacke kommt schließlich vom Himmel. In dieser Nacht unter freiem Himmel in Turkmenistan werde ich von Mücken aufgefressen. Es wimmelt nur so von ihnen am Ende des Bewässerungskanals für die Baumwollfelder, in dessen Nähe ich, ohne es zu wissen, kampiere.

Am nächsten Morgen finde ich etwa zehn Kilometer weiter das Haus, von dem man mir erzählt hatte und das im Sommer von Baumwollarbeitern bewohnt wird. Am Ende eines Kanals schöpfe ich Wasser, versumpft, wie ich fürchte. Keiner trinkt hier frisches Wasser, es wird nur gekocht für den Tee. Ich jedoch gieße einfach ein paar Tropfen Desinfektionsmittel hinein. Die Vorsichtsmaßnahme reicht nicht aus, um mir Verdauungsprobleme zu ersparen, die meinen Wasserbedarf nur noch erhöhen.

Sandsturm

Nach einer Siesta und einer Katzenwäsche im Kanal verlasse ich die Hauptstraße und nehme den Weg durch das Dorf Mala Hauz Han. Eine Stunde vor Sonnenuntergang sind es noch immer über 40 °C. Ich mache mir das Leck eines riesigen Kanalisationsrohres zunutze und nehme voll bekleidet eine Dusche. Allmählich komme ich dem Reservoir näher. Nach besonders heißen Tagen kommt es hier bei Einbruch der Nacht oft vor, dass der plötzliche Temperatursturz den Luftdruck destabilisiert und Sandstürme verursacht. Das ist an diesem Abend der Fall. Der starke Wind, der bald vom Norden, bald vom Westen her blast, schneidet mir ins Gesicht, und durch den aufgewirbelten Sand bin ich wie blind.

Inzwischen ist es finstere Nacht, und mit einem Mal stürzt eine dunkle Masse auf mich zu. Mein erster Gedanke: ein Wolf! Zu klein, wohl eher einer der angeblich harmlosen Schakale. Und wie schnell er ist! Er wird sich auf meine Füße stürzen. Nach einem schnellen Adrenalinstoß verpasse ich ihm einen kräftigen Stockhieb. Überraschung … mein Angreifer fliegt mit der Leichtigkeit eines Golfballs davon. Es war lediglich ein Büschel entwurzeltes Stachelgewächs. Weitere Nachtgespenster stellen sich meinem Stock in den Weg, dann gewöhne ich mich an das Possenspiel des Windes.

Man hat mir gesagt, dass etwas abseits der Straße kasachische Dromedarzüchter leben. Der Gedanke, auf sie zu treffen, fasziniert mich. Ich gehe also immer weiter durch die Nacht, halte, so weit ich kann, nach einem eventuellen Lichtschein Ausschau, aber der Wind nimmt an Stärke zu, und da ist kein Stern, der mich leiten könnte. Eine besonders heftige Windbö reißt mir sogar die Brille herunter, meinen einzigen Augenschutz. Tastend suche ich den Sand ab, kann sie aber nicht finden. Gerade als ich beschlossen habe, an Ort und Stelle zu übernachten, um bei Tagesanbruch weiterzusuchen, trete ich auf die Brille. Gott sei Dank ist sie nicht zerbrochen! Also suche ich weiter nach den »Dromedariern« in den welligen Dünen, die zwar nicht höher als 20 Meter sind, aber hoch genug, um mir die Sicht zu versperren. Nach einer weiteren Stunde voller Mühsal ist es wohl zu spät, den Kasachen zu stören, der sein Haus mitten in die Düne gestellt haben soll.

Wenigstens ist die Vegetation so dicht geworden, dass ein ausladender Busch mir ausreichend Schutz gegen Wind und Sand bietet. Sogleich vermumme ich mich in meinem Zeltsack. Ich hoffe, dass der Sturm auch die Tiere, allen voran die blutrünstigen Mücken, in ihre Schlupfwinkel vertreiben wird. Bis morgens um halb fünf schlafe ich fest. Das Kondenswasser, das sich in meinen Zeltsack angesammelt hat, macht mich wach. Mir ist kalt. Ich kenne kein besseres Mittel mich aufzuwärmen, als meinen Tagesmarsch anzutreten.

Nach Tagesanbruch lässt mich der Anblick einiger girlandenähnlicher Muster im Sand an Vogelkrallen denken. Sie erweisen sich als Spuren großer schwarzer Käfer, Künstler der Wüste mit einem angeborenen Sinn für Ästhetik. Als ich etwas weiter auf Hinterlassenschaften von Dromedaren stoße, sind besagte Käfer emsig damit beschäftigt, mit ihren Hinterbeinen Mistkugeln zu rollen, die zwei- bis dreimal größer sind als sie selbst. Was machen sie wohl damit? Bauen sie daraus ein Nest, in das sie ihre Nachkommenschaft legen, oder eine Speisekammer für Notzeiten?

Während ich gerade mit diesen erdnahen Naturbetrachtungen beschäftigt bin, bemerke ich in etwa 200 Meter Entfernung eine Art Antilope, die an einem Busch knabbert. Ich stehe gegen den Wind, und so hat sie meine Anwesenheit nicht gewittert. Ich rühre mich nicht, damit ich sie bewundern kann, aber da bemerkt mich die Schöne und ergreift die Flucht. Dieses so reine und harmonische Bild erfüllt mich mit so großer Freude und Heiterkeit, dass ich bereit bin, viele Mühen auf mich zu nehmen, um diese grazile Schönheit in ihrem natürlichen Lebensraum wiederzufinden. Ich vergesse darüber meine Straße und folge ihrer Spur, suche den Horizont nach ihr ab, aber meine Suche ist vergebens und mein Blick verliert sich in den Dünen und den vereinzelten Stachelgewächsen.

Gegen Mittag habe ich den künstlichen See noch immer nicht gesichtet. Müde orte ich meinen Standort mit Hilfe meines Kompasses und meiner großformatigen Karte. Die Route, die ich eingeschlagen habe, entfernt sich vom See. Sie führt bestimmt zu einem anderen Dorf, aber erst nach 50 Kilometern. Bis dahin keine Menschenseele, kein Wasser. Das trifft sich schlecht, denn es ist sehr heiß, und mein Flüssigkeitsvorrat ist erschöpft. Ich hätte schon eher links abbiegen müssen, um nach Mala Hauz Han zu gelangen. Ich hatte mich zu sehr darauf versteift, immer noch weitere Dünen zu erklimmen, in der Hoffnung, dahinter eine Behausung zu finden. Nun gehe ich gen Westen und glücklicherweise taucht kurz darauf das Dach eines Hauses auf. Es ist ein Uhr mittags. Nach 19 Stunden, in denen ich keine Menschenseele und nicht eine Wasserstelle angetroffen habe, entfährt mir beim Anblick eines Menschen ein freudiger Gruß in russischer Sprache.

Hocherfreut über einen Besucher, kommt Mohamed Nurgeldijew aus seiner Bude auf mich zu. Wie die Baumwollpflanzer wohnt er normalerweise weit weg von hier, im Bezirk Mary, mit seiner Frau und seinen Kindern. Er wacht über 15000 Schafe, zusammen mit Kollegen, die die Tiere auf die Felder begleitet haben. Wenig gesprächig, aber immerzu lächelnd, bietet er mir natürlich Tee an und ein Stück seines riesigen, grobkörnigen Brots. Dieses Brot ist äußerst nahrhaft und eine ausgezeichnete Ergänzung zur Wohlstandsnahrung internationaler Nahrungsmittelkonzerne, deren ich mich endlich entledigen kann: eine Konservendose, hergestellt in Italien, gekauft in Turkmenistan, auf der ein amerikanischer Cowboy inmitten kyrillischer Buchstaben abgebildet ist. Nähere Angaben auf Englisch: *Pressed Beef* – 4 0 0 *grams*. Mohamed rührt das nicht an und lässt mich alles allein verzehren.

Im Land der Dromedare

Nach der Siesta, die mittags notgedrungen zur Gewohnheit wird, wenn die Sonne im Zenit steht, breche ich nach Mala Hauz Han auf. Ich komme über drei Brücken, und auf der dritten begegnen mir zwei Kasachen. Dromedarzüchter! Endlich! Zu meiner großen Freude nehmen sie mich mit zu sich nach Hause. In ihrem Dorf gibt es nur etwa 20 Häuser, aber es wimmelt von Kindern. Meine Anwesenheit sorgt wieder einmal für Aufruhr. Mit einer Kinderschar im

Gefolge sehe ich mir die urzeitlich aussehenden Tiere an. Höckeriger Rücken, langer Hals und verdutztes Gesicht mit großen Kulleraugen und ein Maul, das unentwegt Gräser und Stachelgewächse kaut und dabei den Unterkiefer seitlich hin- und herschiebt. Ich streichle ganz sanft ein Weibchen, etwas misstrauisch, denn es könnte mich beißen oder mir ins Gesicht spucken wie sein südamerikanischer Verwandter, das Lama. Ich versuche auch, ein etwa zehn Tage altes Fohlen zu streicheln. Es ist widerspenstig und verspielt und macht Bocksprünge wie ein Zicklein.

»Weibchen sind gefragt wegen ihrer Milch«, erklärt mir Jolaman Ablajew, mein Führer in dieser Welt der Tiere. »Wir hier in Zentralasien mögen Milchprodukte: Sauermilch, Butter, Schlagsahne, Joghurt. Wir machen sie aus der Milch von Dromedaren, Schafen, Ziegen, Kühen und manchmal Stuten und essen dazu Brot aus unseren Steinöfen.« Nach alter Tradition stellt jede turkmenische Familie ihr eigenes Brot her. Manche Sozialbauwohnungen in der Hauptstadt haben einen Gemeinschaftsofen, wie ich später sehen werde.

»Wie lange lebt ein Dromedar?«

»Das Weibchen so zwischen 20 und 30 Jahre, manchmal mehr. Ab dem dritten Lebensjahr bekommt es nach zwölfmonatiger Trächtigkeit alle zwei Jahre ein Junges, und das säugt es 18 Monate lang. Danach hat es noch Milch bis zur nächsten Geburt, aber das Junge trinkt nicht mehr. Das ist dann alles für uns. Die Lebenserwartung der Männchen ist viel niedriger. Ein männliches Tier genügt für die Aufzucht von 30 bis 50 Weibchen. Für die Fortpflanzung wählen wir die Robustesten aus. Die anderen wandern zum Schlachter.«

»Wie viel ist ein Dromedar wert?«

»Zehn bis 15 Schafe. Der Preis für ein Weibchen ist ungefähr 300 Dollar in Turkmenistan und 700 in Kasachstan. Das Männchen ist oft kräftiger. Es ist teurer.«

In einem Land, wo die Gehälter häufig zwischen 30 und 50 Euro pro Monat schwanken, ist der Besitzer einer Herde von rund 100 Dromedaren sicherlich eine gute Partie.

Ehe wir bei Jolaman eintreten, ziehen wir die Schuhe aus. »Rund sieben Kamelstuten für eine hübsche Frau«, meint er verschmitzt, als er mir seine acht Jahre jüngere Ehefrau Asyam – »Schöne« – vorstellt. Sie lacht über den Scherz. Jolamans Hautfarbe ist gelb wie die eines Asiaten. Er ist untersetzt und lächelt beglückt, dass er an diesem Abend mein Gastgeber sein darf. Wie man es in diesem Teil der Welt zu tun pflegt, legen wir uns seitlich auf den Teppich, ein oder zwei weiche Kissen unter dem Ellbogen, so ist es bequemer. Die beiden Kinder, Kemal, 6 Jahre, und die zweijährige Gulmari, beobachten mich. Die Turkmenen geben ihren Töchtern gern Vornamen mit der Vorsilbe *gul* – »Blume« –, was eine Sanftmut suggerieren soll, die bei uns fast der Vergangenheit angehört.

Das Fleischgericht wird auf das Tischtuch gestellt, das auf dem Boden ausgebreitet ist, und das Abendessen ist mit Knoblauchzehen gewürzt, die wir im Ganzen verspeisen.

»Eigentlich bin ich Ingenieur für Bewässerungstechnik, aber jetzt bin ich Kamelzüchter. Zusammen mit Asyam bin ich auch für den Unterricht in der Grundschule des Dorfes verantwortlich.«

»Aber du bist doch Kasache. Was machst du in Turkmenistan?«

»Mein Vater kam als Kind mit seiner Familie aus Kasachstan. Er ist 70, aber er kümmert sich noch immer gern um seinen Gemüsegarten und seine Dromedare. Er wohnt nebenan. Wir werden ihn morgen treffen. Er geht früh schlafen.«

Ich weiß, dass in der ersten Hälfte des 20. Jahrhunderts viele Kasachen und andere zentralasiatische Völker zwangsweise umgesiedelt wurden, um bestimmte Regionen der ehemaligen Sowjetunion zu entwickeln; dies geschah natürlich auch im Sinn der bekannten Devise *divide et impera*, die mit Erfolg praktiziert wurde. Nach Beendigung der Mahlzeit wird das Brot zum Schutz gegen Fliegen in das Tischtuch eingeschlagen, und die Gäste flüchten nach draußen auf ihre kühlen erhöhten Bettlager unter den Moskitonetzen.

Am nächsten Morgen stoße ich auf der Hauptstraße Aschchabad – Mary – Turkmenabad auf exotische, dreieckige Schilder mit rotem Rand: »Achtung! Kreuzende Dromedare!« Dann holt mich ein Busfahrer ein, der es gewohnt ist, unterwegs Leute mitzunehmen. Er fährt langsamer und ruft mir durch die geöffnete Tür zu: »Steig ein!« Wie üblich lehne ich ab; in dieser Wüstengegend mag ihm das noch überraschender vorkommen als seinen Kollegen anderswo. Verdutzt meint er wohl, dass ich nicht genug Geld habe und mir den Bus nicht leisten kann.

»Macht nichts! Du brauchst nicht zu zahlen!«

»Danke, aber ich gehe lieber zu Fuß weiter.«

Es ist wirklich schwierig, den Menschen verständlich zu machen, warum ich zu Fuß von Frankreich nach China marschieren will. Hier sind Tippelbrüder zu arm, um sich eine Fahrt mit dem Auto, dem Bus oder ein Fahrrad leisten zu können. Und ich habe nicht einmal einen Esel, diesen störrischen, aber treuen, wunderbaren Gefährten der Straße so vieler Bauern und Reisender. Sobald die Überraschung der Autofahrer, die angehalten haben, um sich mit mir zu unterhalten oder mir Früchte und Wasser anzubieten, verflogen ist, lassen sie mich mit ermunternden Glückwünschen auf Russisch oder sonstigen lobenden Worten auf Turkmenisch weiterziehen.

Während eines Ruhetages in Mary habe ich das Glück, netten amerikanischen Touristen und ihrem turkmenischen Führer namens Ilias zu begegnen. Ich schließe mich ihrer Führung durch das Museum für Geschichte und Ethnologie an, das in dem ehemaligen Haus eines reichen Kaufmanns untergebracht ist. Töpferwaren belegen die Existenz einer sehr alten Gesellschaftsstruktur, der Murghab-Kultur. Entstanden im Gebiet des gleichnamigen Flusses, ist sie hier von ähnlicher Bedeutung wie die großen Kulturen der Antike in Ägypten, Mesopotamien, Indien oder China. Die Entwicklung des Kunsthandwerks zeigt sich in bunt schimmernden Teppichen, wie die der Tekke, des größten Volksstamms Turkmenistans. Sie sind verziert mit elliptischen Formen und vorwiegend in Rot gehalten. Im Westen firmieren sie oft unter dem etwas falschen Allgemeinbegriff »Buchara-Teppich«. Interessant ist außerdem die Ausstellung alter Kinderkleider, auf denen zwei kleine gewundene Schnüre Schlangen zur Abwendung des bösen Blicks symbolisieren. Ausgestellt sind überdies Dromedarfelle, die zur Herstellung von Kleidungsstücken dienten, die nur Männern tragen durften, und ein Schafspansen, in dem das Fleisch zwei oder drei Monate im Sand an einem schattigen Platz konserviert wurde.

Am interessantesten und vor allem lebendigsten ist jedoch die Geschichte, die uns Ilias über seine eigene Hochzeit erzählt: »Zunächst haben sich meine Eltern und Verwandten versammelt, um zu entscheiden, welche für mich die beste Ehefrau wäre. Dann haben sie ihren Wunsch den Eltern des erwählten Mädchens mitgeteilt. Die beiden Familien haben sich auf die Art der Mitgift geeinigt, die meine Eltern zu zahlen hätten: Stoffe, Schafe, Kühe, Dromedare ... Der Betrag liegt meist zwischen 1000 und 3000 Dollar, dazu noch der Schmuck und die Garderobe der Verlobten. Nachdem sie sich geeinigt hatten, wurde ich informiert, dass ich ein Mädchen heiraten müsste, das ich noch nie gesehen hatte. Also habe ich meinen ganzen Mut zusammengenommen und bin zu ihr gegangen, um mich vorzustellen und sie zu fragen, ob sie einen anderen liebt. Der Sohn eines Turkmenen kann seinem Vater nichts abschlagen, vor allem keine Heirat. Aber falls es doch nötig gewesen wäre, dann hätte ich ihm erklärt, dass die Heirat unmöglich ist. Zum Glück war ihr

Herz frei, und ich wurde mit dieser Wahl belohnt.« Also heirateten sie und hatten viele Kinder.

Ilias Geschichte, die er uns so spontan erzählt, ist zugleich schön und erstaunlich. Es ist die Geschichte so vieler Eheschließungen in diesem Teil der Welt. Ich bin doch ziemlich froh, dass wir im Westen in Sachen Liebe sehr viel freier sind, allerdings auch noch nicht so sehr lange.

Nach dem Museumsbesuch laden mich die amerikanischen Touristen zu einem Drink ein und wir sprechen über die Politik der Vereinigten Staaten in dieser Region. Bei dem Gedanken, dass ihre Regierung im Iran-Irak-Krieg die Rolle des Anstifters gespielt oder Pakistan bei der Konsolidierung des Taliban-Regimes unterstützt haben könnte, wenden sie seltsam naiv und erstaunlich treuherzig ein, dass ihr Land niemals zu einer derartigen Infamie fähig wäre. Nur Jim, ehemals in der Ölindustrie beschäftigt, sagt kein Wort, so weiß ich nicht, ob er diese Ansicht teilt oder kritisch sieht.

Als Franzose vergesse ich nicht, dass wir es den Amerikanern zu verdanken haben, als Sieger und freies Land aus den beiden Weltkriegen hervorgegangen zu sein. Ich möchte nur, dass sie von ihrer auf Reichtum gegründeten hohen Warte begreifen, wie viel böses Blut Egoismus und Machthunger in dem Heer der Armen, auf die sie herunterblicken, schaffen können. Gibt es denn keine gerechte Lösung, damit alle mit ihrem Land verwurzelten Völker genug zu essen und die Möglichkeit für Bildung haben und in Frieden leben können? Der Dialog der Kulturen wird zwingender denn je.

Viele Menschen und weise Männer haben solch einen Dialog gepriesen. Bereits Griechen wie Alexander der Große, Mäzen und Eroberer, glaubten an die gegenseitige Bereicherung der Kulturen. Auf diese Weise entstand etwa die Gandhara-Kunst im fernen Pakistan mit ihren hellenistischen Buddhas. Und so unterschiedliche Persönlichkeiten wie der Generalsekretär der UNO, der Generaldirektor der UNESCO, der iranische Präsident Khatami, der Papst oder der Dalai-Lama befürworten unisono das Prinzip des Austauschs und der Erhaltung des lebendigen Kulturerbes. Überall dort, wo es Leben gibt …

Schlangen und andere Tiere

Am übernächsten Morgen erreiche ich bei Sonnenaufgang die antike Stätte von Merw, eine alte Stadt an der Seidenstraße. Die Kuppel ihres bedeutendsten Bauwerks, des Mausoleums von Sultan Sandjad, Überrest der seldschukischen Architektur, ist 38 Meter hoch. Zu Beginn des 12. Jahrhunderts wölbte sich über ihr noch eine zweite glasierte Kuppel, die mit ihren 46 Metern Höhe einen Tagesmarsch weit sichtbar war. Da sich der Flusslauf der unbändigen Murghab mit den Jahrhunderten veränderte, verließen die Einwohner ihre Stadt. Hier wurden in verschiedenen Epochen fünf Festungsanlagen nebeneinander gebaut (und nicht übereinander auf einem Ruinenhügel – ein häufiges Phänomen im Nahen Osten, wie in Damaskus und Jerusalem). Der Bau der ersten befestigten Stadt geht auf das 6. Jahrhundert v. Chr. zurück. Mit Sicherheit war sie ein Teil der Eroberungen Alexanders des Großen. Nach einer Zeit zoroastristischer, buddhistischer und christlicher Einflüsse gelangte Merw unter islamischen Einfluss und erlebte im 11. und 12. Jahrhundert als seldschukische Hauptstadt ihre größte Blüte.

Ihr Fall kam mit Tolui, dem Sohn Dschingis Khans, der die Stadt drei Jahre lang belagerte. Deren Sultan hatte mongolische Emissäre töten lassen, die nicht nur seine schönsten Frauen, sondern auch einen beträchtlichen Tribut an Weizen von ihm gefordert hatten. Im Glauben, durch Verhandeln das Leben seiner Bürger erfolgreich gerettet zu haben, musste der Sultan, Opfer einer Hinterlist, miterleben, wie sie von den Eindringlingen niedergemetzelt wurden. Die

Mongolen gaben vor, sich zurückzuziehen, kamen aber wieder und töteten die letzten Überlebenden. Unter persischem Schutz erlangte Merw später seine Unabhängigkeit, ehe es 1890 von den Russen erobert wurde.

Morgens um sechs Uhr ist Merw fast menschenleer. Ich bin dort der einzige Tourist. Ich begebe mich zum Wärter des Mausoleums, Tschahari Jar, der seinen Beruf als Tierarzt aufgrund der wirtschaftlichen Schwierigkeiten nicht mehr ausübt. Zwischen dem Mausoleum und seiner Schlafstätte, einem Container, kocht er uns einen Tee. Weil ich ein dringendes Bedürfnis verspüre, verdrücke ich mich zur Holzbude, die als Toilette dient: 80 Zentimater dicke Seitenwände und ein Loch im Boden. Ich gehe in die Hocke und stütze mich mit der Hand an der Rückwand ab. Nachdem ich mein Geschäft erledigt habe, greife ich nach der Wasserkanne und bemerke etwas Rundes in fünf Zentimeter Entfernung meines rechten Fußes. Ich sehe näher hin: eine an der Wand zusammengerollte Schlange, die aber keine Notiz von mir nimmt. Da ich weiß, dass der Biss vieler Reptilien in dieser Gegend tödlich ist, und ich überzeugt bin, dass es sich besser im Bett als auf der Toilette stirbt, stürze ich mit heruntergelassener Hose ins Freie und schreie: »Tschahari! Tschahari! *Gel! Gel!* – Komm! Komm!« Um jedes Missverständnis zu vermeiden, ziehe ich schnell die Hose hoch, bevor Tschahari erscheint. Ganz gelassen versucht er, das Reptil mit einem Eisendraht zu verscheuchen. Das lästige Tier macht aber keinerlei Anstalten, den so malerischen Ort zu verlassen, und so muss er etwas nachhelfen. Schließlich schlängelt es sich – ausgerollt misst es etwa 40 Zentimeter – zwischen den Brettern davon. Nun kann ich meinen Toilettengang halbwegs beruhigt zu Ende bringen und dann zu Tschahari zum Tee zurückkehren.

Nach dieser Aufregung spaziere ich durch die Zitadelle, von der nur noch die Mauern stehen. Dabei passe ich auf, wohin ich trete; es laufen mir jedoch nur ein paar sympathische Dromedare über den Weg. Gegen 18 Uhr starte ich vom Mausoleum aus und gelange weiter östlich zur alten Erdfestung von Guyaur, deren rund 20 Meter hohe Wälle ich erklimme. Dort oben tauche ich in einen azurblauen Himmel mit weiß glühenden Rändern ein und betrachte bis zur letzten Minute einen wunderbaren Sonnenuntergang über dem Mausoleum.

An jedem neuen Morgen in Turkmenistan erlebe ich, wie das riesige rötliche Gestirn, das aus der Erde herauswächst, immer wieder aufs Neue geboren wird. Auf diese aufgehende Sonne, Symbol des Ostens, gehe ich raschen Schrittes zu, ohne sie jemals zu erreichen, sie ist die Illusion, die mich verzaubert. Ich hole sie mittags ein, wenn sie so nahe wie sonst nie über meinem Kopf steht, aber noch immer außer Reichweite ist. Am Abend dann legt sich die Sonnenscheibe in meinem Rücken auf den Horizont, hinter dem sie versinkt. Sie zeichnet dann ein scharlachrotes Muster in den Abendhimmel, als wolle sie, dass man sie noch mehr vermisse. Drüben in Frankreich ist es jetzt heller Tag!

Direkt nach Sonnenuntergang ist es glücklicherweise noch etwas hell. Oft setze ich meinen Fuß neben überfahrene Schlangen auf der Fahrbahn, aber am Straßenrand sehe ich nun eine andere, die sehr dünn ist, über einen Meter lang und sich von zwei direkt neben ihr vorbeirauschenden Lastwagen nicht erschüttern lässt. Ein Auto muss sie wohl überfahren haben. Ich will mich vergewissern und werfe aus einiger Entfernung Steine nach ihr. Sie rührt sich nicht. Ich gehe also näher heran, um sie zu fotografieren, aber offensichtlich mögen selbst tote Schlangen kein Blitzlicht. Meines jedenfalls erweckt sie zum Leben. Schnell renne ich davon. Nach Einbruch der Nacht setze ich nur noch ganz vorsichtig den Fuß auf die vom Frost und der Sommerhitze zerfurchte Straße und taste mit meinem Stock die trügerischen Unebenheiten der Fahrbahndecke ab. Die dunklen, welligen Formen, die ich immer wieder auf dem Asphalt bemerke, sind nur verschlissene Keilriemen, die hier am Rand dieser turkmenischen Straße ihren Geist aufgegeben haben.

Jeder ist einmal an der Reihe, dem Nächsten einen Schrecken einzujagen: Bei Tagesanbruch nimmt ein Hase bei meinem Anblick mit Hoppelsprüngen Reißaus. Ich beneide die regungslos in der Sonne ruhenden Eidechsen und lege auch einige Pausen ein, in denen ich Wüstenratten beobachte. Normalerweise flüchten sie in ihr unterirdisches Netz von Gängen, wenn der Schatten eines Raubvogels oder die Umrisse eines Zweibeiners auftauchen, dennoch lassen mich die mutigsten Exemplare auf drei bis vier Meter herankommen. Wie ein Eichhörnchen lassen sie sich bisweilen auf ihrem Hinterteil nieder. Im Gegensatz zur Springmaus der Sahara haben sie kurze, kräftige Pfoten. Voller Neugierde starren sie ihren Besucher an, dabei schlagen sie mit ihren Vorderpfoten in die Luft. Es dauerte ein Weilchen, bis mir klar wurde, dass das Pfeifen, das ich regelmäßig vernommen habe, von den Wüstenratten kam und nicht von einem unsichtbaren Vogel, und dass ihr wohlklingendes Pfeifkonzert im Frühjahr sicherlich ein Lockruf ist.

Im Café zum Weißen Hügel

Jeden Tag suche ich gegen Mittag ein Plätzchen für meine Siesta. Da es alle 15 bis 20 Kilometer Dörfer gibt, kann ich meinen Marschtag in zwei fast gleich lange Etappen einteilen. Am Dorfeingang von Utschadji weist ein Schild auf ein Café in 100 Meter Entfernung hin. Doch dann ist auf den vereinzelt stehenden Häusern kein weiterer Hinweis zu finden. Ich betrete also ein Haus, das wohl das besagte Café zu sein scheint: ein Raum mit einem einzigen niedrigen Tisch. Auf dem Boden schläft eine alte Frau. Ich muss mich wohl getäuscht haben und so gehe ich wieder hinaus. Die Söhne des Hauses, Tschahari und Gadam, eilen herbei: »Doch! Doch! Das ist das Café!« Man serviert mir Tee und eine kräftige Suppe mit Brot. Der Vater meiner beiden Führer, Annali Mehmedkulijew, gesellt sich zu uns: ein Asiate mit lokalem Vornamen und russisch-muslimischem Namen, das ist hier geläufig. Annali ist 71 Jahre alt, hat ein freundliches Gesicht und einen prächtigen grau melierten Bart, der, vom Kinn ausgehend, seine riesige Schafsfellmütze auf seinem Kopf noch zu verlängern scheint.

Er hat sein Café »Agh Tepe« genannt – »Weißer Hügel« –, eine recht hübsche Übertreibung, betrachtet man die zaghafte Erhebung unmittelbar vor dem Dorf. Sie steht gerade einmal runde zehn Meter über der Landschaft. Erschöpft von meinem anstrengenden Marsch in der prallen Sonne lasse ich mich mit Zustimmung des Besitzers einfach fallen und genehmige mir vier Stunden Schlaf, ungeachtet des ungewohnten Motorenlärms der Automobilrallye Paris–Peking, über die bei meinem Erwachen Kommentare abgegeben werden. Ich finde es lustig, dass ich geschlafen habe, während die dröhnenden Autos vorbeirasten. Eigentlich bestand keinerlei Grund für ein Zusammentreffen derjenigen, die darauf abzielen, ihre Reise so schnell wie möglich hinter sich zu bringen, und desjenigen, der sich Zeit nehmen möchte, um die Gegenden, durch die er kommt, und ihre Bewohner kennen und schätzen zu lernen. Schlaf und Fußmarsch sind die Säulen meines Lobgesangs auf die Langsamkeit!

Annali lehnt es ab, dass der einzige Kunde, den er womöglich an diesem Tag in seinem Café zum Weißen Hügel zu Gesicht bekommt, bezahlt, und das, obwohl dieser darauf besteht. Als ich wieder losziehe, grüße ich meine großmütigen Wohltäter, die mich, neben ihren Dromedaren, mit ihren Blicken begleiten.

Wenn die Sonne zu sehr vom Himmel sticht, lege ich eine Pause ein; also setze ich mich in der Nähe von Repetek an einen Tisch im Café Kik. Es ist der 20. Mai, gegen elf Uhr. Nachdem ich gegessen habe, lege ich mich zum Ausruhen auf ein Podest im Hinterraum des Cafés. Entsetzen! Sämtliche Fliegen des Erdballs geben sich an diesem Ort ein Stelldichein. Es wimmelt nur so von ihnen an den Fenstern und an der Decke. Ein ganzes Geschwader hat mich ausfindig gemacht und stürzt sich auf mich. Die Plagegeister laufen mir über die Arme, krabbeln mir über die Stirn und kitzeln mir völlig ungeniert die Augenlider, indem sie vom einen zum anderen überwechseln, ohne sich dabei von meiner Nase hindern zu lassen. Unmöglich zu schlafen! Und es ist so heiß! Nicht genug damit, dass die Viecher mich belästigen, wenn ich marschiere, dass sie über meine Nahrung herfallen, wenn ich Hunger habe, jetzt wollen sie mich sogar daran hindern, mich auszuruhen. So stehe ich, ohne geschlafen zu haben, wieder auf. Ich verabscheue die Fliegen, ich hasse sie, und ich werde es Rozmehmet, dem Cafébesitzer, sagen. Um mich zu trösten, spendiert er mir eine Suppe, ehe ich mich am späten Nachmittag wieder auf den Weg mache.

Zwei Tage später erreiche ich am Morgen Turkmenabad. Eine recht langweilige Stadt, wäre da nicht der bunte Markt. Die meisten Artikel sind ziemlich gewöhnlich, doch ich betrachte die Schafsfellmützen, die Teppiche und die turkmenischen Kleider. Verkäuferinnen, die wohlhabender sind als in anderen Orten, schützen sich vor der Hitze, indem sie sich unter weiße Zeltplanen flüchten. Die wenigen Kundinnen benutzen Sonnenschirme.

Nach einem Ruhetag überschreite ich im Norden der Stadt den eindrucksvollen Amu Darja, der in meinen Geschichts- und Geografie-stunden auch Oxus hieß. Bei Anbruch des Tages wirft das flache Licht scharfe Schatten auf die Fahrräder und ihre Fahrer auf der Brücke. Es ist noch nicht zu heiß und der ideale Zeitpunkt zum Marschieren. Die usbekische Grenze ist nicht mehr als etwa 30 Kilometer entfernt. Kurze Zeit später stoße ich auf ein paar Bauern, Män-

Markt unter der prallen Mittagssonne von Turkmenabad

ner und Frauen. Eine alte Frau versucht, mich mit einem 20-jährigen Mädchen zu verheiraten, ihr Vorname ist Gulan, glaube ich. Ihr Gesicht ist liebreizend und sie ist anscheinend einverstanden.

»Für 1000 Dollar kannst du sie haben!«

»Ich bin schon 36. Ich bin ein bisschen zu alt für sie. Und Sie, sind Sie verheiratet?«

»Aber ich bin doch 73 Jahre alt«, gibt sie mir lachend zur Antwort.

Ein anderes Mädchen, eher pummelig und kräftig gebaut, blickt mich verheißungsvoll an. Heute ist offensichtlich mein Glückstag! Ihr erwartungsvolles Lächeln entblößt ihre zahlreichen Goldzähne, wie es die Völker Zentralasiens so lieben. 25 Jahre ist sie alt und hat noch immer keinen Ehemann, reichlich spät für eine Heirat. Bevor ich ein weiteres Angebot ablehnen muss und mich als unhöflichen Flegel erweise, ergreife ich lieber die Flucht. Gerade noch mal davongekommen! Ich bin noch immer Junggeselle, und vor mir liegen genug Kilometer und Länder, um über die Nationalität der idealen Frau nachzudenken.

Usbekistan

Verzaubert in Buchara und Samarkand
25. Mai – 27. Juni 2000

Eine weitere Grenze liegt hinter mir. Noch rund 100 Kilometer trennen mich von Buchara, die ich in drei Tagen zurücklegen wollte. Da ich wegen der in diesem Jahr sehr frühen sommerlichen Hitze ziemlich mitgenommen bin, möchte ich möglichst rasch diese bedeutende Stadt erreichen. Ich denke an die Ruhepausen, die ich mir dort gönnen werde, und an die bevorstehenden Besichtigungen. Doch statt der drei Tage brauche ich bis zu meinem Ziel schließlich viereinhalb Tage.

Was man verspricht, das hält man, Alik!

In der kühlen Morgenluft gelange ich auf die Straße Djandan-Buchara und bin froh, mich mit großen Schritten meinem Ziel zu nähern. Die Rechnung hatte ich allerdings ohne Alik Sajedow gemacht, der mit seinem Sohn Bakhtiar geduldig an der Kreuzung auf die Ankunft des Lastwagens wartet, der das Kalb aufladen soll, das er gerade auf dem Basar von Djandan gekauft hat. Er ist schnauzbärtig und weißhaarig, trägt einen randlosen schwarzen Hut und einen blauen Tschapan, den für Usbekistan und Tadschikistan typischen Kleidermantel aus Molton, der mit einem Gürtel zusammengehalten wird. Da er der Versuchung einfach nicht widerstehen kann, den fremden Fußgänger anzusprechen, ruft er mir zu:

»He, du! Woher kommst du?«

»Aus Frankreich.«

»Zu Fuß?«

»Ja, alles zu Fuß!«

»Na, so was! Setz dich doch und lass uns reden!«

»Aber ich muss vorankommen, damit es nicht zu heiß wird auf meinem Weg nach Buchara!«

»Setz dich!«, drängt er und klopft auf den Stein, den er mir als Sitzplatz anbietet. Ich füge mich also, um den französisch-usbekischen Beziehungen keinen Abbruch zu tun. Eigentlich bin ich ganz froh, meine Beine ein wenig ausruhen zu können. Als Alik bemerkt, dass ich die vier Ziffern – 1940 – betrachte, die auf seinen linken Handrücken tätowiert sind, erklärt er mir auf Russisch:

»Sie haben mich beim Militärdienst falsch tätowiert. Ich bin 1939 geboren. Ich bin als Jüngster in einer Familie mit zehn Kindern aufgewachsen und war schon mit sechs Jahren Waise. Mein älterer Bruder hat mich aufgenommen ...«

In dem Augenblick wird mir klar, dass ich Alik gerade recht komme, um ihm sein Warten zu verkürzen und seine Neugierde zu stillen. Aber nicht nur das, er will mich unbedingt zu sich einladen, vier Kilometer weiter, auf der Straße nach Buchara:

»So können wir Freundschaft schließen, und du kannst meine Frau kennen lernen, die ich nach meinem Militärdienst geheiratet habe. Fahr mit mir im Bus!«

»Nein, sag mir lieber, wo dein Haus ist, und ich komme in einer knappen Stunde dorthin.«

»Ich warte an meiner Straßenecke auf dich, an der Hauptstraße. Das ist die Kolchose Tchor Bakr.«

Ich marschiere, ich marschiere, aber keine Kolchose. Die Sonne brennt immer heißer. Ich bin erschöpft. In Wirklichkeit ist die Kolchose nicht vier, sondern zehn Kilometer entfernt. Ganz typisch, diese ungenauen Entfernungsangaben. Da Alik es leid war, noch länger in der Sonne zu warten, ist er nach Hause gegangen, hat aber seine 15-jährige Tochter Firuza beauftragt, auf einen vorüberkommenden Rucksack zu achten, der von einem Touristen getragen wird. Als eifrige Wächterin lässt mir Firuza keine Chance zu entkommen, und das ist auch gut so, denn diese erzwungene, aber wohlverdiente Pause, sechs Kilometer vor Buchara, ist höchst willkommen.

Als ich auf dem Boden auf einer dünnen Matratze sitze, den linken Ellenbogen auf die neben mir aufgestapelten Kissen aufgestützt, fühle ich mich wie ein Pascha. Diese Körperhaltung hatte ich schon im Iran und in Turkmenistan schätzen gelernt, wo der einfache Besucher ebenfalls wie ein Fürst empfangen wird. Das Tischtuch, in das das Brot eingewickelt war, ist auf dem Boden ausgebreitet. Alik schickt seinen Sohn in den nächsten Lebensmittelladen, um etwas zu besorgen, das ich für eine Flasche Wasser ohne Etikett halte, aber dieses Wasser, mit dem angestoßen wird, setzt meine ausgetrocknete Kehle in Flammen. Der sowjetisierte Islam hat etwas Wein in sein Wasser und viel Wodka in seinen Tee getan. Um die Höllenglut zu lindern, bringt uns Firuza Gurken, die sie in feine Scheibchen geschnitten hat, womit sie ihre Fähigkeiten als künftige gute Hausfrau unter Beweis stellt. Aliks Lobgesänge auf die Talente seiner Tochter nehmen kein Ende. Seine Frau, sanft und zurückhaltend, mit milchigem Teint, die Haare unter einem grauen Kopftuch verborgen, stammt von einem muslimischen Volk Russlands ab. Eine Suppe mit etwas Fleisch und Kohlsalat, gefolgt von einer vierstündigen Siesta, machen mein Glück vollkommen. Da die Hitze der Mittagssonne nicht gerade zur Arbeit auf den Feldern einlädt, schließt sich die Familie meinem erholsamen Mittagsschlaf an.

Nach dem Aufwachen dehnt Alik seine Gastfreundschaft auf die Nacht aus: «So kannst du morgen früh bei Tagesanbruch gleich nebenan Tchor Bakr besichtigen.» Ich beschließe also zu bleiben und nehme eine Dusche – in der Küche. Ich sitze auf einem Holzstuhl, die Füße in einer Metallwanne, und seife mich ein, während

Der 80-jährige Ismail ist Wächter der Moschee in Tchor Bakr vor den Toren Bucharas

Alik mir mit Hilfe eines Kochtopfs warmes Wasser über den Kopf gießt, bis ich ganz sauber bin. Bleibt nur noch, meinen mehrtägigen Bart abzurasieren. Vor dem frisch ausgesäten Garten macht sich Alik unter den beifälligen Blicken seiner Familie mit dem Rasiermesser darüber her.

Um sechs Uhr morgens sind wir in Tchor Bakr: eine Moschee aus dem 15. Jahrhundert, die gerade renoviert wird, und eine ehemalige Medrese – eine Koranhochschule –, die von einem Friedhof umgeben ist, auf dem sich das Grab irgendeines heiligen Mannes befindet. Alik zeigt mir, wie man Rückenschmerzen heilen kann, indem man sich den Rücken daran reibt, wobei mir um diese Stunde noch nicht danach zumute ist. Aliks Eltern sind hier begraben. Er spricht ein Gebet für sie in meiner Anwesenheit, dann lässt er die Türen der Moschee vom Wächter öffnen. Ismail Jusunow hat diese Gebäude sein halbes Leben lang bewacht. Die klaren Gesichtszüge des über 80-Jährigen mit dem exakt geschnittenen Bart bleiben meine schönste Erinnerung an diesen Ort. Beim Abschied muss ich Alik versprechen, dass ich in meinem geplanten Buch über ihn und seine Familie und über Tchor Bakr be-richten werde.

Endlich Buchara!

Von Tchor Bakr aus nehme ich die alte Straße, die nach Buchara führt. Buchara ist mit Venedig, Istanbul, Isfahan und Samarkand einer der Namen, die mich träumen ließen, noch ehe ich meine Reise antrat. *Buchara-e Sharif*, hier bin ich endlich! Buchara, die Adelige, die Heilige – nur wenige Städte der alten islamischen Welt konnten Anspruch auf diesen Titel erheben. Behauptet man hier nicht voller Stolz, dass der Ruhm Mekkas nur dem von Buchara gleichkam? Die Stadt wurde 503 vor unserer Zeitrechnung gegründet. Vom 10. bis zum 13. Jahrhundert war sie auf dem Weg von Rom nach China An-

Im wohltuenden Schatten auf der Estrade eines Teehauses

ziehungspunkt für die Gewürzhändler, die Seiden-, Baumwoll- und Tuchhändler aller Arten sowie für die besten Gold- und Silberschmiede. Im 14. Jahrhundert machte ihr Tamerlan den Rang streitig, als er das nur 300 Kilometer entfernte Samarkand zu seiner Hauptstadt erklärte, aber Buchara erlangte schnell wieder seine Ausstrahlung, als zu Beginn des 16. Jahrhunderts dort zahlreiche Moscheen und Koranschulen gebaut wurden. Schon 1620 nahm die Altstadt um den Labi-Haus-Platz ihr heutiges Aussehen an, und Bucharas Bevölkerung und ihre Ausdehnung änderten sich bis zu Beginn des 20. Jahrhunderts kaum. Die hässlichen Bauten in den Vierteln ringsherum stammen aus Sowjetzeiten. Nachdem ich den Basar und die Zitadelle von Ark, die seit ihrer Erbauung im 4. Jahrhundert eine Flut von Eindringlingen erleben musste, hinter mir gelassen habe, gelange ich schließlich ins Herz der Altstadt. Hier bin ich endlich, Buchara!

Eine schöne dörfliche Stimmung liegt über dem weiten Labi-Haus-Platz, dessen germanisch klingender Name nur unzureichend den orientalischen Charme wiedergibt. Eine Atmosphäre vergangener Zeiten herrscht um das riesige Wasserbecken im Schatten jahrhundertealter Bäume. Karten- und Dominospieler im *tschapan* sitzen auf erhöhten Plätzen beieinander. Sie tragen endlos lange Partien aus, und dies unter dem wohlwollenden Blick der Statue des ehrwürdigen sufistischen Philosophen Nasreddin Hodja, der in der Türkisch sprechenden Welt für seine humorvollen Lehren sehr geschätzt wird. Auf diesem Platz sind Fußgänger und Radfahrer König, denn anderen Verkehr gibt es kaum. Störche hatten früher die Dächer und Strommasten bevölkert, aber ein städtischer Beschluss, rund 100 verschmutzte, gesundheitsschädliche Wasserbecken zuzuschütten, hat sie aus der Stadt vertrieben. Ich will eine Woche hier bleiben, um die extreme Hitze, die sich auf meinem Marsch durch Turkmenistan in mir aufgestaut hat, hinter mir zu lassen, um mich auszuruhen, die Stadt zu besichtigen und das hiesige Leben und Treiben zu beobachten.

Die kunsthandwerklichen Erzeugnisse, vor allem die Stoffe und Teppiche aus der Region, lassen die Märkte, Basare und Stände in vielerlei Farben leuchten. Händler und Käufer sind in traditionelle Gewänder gehüllt. Alte Usbeken kaufen Mädchen in bunt schillernden Kleidern lange Kordeln, die auf dem Boden ausgerollt sind, damit man ihre Maße besser abschätzen kann. Wunderschön anzusehen! Nachdem ich den ganzen Tag durch diese herrliche Stadt geschlendert bin, habe ich wieder genug Kräfte gesammelt, um den alten Wasserturm zu erklimmen und von dort oben den Sonnenuntergang zu bewundern. Die allmählich verblassende Sonne breitet ihre letzten Strahlen über die Zitadelle von Ark. In den Jahrhunderten nach ihrer Erbauung, insbesondere im 16. Jahrhundert, entstand hinter ihr ein märchenhaftes Dekor. Moscheen und Medresen heben sich über dem Dächermeer ab, wovon manche in Basare umgewandelt wurden, und das Minarett von Kalon. Fast 50 Meter hoch ist es, so wie der Turm von Qabus im Iran, einer der ersten Wolkenkratzer der Geschichte. Beeindruckt von seinen Ausmaßen, beschloss Dschingis Khan, ihn bei der Plünderung der Stadt im 13. Jahrhundert zu verschonen.

Unter den 400 historischen Bauwerken dieser faszinierenden Stadt haben zwei weniger spektakuläre meine Aufmerksamkeit erregt. Das erste, Tchar Minar, ist ein Kleinod, das, wie sein Name besagt, mit vier Minaretten geschmückt ist: Es sollte als Tor zu einem größeren, jedoch nie gebauten Bauwerk dienen. Das zweite, Mohamed Nabi, auch Isteza genannt, ist die kleinste Medrese Zentralasiens, wenn ich Toircho Klitchew glauben darf, dem Chefarchitekten der Stadt. An diesem Ort wollte sich im 18. Jahrhundert ein reicher Kaufmann ein Haus bauen lassen. Beim Anblick seiner Pläne und von Anbeginn der Bauarbeiten machten sich seine Söhne das Erbe streitig. Um den Zwistigkeiten in seiner Familie ein Ende zu setzen und seine Kinder dazu zu bringen, über die wahren Werte des Lebens nachzudenken, beschloss der Eigentümer, das Haus in eine Koranschule umzuwandeln. Der viereckige, zweigeschossige Schulbau mit seinem achteckigen Innenhof verfügte im Erdgeschoss über einen Gebetssaal und im oberen Stock über Schlafräume für die Studenten. Heutzutage kümmert sich Zoircho mit zwei französischen Kollegen um die Renovierung dieses filigranen, so harmonischen Baus, wo ein französisches Kulturzentrum eingerichtet werden soll.

In der großen steinernen Stadt

Um meine unentbehrlichen Visa zu bekommen, muss ich mich in die Hauptstadt begeben. Ich beschließe, die Hin- und Rückfahrt mit dem Bus zu machen, eine Unterbrechung meiner Reise zu Fuß, aber eine Belgierin und französische Freunde, die ich in Buchara getroffen habe, boten mir an, sie in ihrem Hotel in Samarkand aufzusuchen, von wo aus sie mich dann mit dem Auto nach Taschkent bringen wollten. Im Bus ziehe ich den Vorhang zu, um ja nichts von meiner künftigen Wegstrecke vorwegzunehmen, vor allem nicht Samarkand. Ich habe bereits eine mehrere tausend Kilometer lange, durchgehende Linie von Marseille aus gezogen – um genau zu sein, werde ich vor Samarkand die 8000 Kilometer überschreiten – und bin dabei von Staunen in Begeisterung geraten. Ich werde mir daher nicht meine ganze Mühe und die Freude an Träumen und fremden Welten dadurch verderben lassen, dass ich die Landschaft untätig durchs Fenster blickend bei 100 Stundenkilometern an mir vorbeiziehen lasse. Oh nein, das nicht!

Im Vertrauen auf die Auskünfte, die ich in den letzten Wochen bei Afghanen, Tadschiken, Einheimischen und Diplomaten verschiedener Nationalitäten eingeholt habe, plane ich nun, über Tadschikistan, Afghanistan und Pakistan zu meinem Ziel in China zu marschieren. Ein Schwede, der in Pakistan Bergführer war, sagte mir, dass, wenn ich in Afghanistan vom Wakhan-Korridor nach Pakistan einreisen würde, die Gefahr bestünde, von der Armee unter Beschuss genommen zu werden. Die pakistanischen Diplomaten, mit denen ich darüber sprach, gaben sich weniger beunruhigt. Sie werden natürlich nichts Schlechtes über ihr Land sagen. Es gäbe wohl eine sicherere Route über Kirgisistan, aber ich lasse mich lieber auf Unbekanntes ein. Um die reelle Gefahr einzuschätzen und nach der tatsächlichen Sachlage zu entscheiden, sage ich mir, dass man, wenn es zum Beispiel in Frankreich Kämpfe an der Atlantikküste gäbe, trotzdem beruhigt von Lille über Paris, Lyon, Marseille nach Nizza reisen könnte. Ich muss meine Reiseroute also sorgfältig festlegen und dabei äußerst vorsichtig vorgehen, weil sowohl in Tadschikistan wie auch in Afghanistan gefährliche, unzureichend ausgewiesene Zonen existieren und es für mich im Fall eines Irrtums keine zweite Chance gäbe.

In der französischen Botschaft muss ich überdies Post, Filme, Kleidung und vor allem neue Schuhe abholen. Meine alten sind nach 3000 Kilometer Fußmarsch abgelaufen. Der Kontakt zu unserem Botschafter, Jean-Claude Richard, ist ebenso unkompliziert und freundlich wie zu seinen Kollegen in Armenien und im Iran: »Wir haben Ihren Brief aufbewahrt, den Sie uns bei Ihrer Abreise geschickt hatten. Sie schrieben damals, dass Sie vermutlich eineinhalb Jahre später durch Usbekistan kommen würden. Sie sind fast in der Zeit. Bravo!«

In meinem ersten Reisepass ist absolut kein Platz mehr für ein weiteres Visum. Der französische Konsul stellt mir einen neuen aus mit der Nummer 0013, ein Wink des Schicksals, denn mein Departement hat die gleiche Nummer! Die usbekische Sekretärin des Konsuls, die schöne Lola, spricht tadellos Französisch und ihre klaren Gesichtszüge, ihr hübsches Lächeln und ihre honigsüße Stimme verzaubern mich. Lola und ihr Bruder Alicher bieten mir an, bei ihren Eltern Halt zu machen, wenn ich zwischen Buchara und Samarkand marschiere. Sie werden ihnen Bescheid sagen. Auch die Verantwortlichen der *Alliance française* und die Mannschaft der für die Sicherheit der Botschaft zuständigen Nationalpolizei empfangen mich sehr herzlich. Ich freue mich, Landsleute zu treffen, umso mehr, als sich meine Unannehmlichkeiten häufen: Ich bin erschöpft von der Hitze und mich quälen Verdauungsprobleme; außerdem habe ich Mühe, bestimmte Visa zu bekommen. In solchen Momenten tut moralische Unterstützung gut.

Taschkent bedeutet »steinerne Stadt«. 1865 von den Russen erobert, wurde sie die viertgrößte Stadt der Sowjetunion. Nach deren Zerfall im Jahr 1992 nähert sich Usbekistan der Türkei an: Ihre beiden Sprachen sind verwandt. Seit der Unabhängigkeit des Landes haben 50 Prozent der Slawen Taschkent verlassen, geblieben ist nur jeder vierte Einwohner, trotzdem ist die Stadt noch immer die größte in Zentralasien. Aus Furcht vor aufkeimendem Nationalismus und weil nun nicht mehr Russisch die Nationalsprache ist, sondern Usbekisch, wanderten viele Russisch sprechende Einwohner in den Norden ab. Das türkische Alphabet, das sich mit einigen Varianten aus lateinischen Buchstaben zusammensetzt, soll 2005 offiziell das kyrillische Alphabet ersetzen. Usbekistan entfernt sich also von Russland, ohne allerdings alle Brücken abzubrechen. Amerikaner und Russen beobachten diese Veränderungen und das Auftreten der Türkei als «neuer, großer Bruder» in der Region: die Amerikaner mit begehrlichen Blicken wegen der dortigen Reichtümer (Öl- und Gasvorkommen, Gold, Baumwolle), die Russen mit besorgtem Auge, weil ihnen diese durch die Lappen gehen könnten. Usbekistan ist mit seinen 24 Millionen Einwohnern ein sehr junges Land, in dem Familien mit sieben bis zehn Kindern, vor allem in ländlichen Gebieten, häufig vorkommen. Es hat gute Aussichten, die Großmacht Zentralasiens zu werden. Nur das riesige Kasachstan könnte ihm flächenmäßig diesen Rang unter den fünf Ex-Sowjetrepubliken in der Region streitig machen. Tadschikistan, Turkmenistan und Kirgisistan mit je sechs Millionen Einwohnern können nicht mithalten.

Auf jeden Fall vermittelt Taschkent den Eindruck einer regionalen Hauptstadt. Ich genieße die angenehme Vielfalt, denn hier ist, bedingt durch die sowjetische Geschichte, ein buntes Völkergemisch anzutreffen. Die usbekischen Frauen, gleich, welchen Alters, sind sehr bunt gekleidet, was wunderschön anzusehen ist. Ihre Kleider haben oftmals Blumenmuster, wenn sie nicht in bunt schillernden Farben gestreift sind, fast wie Zeilen in einem Buch. Hingerissen von den bunten Streifen, in denen besonders das kräftige Gelb im Licht leuchtet, schweift mein Blick ihre Gestalt entlang, um dann auf einem klaren Gesicht hängen zu bleiben. Um die Unnahbarkeit unverheirateter Frauen anzuzeigen, tragen sie gemäß der Tradition und dem Islam unter ihrem Kleid eine weite, ebenfalls sehr bunte Pumphose mit gold- und silberbestickten Saumbändern. Die slawischen Frauen dagegen, ob blond oder braun und sich ihrer Schönheit bewusst, kleiden sich freizügiger und lassen so der männlichen Fantasie freien Lauf.

Ich selbst habe ein Faible für die Tatarinnen mit ihren feinen Gesichtszügen, ihrer herrlichen Figur, ihren lebhaften Gesichtern und bezaubernden Augen. In Turkmenistan und in Usbekistan sind mir nur wenige begegnet, aber die Schönheit dieser Frauen ehemaliger Deportierter aus Kasan und der Krim begeistert mich immer wieder aufs Neue. Großstädte haben auch ihre gute Seite: nach dem langen Marsch nun überall verführerischer Charme. Da ich seit mehreren Monaten gefühlsmäßig wieder ungebunden bin, begleitete mich auf meinem Weg schon mal die Erinnerung an eine Frau, deren Körper sich an meinen schmiegte und deren Augen mehr als nur ein Lächeln von mir forderten. In Taschkent habe ich keine verheißungsvolle Seele dieser Art getroffen, auch nicht das auf meiner Schulter ruhende Gesicht am Morgen, nach dem ich zweifellos Ausschau hielt und von dem ich vielleicht erhoffte, dass es mich jede Nacht bis zu meinem letzten Atemzug begleiten möge.

Arbeiter bei *nas*, Brot und Wasser

Wieder zurück im schönen Buchara und noch immer einsam an diesem Sonntag, dem 11. Juni, mache ich mich wieder auf den Weg nach Samarkand. Und wenn ich auch auf dieser Reise im Grunde auf der Suche nach derjenigen wäre, die meine Glückseligkeit, mein Himmel auf Erden, mein Ein und Alles ist? Das sind meine Gedanken, nachdem die Straßen der Stadt mich so heiter gestimmt hatten, und in diesem Geiste gehe ich meinen Weg weiter auf der Suche nach Stille und Torheiten, nach Seelenfrieden und Leidenschaft, Zufriedenheit und Absolutem, nach Alpha und Omega. Wo ist sie, deren tiefer Blick mich in ein Meer von Träumen mitreißt und deren schön geformter Körper mich weiter als der Horizont, weiter als die Unendlichkeit trägt?

Müde vom Wandern, treffe ich eines Abends drei freundliche Arbeiter, an deren Gang leicht zu erkennen ist, dass sie sich gerade ein paar kräftige Schlucke Wodka genehmigt haben. Aber selbst Alkohol kann dem vertrauten Wohlklang der Gastfreundschaft der Muslime, wahrer Balsam für die Seele, nichts anhaben. Ich folge ihrer Aufforderung: »Wohin gehst du? Hier gibt es kein Hotel. Komm doch mit und bleib über Nacht in den Wohncontainern unserer Firma. Wir haben dort ein paar Betten aufgestellt.«

Der Wortführer der Gruppe holt einen Behälter heraus, nimmt eine ordentliche Prise *nas* und bietet mir eine Dosis dieser zerstampften Blätter an, die von einer zentralasiatischen Pflanze, kleiner als Tabak, stammen. Zur Verstärkung des Geschmacks wird *nas* aromatisiert oder mit leichten Betäubungsmitteln versetzt, jedoch nur von Männern konsumiert. Sie behalten ihn so lange unter der Zunge, bis er seine volle Wirkung entfaltet hat, und spucken dann den bräunlichen Speichelsaft aus. Da diese Stelle im Mund besonders stark durchblutet ist, gelangen die aktiven Substanzen des *nas* umgehend an ihr Ziel und die Wirkung setzt unmittelbar ein. Ist der *nas* stark und ist man ihn nicht gewohnt, wird man leicht müde. Nur 100 Meter nachdem ich die Prise unter die Zunge gelegt habe, bin ich, auch wegen des bereits bestehenden Flüssigkeitsmangels, wie vom Blitz getroffen, bekomme weiche Knie und einen Schwindelanfall. Um nicht hinzufallen, spucke ich die berauschende Substanz aus und setze mich hin. Mein blitzschnelles K.o. bringt meine neuen Freunde zum Lachen, aber ich verstehe ihre Witzeleien nicht, weil ich ihre auf Usbekisch oder Russisch gemümmelten Worte nicht verstehen kann, denn mit dem *nas* im Mund können sie ihre Lippen nicht öffnen. Schließlich kommen wir zu ihrer primitiven Behausung neben der Baustelle, wo sie mit dem Bulldozer arbeiten. Beim Betreten des Containers wird mir die Trostlosigkeit und Armseligkeit des Lebens der Menschen bewusst, die dem von der Sowjetunion gepriesenen System ausgeliefert waren. Nur allzu oft hatte ich die Gelegenheit festzustellen, auf welche Lügen der Kommunismus in der Praxis begründet war. Dennoch hat sein ungeordneter Rückzug kaum Fortschritte gebracht. Noch immer gibt es keinen Strom in dem Container, aber ich muss gestehen, dass ich froh darüber bin, denn das gibt mir die Gewissheit, früh schlafen zu können.

Am nächsten Morgen frühstücken wir gemeinsam und essen Brot, das zum Aufweichen in eine Schale Wasser getaucht wird. Nicht einmal Tee gibt es. Unsere Wege trennen sich gegen sechs Uhr: Die Männer gehen zur Arbeit und ich auf die Straße …

Bald erhebt sich zu meiner Linken das eindrucksvolle Tor einer ehemaligen Karawanserei. Mehr ist davon nicht geblieben, die Mauern sind eingestürzt. Von einem jungen Wanderer, der barfüßig auf dem Asphalt läuft, erfahre ich, dass die ehemalige Kamelraststätte aus der Zeit Tamerlans stammt. Er will dann von mir wissen, wie spät es ist, und stellt mir die seltsame Frage, die ich bereits in anderen Ländern von Leuten gehört habe, die das Reisen nicht gewohnt sind: »Zeigt deine Uhr die französische oder die usbekische Zeit an?« Der Besitz einer Uhr ist in diesen ländlichen Gegenden noch immer ein Luxus. Es ist bald Mittag, und die Bauern, die mit ihrer Familie bei der Kornernte sind, rufen mir zu, ich solle mich zu ihnen in den Schatten eines großen Baumes setzen. Sie schicken ein Kind los, das an einem nahen Aprikosenbaum Früchte pflücken soll. Es kommt mit einer Schale voller saftiger, sonnengereifter Aprikosen wieder. Wir trinken Tee. Die Kühle des Ortes ist wohltuend.

»Aux Champs-Elysées«

Jaloyir, das Dorf der Eltern von Lola und Alicher, die ich in der Botschaft kennen gelernt hatte, ist recht weitläufig mit einzeln stehenden, weißen Häusern inmitten von Obstgärten mit Aprikosenbäumen, einem der Reichtümer der Gegend. Im Haus meiner Gastgeber werde ich von ihren beiden Brüdern empfangen, Chadman, 20 Jahre, und Bakhredin, 18 Jahre, und ihrem Vater, Ravchan Tatchpulatow. Er hat ein fröhliches Gesicht und trägt einen *toghi*, den für Usbekistan und das benachbarte Tadschikistan typischen Hut. Der ist schwarz, viereckig und randlos, mit einem Saum von Halbkreisen zum Rand hin und darüber weiß gestickte Motive, in denen ein Westeuropäer Blütenblätter, Tränen oder mondförmige Mandeln erkennen könnte. Die Hüte werden von Frauen angefertigt, lassen sich leicht viermal zusammenfalten, so dass sie in jede Tasche passen und bei Hitze hervorgeholt werden können, obwohl die Männer sie nur selten vom Kopf nehmen. Ravchan, der kleiner ist als ich, nimmt meinen Kopf in beide Hände, zieht ihn leicht zu sich herunter und küsst mich zweimal auf die Stirn. Ich bin tief bewegt von diesem so spontanen, herzlichen Empfang, der mir den Eindruck vermittelt, zur Familie zu gehören. Ich nehme eine Dusche und lasse mir dann ein *plow* schmecken, das Nationalgericht, das aus Reis mit Lammfleisch, Karotten und fein geschnittenen Zwiebeln besteht. Das Essen ist reichlich, und immer wieder wird ein weiteres Gericht serviert, wenn ich das letzte bereits für den krönenden Abschluss dieses exzellenten Mahls hielt. Wir speisen zu Liedern von Joe Dassin, die speziell zu Ehren des Franzosen ausgewählt wurden: *L'été indien, Et si tu n'existais pas, Il était une fois nous deux* und *Aux Champs-Elysées.*

Bei dieser Musik aus meinem Land erzählt mir Ravchan sein Leben als Usbeke und Sowjet: »Mit zwei Jahren habe ich meinen Vater im Zweiten Weltkrieg verloren, aber ich konnte trotzdem eine Ausbildung als Biochemiker abschließen. Danach habe ich auf einer Sowchose gearbeitet. Nach meiner Hochzeit mit Zulpiya haben wir acht Kinder bekommen.« Die sie vorbildlich erzogen haben, wenn ich nach denjenigen urteilen will, die ich kennen gelernt habe. Die beiden älteren Söhne sind Ärzte, die beiden Mädchen Dolmetscherinnen für Französisch, Usbekisch und Russisch. Ravchan und Zulpiya können, trotz ihrer bescheidenen Verhältnisse, damit hochzufrieden sein.

Bei einem Tee unterhalten wir uns über alles Mögliche mit den uns zur Verfügung stehenden Worten. Wenn hier das Gespräch einmal verstummt, hat man nicht unbedingt das Bedürfnis, es wieder in Gang zu bringen, wohingegen im Westen ein Schweigen für die Gastgeber unerträglich wäre. Hier setzt sich das Gespräch mit Blicken fort. Im Orient kann die Sprache in Gefühlen zum Ausdruck kommen, die Zungenfertigkeit in Schweigen. Ich stelle fest, dass hier die Form mindestens ebenso wichtig ist wie das Gesagte, als läge im wohlgesprochenen Wort mehr Würze als in seinem puren Inhalt. Die Liebe und die Zeit werden nicht auf dem Altar der knappen Worte geopfert. Ich bin weit weg von meiner beruflichen Welt, in der es immer nur um Effizienz und Zeitersparnis geht.

Am Morgen werden die frisch geernteten Aprikosen im Garten auf zwei Estraden vor dem Haus zum Trocknen ausgelegt. Die Sonnenstrahlen dringen durch die Zwischenräume der riesigen Weinlaube und vergolden nach und nach die noch grünen Weintrauben. Das Glück ist letztendlich etwas Einfaches: das Glücksgefühl, den eigenen Körper zu fühlen, das Herz in sanfter Musik zu wiegen, losgelöst zu sein von Raum und Zeit, einfach nur dazusitzen, sich gefangen nehmen zu lassen von der Poesie des Lebens, ertappt zu werden, dass man lächelt, ohne genau zu wissen, warum. Die Hitze der letzten Tage ist der ideale Vorwand, noch ein bisschen länger in dieser familiären, warmen, ländlichen Atmosphäre zu verweilen, die ich nur ungern verlassen möchte, aber die begrenzte Gültigkeit meiner Visa zwingt mich dazu.

Am Abend breche ich erst gegen 19 Uhr auf, im Schein des Vollmonds, der mich noch zwei weitere Nächte verzaubern wird. Außer mir sind noch andere Leute in der Kühle der Nacht unterwegs. Ich bin überrascht, welch reger Verkehr noch kurz vor Mitternacht auf den Straßen herrscht. Bauern schwatzen miteinander, während sie auf den Lastwagen warten, der ihre Säcke mit Korn einsammelt. Fischer machen sich am Ufer eines Kanals zu schaffen. Traktoren, die mit aufgeblendetem Licht fahren, durchdringen mit ihrem Motorenlärm die Stille der Dunkelheit.

In der zweiten Nacht erreiche ich weit nach Mitternacht die Ortschaft Mir Bazar, wo ich schließlich ein schäbiges Hotel finde: kein

Wasser, zwei Stückchen Zeitung als Toilettenpapier, Gerüche, die bis in die Zimmer dringen, und eine Tür, die nicht schließt. Aber ich beklage mich nicht allzu sehr; immerhin habe ich ein Dach über dem Kopf und ein Bett.

Kaum bin ich am nächsten Tag aufgebrochen, fragt mich ein stämmiger, etwas rundlicher Polizist aus seinem Auto heraus: »Was machst du da?« Ich lächle ihn an, worauf er sich mir vorstellt und mich auffordert, ihm in die Polizeistation zu folgen.

In seinem Büro hält er mir ein paar Geldscheine hin: »Hier, nimm! Kauf dir was zu essen. Du bist ein *gost* in unserem Land« – ein Gast.

»Nein! Nein! Danke, ich habe genug Geld.«

»Aber das ist mein Geld, es ist sauber!«, versichert er mir beleidigt.

Ich möchte ihm gern glauben, denke mir aber, dass in einer sowjetischen Ex-Republik, in der sich jeder über die Willkür korrupter Polizisten beklagt, ich sicherlich der einzige Fremde bin, dem die Obrigkeit die Weiterreise finanziert: »Du bist mein *gost*! Du bist *gost* unseres Landes. So ist das in Usbekistan!«

Um ihn nicht vor den Kopf zu stoßen, nehme ich einen Teil des angebotenen Geldes an mit der festen Absicht, es an einen Bedürftigeren als mich weiterzugeben. Auch andere Autofahrer halten auf der Straße nach Samarkand an und wollen mir mit Früchten, Wasser oder einer Spende helfen, die ich nur mit viel Mühe zurückweisen kann. Ich bin überzeugt, dass die Geldgeber sie viel besser für sich selbst oder ihre Familien gebrauchen können.

Samarkand

Mir scheint, als liege Samarkand, das für mich bisher immer als Inbegriff der Schönheit stand, am Ende der Welt. Nach neun Tagen ununterbrochenen Marschierens ist sie für mich nur noch Hoffnung auf Ruhe. Ich mag noch so sehr glauben, dass man sich jede Form von Schönheit verdienen muss und dass man sie noch viel mehr genießen kann, wenn man von Marseille aus zu Fuß nach Samarkand geht – ich jedenfalls wünsche mir in diesem Glutofen nur noch eines: anzukommen! Ich bin erschöpft, völlig fertig von der Junihitze. Gegen Mittag, etwa 15 Kilometer vor meinem Ziel, bieten mir Salomat und seine Familie einen Tee an. Ich nehme freudig an, aber kaum habe ich ihr Haus betreten und noch ehe der Tee serviert ist, fallen mir meine tonnenschweren Augenlider zu. Erst eineinhalb Stunden später wache ich wieder auf. Meine Gastgeber haben verständnisvoll und geduldig abgewartet, um das Empfangszeremoniell für den Fremden vorzunehmen. Gegen Abend dann lasse ich mich kurz vor Samarkand auf einer Bank nieder, später auf einem Stuhl vor einem Lebensmittelgeschäft, in dem ich eine Flasche Wasser gekauft habe. Ich trinke sie sogleich leer und beantworte zwischen den Schlucken die neugierigen Fragen der Kinder, die aus dem Viertel herbeieilen. Die Kühle des Abends legt sich über die Stadt. Am Ende des Tages bin ich besser in Form als am Nachmittag.

Im Stadtzentrum finde ich eine Unterkunft. Nachdem ich mit einem guten Essen und einer ausgiebigen Dusche meine Lebensgeister wieder geweckt habe, begebe ich mich sogleich auf eine nächtliche Entdeckungsreise zum Registan-Platz. Ein Tor versperrt den Eingang zu dem riesigen Platz, der auf einer Seite offen und an den anderen drei Seiten von beeindruckend hohen Moscheen und Koranschulen aus dem 15. und 16. Jahrhundert eingefasst ist. Die Stadt verdankt ihren Ruhm größtenteils dem Eroberer Tamerlan, dessen Enkel Ulug Beg, Mathematiker und Astronom, das Werk ihres Erbauers auf friedlichere Art und Weise vollendet hat.

Ein Wächter eilt herbei: »Der Ort ist bis morgen früh für Besucher geschlossen!«

»Entschuldigen Sie bitte. Ich komme zu Fuß aus Frankreich. Fast zwei Jahre habe ich dafür gebraucht und bin gerade in Samarkand angekommen. Und nun wollte ich den Registan bei Nacht sehen.«

Meine Antwort ist offensichtlich das Sesam-öffne-dich zum Registan, denn der Wächter wird zum Führer, hocherfreut, dass er für die Zeit dieses überraschenden Besuchs in diese Rolle schlüpfen kann. Und so erzählt er mir lang und breit die Geschichte dieses Ortes, auch von den 15 Kilogramm Gold, die für den Deckenschmuck in der Ulug-Beg-Medrese verwendet wurden. Aber leider strengt mich diese Besichtigung zu sehr an, die Müdigkeit der letzten neun Marschtage holt mich ein, und ich muss mich erbrechen. Gott sei Dank ist mein Zimmer nicht weit, wo ich mich auf mein Bett fallen lasse, geschwächt, aber dennoch froh, angekommen zu sein und mir ein Stückchen Registan für später aufgehoben zu haben.

Für das tadschikische Visum, das ich noch immer nicht bekommen habe, muss ich noch einmal nach Taschkent zurück. Zwei Abstecher nach Taschkent, fünf Versuche im tadschikischen Konsulat und Gesamtkosten, die mein Budget enorm belasten, das ist ganz schön teuer bezahlt, aber ich habe nun ein Visum für 13 Tage. Ich hatte schon vorher gewusst, dass mir Unannehmlichkeiten auf einer solchen Reise nicht erspart bleiben würden!

Vier Tage später bin ich wieder in Samarkand, wo ich eine weitere Herrlichkeit besichtige, die Bibi-Khanum-Medrese. Ein riesiger steinerner Ruhealtar diente dort als Pult für eine der größten Koranschriften der Welt. Wenn man dreimal auf Knien darunter hindurchrutscht, so heißt es, geht der im selben Augenblick ausgesprochene Wunsch in Erfüllung. Mit Tadschikistan und Afghanistan vor mir ist mein einziger Wunsch, Gott möge mich bei der Durchquerung dieser beiden gefährlichen Länder überleben lassen. Dort werde ich seine Hilfe ganz bestimmt brauchen. Danach müsste ich ohne allzu große Probleme allein zurechtkommen ...

Bei all diesen Besichtigungen empfinde ich Samarkand zwar als wunderbare Stadt, aber mit viel Verkehr und verstopften Straßen. Ihr Zentrum weist keine so geschlossene Architektur auf wie etwa Paris oder Venedig. Sie bietet eher ein Ensemble schöner Bauwerke, die durch moderne, seelenlose Bauten voneinander getrennt sind. Auch übt sie nicht den Zauber von Isfahan mit seinen wunderschönen Brücken aus. Die eine Woche in Buchara hat mir viel Freude gemacht, die ich nicht verspürt hätte, wenn ich eine Woche in Samarkand hätte bleiben müssen, wo sich das herrliche Zeitalter, das Zentralasiens Geschichte ausmacht, allzu sehr vermischt hat mit dem Träume und Kunstwerke vernichtenden 20. Jahrhundert.

Am späten Nachmittag des 25. Juni verlasse ich Samarkand. Als ich mich am 27. Juni an der Grenzstelle melde, ist mein Visum bereits seit drei Tagen abgelaufen, aber das bemerkt offenbar keiner, oder es ist ihm egal. Ich bin nur noch ein paar Meter von Tadschikistan entfernt. Die Schranke auf usbekischer Seite öffnet sich, um mich durchzulassen. Obwohl die Straße, über die ich das Land betrete, nicht gerade verkehrsreich ist, scheinen die tadschikischen Grenzsoldaten, die mich kontrollieren, mit der Technik des Abzockens von Touristen nur allzu vertraut zu sein.

»Das Abstempeln kostet fünf Dollar.«

»Tut mir Leid. Das geht nicht. Ich habe nur noch drei Dollar pro Tag.«

Weil ich Fußgänger bin und ein bisschen ihre Sprache gelernt habe, verlangen sie für meinen Pass dann doch keine Zollgebühr.

Ich bin in Tadschikistan. Es ist elf Uhr morgens, und das Wetter ist sehr schön.

Tadschikistan

In den Bergen des Yeti
28. Juni – 22. Juli 2000

1997 herrschte in Tadschikistan noch Bürgerkrieg. Heutzutage ist es in der Region, durch die ich komme, trotz einiger lokaler Brandherde, relativ ruhig. Immer mal wieder wird diese Ruhe durch das Geknatter eines vorüberfahrenden Fahrzeugs oder das Schreien eines Esels gestört. In der Ebene überwachen hie und da Männer die Arbeit der Tabakpflanzerinnen und ihrer barfüßigen Kinder. Sie stellen eine Ware her, die später in Russland in Rauch aufgehen wird. In den meisten von Muslimen bewirtschafteten Gebieten, durch die ich gekommen bin, arbeiten öfter Frauen auf den Feldern als Männer.

Unterhalb der Straße, im Schatten der Bäume, sind Bauern beim Teetrinken und ruhen sich von ihrem anstrengenden Vormittag aus. Der Gruppenälteste, Charaf, 25 Jahre alt, spricht mich an und fordert mich auf, mich zu ihnen zu setzen. »Es ist das erste Mal, dass ich jemanden kennen lerne, der weder Ex-Russe noch Afghane ist«, gesteht er mir und bietet mir dann an, ihr frugales Mahl mit ihnen zu teilen: in Tee getunktes, hausgemachtes Brot. Das erscheint mir nicht ausreichend, um sich nach der schweren Feldarbeit in der Hitze zu stärken. Als ich daraufhin mein gutes Hefemilchbrot aus Samarkand beisteuere, kommt allgemeine Begeisterung auf. Jeder nimmt sich ein Stück, so dass zu meinem Erstaunen innerhalb von zwei Minuten nichts mehr davon übrig ist.

Seltsamerweise setzt sich vor der Stadt Pendzhikent die Bevölkerung dieser landwirtschaftlichen Zone im Wesentlichen aus Usbeken zusammen, während in den Städten Samarkand und Buchara in

Tadschikische Teepflanzerinnen im Grenzgebiet zu Usbekistan

Usbekistan sehr viel Tadschikisch gesprochen wurde. Das persische Samanidenreich, das im 9. und 10. Jahrhundert vor allem den Nordosten des Irans, den Norden Afghanistans, das heutige Tadschikistan und einen Teil Usbekistans umfasste, hatte damals Buchara zur Hauptstadt und Persisch als Sprache. Die Grenzen haben sich geändert, aber die Sprache ist geblieben. Für viele Tadschiken aus Tadschikistan, im Gegensatz zu den Iranern muslimische Sunniten, ist die Geschichte Bucharas und Samarkands mit ihrer eigenen Geschichte eng verbunden. In den vergangenen Jahrhunderten sind beide Bevölkerungsgruppen miteinander verschmolzen, und es ist interessant zu beobachten, dass, außer den sprachlichen Unterschieden, beide Gruppen nur schwer voneinander zu unterscheiden sind. Sie tragen ähnliche Kleidung: bunte Kleider die Frauen und *tschapan* die Männer. Erst beim genauen Hinhören kann ich ihre Herkunft erkennen. Allerdings gibt es ein anderes, bemerkenswertes Wesensmerkmal bei den Menschen aus der Gegend von Pendzhikent: ihre helle Gesichtsfarbe. Diese könnte auf die arischen Wurzeln des persischen Volkes zurückgehen oder auf eine Ansiedlung von Soldaten aus der Armee Alexanders des Großen; diese waren Griechen aus dem Orient, die im 4. Jahrhundert vor Christus nach Sogdiana kamen. Die Bäuerinnen haben oft klare, fein geschnittene Gesichtszüge, und auf meiner gesamten Reise sind das mit Sicherheit die hübschesten Gesichter, die ich in den ländlichen Gegenden gesehen habe.

Die moderne Stadt Pendzhikent liegt auf etwa 1000 Meter. Auf den Höhen entdecke ich den ehemaligen Sitz des Fürstentums Diwachtitch, das zu Beginn des 8. Jahrhunderts mit der in Samarkand befindlichen Zentralgewalt von Sogdiana rivalisierte. Vom 5. bis 8. Jahrhundert schmückte sich die Stadt mit einem Palast und zwei Tempeln, und der rege Handelsverkehr auf der Seidenstraße machte die dort ansässigen Kaufleute reich. Bei der arabischen Invasion um 770 mussten die Einwohner fliehen und dabei ihr gesamtes Hab und Gut zurücklassen.

Was heutzutage die Ausmaße eines Dorfes hat, war im ersten Jahrtausend noch eine bedeutende Stadt. Die acht Hauptstraßen und zehn Nebenstraßen lassen sich nur noch erahnen. Am äußersten Ende der Altstadt setze ich mich für 20 Minuten hin, um die Neustadt zu betrachten, in der die hohen, dicht belaubten Bäume in den Höfen der Häuser einen angenehmen Kontrast zu den gegenüberliegenden kahlen Hügeln bilden.

Tadschikische Berge und … Rotterdam

Man entscheidet sich für eine Reiseroute, oder man verwirft sie, je nachdem, wem man begegnet. Das Schicksal schickt mir einen Mann, der mir den Rat gibt, über das Gebirge zum Iskender-See zu wandern. Ich habe keine gute Karte, aber der Gedanke reizt mich. Bei weiteren Begegnungen werde ich meine Informationen ergänzen.

Im Dorf Kuliali laufen mir zwei Männer mit den lustigen Vornamen Baba und Babir über den Weg. Babir lädt mich zu seinem 73-jährigen Vater Abdullah ein, einem ehemaligen Hufschmied, dessen Nachfolge er angetreten hat. Abdullah hat ein verschmitztes Gesicht. Vorspringende Backenknochen, kahler Schädel und, zu seinem Leidwesen, ein schmerzhaftes Auge, das er oft schließt. Es fehlt nur noch die Pfeife und er wäre ein zweiter Popeye. Statt des legendären Spinats isst er lieber die köstlichen gelben oder hellrosa Kirschen aus seinem Garten. Wir verschlingen einen ganzen Teller davon, ehe dann eine stärkende Suppe mit Nudeln und Kartoffeln folgt.

Nach der gemeinsamen Siesta, die offensichtlich jeder nötig hatte, berichtet mir Abdullah über seine zahlreichen Reisen in die Ex-Sowjetunion. Und für ihn ist Frankreich auch nicht gleich Paris oder Marseille oder Fußball: »Unsere einzige Kuh hier gibt uns pro Tag drei bis vier Liter Milch, mit der wir den Kefir zubereiten – Joghurt, das in Zentralasien je nach Konsistenz und Region unterschiedliche Namen hat: *most, ayran* ... In deinem Land geben die Kühe zehn bis 15 Liter pro Tag.« Die Normandie sorgt für Frankreichs Ruhm in Tadschikistan! Was für eine Überraschung! Gegen 17 Uhr verabschiede ich mich von meinen Gastgebern. Und wie es die wunderbare Tradition Zentralasiens verlangt, geben sie mir für unterwegs ein Brot mit.

Nachdem ich am nächsten Tag erneut die örtliche Gastfreundschaft erfahren und gemeinsam mit Arbeitern auf einer Estrade im Freien übernachtet habe, mache ich mich um fünf Uhr wieder auf den Weg, und die Sonne legt ihre ersten sanften, goldenen Strahlen auf die Berggipfel. Die Straße weicht einem Pfad in eine Schlucht hinein, durch die der Wind pfeift. Auf der Höhe begegnen mir Djafar, Umredin und Isfandior. Mit seinen elf Jahren ist der zarte Isfandior – zweifellos unterernährt wie viele tadschikische Kinder – ein erfahrener Spucker. Sicherlich deshalb, weil er die ausgefeilte Technik der älteren Jungen, sogar der älteren Mädchen, studiert hat. Mit ihren sieben Eseln klettern meine drei Begleiter behände den Hang hinauf und legen meinen Rucksack auf eines ihrer Lasttiere. So kann ich auf diesem steilen Anstieg ein wenig verschnaufen und die Kraft eines wild schäumenden Wasserlaufs, der sich von den Gipfeln zu Tal stürzt, bewundern. Von Zeit zu Zeit begegnen uns Holzsammler – Bäume wachsen hier bis auf 2700 Meter Höhe. Die Berge versperren den Wolken den Weg, und so regnet es hier häufiger. Die Esel werden mit riesigen Mengen Holz beladen, das zum Brotbacken und Heizen in den kalten Wintermonaten gelagert wird.

Für das Übersommern ihrer 150 Schafe verbringt Umredins Schwester Muzafara mit ihrem Ehemann Yormehmet und ihren drei Kindern vier Monate an den Ufern des Kul-e Kalon – »Großer See«, wenn ich der wörtlichen Übersetzung glauben darf. Sie laden mich zu Joghurt und Brot ein. Ich hole aus meinem Rucksack eine Fischkonserve und Schokolade.

Yormehmet ist beunruhigt: »Wir haben Angst vor Wölfen. Vor einer Woche haben sie zwei Schafe und ein Lamm gerissen.« Schon wieder Wölfe! Dieses Kapitel ist für mich noch lange nicht abgeschlossen!

Nach dem Essen helfe ich der Familie, die 16 Ziegen zusammenzutreiben, damit Muzafara sie melken kann. Da die Stelle nicht eingezäunt ist, ist das Ganze eine interessante Prozedur: Mit seinen muskulösen Armen packt Yormehmet zwei sich heftig wehrende Ziegen und bindet sie an ihren Hörnern zusammen. So geht das weiter mit einer dritten und einer vierten Ziege, die an die beiden ersten angebunden werden. Das macht er so lange, bis die 16 widerspenstigen Gefangenen in einem Gewirr von Hörnern zusammengebunden sind, acht in der einen Richtung, acht in der anderen. So werden sie ruhig gestellt und lassen sich nun brav melken. Ihre Milch wird in einem Schafspansen aufbewahrt.

Es ist 15 Uhr. Ich muss los, um vor Einbruch der Nacht den 1000 Meter höher gelegenen Pass zu erreichen. Es gibt keinen Pfad mehr, und es lässt sich nur schwer abschätzen, wie lange der Aufstieg dauern wird. Mit meinem schweren Gepäck und 2000 Meter Höhenunterschied am Tag gehe ich bei weitem nicht so schnell, wie geübte Wanderer mir gegenüber hatten verlauten lassen. Nachdem ich über einen Teppich hübscher Gänseblümchen, die keine Stiele haben und in Dreier- und Vierergruppen direkt über dem Boden wachsen, gewandert bin, wird der Anstieg steil. Die herrlichen Felsspitzen des Berges Mary zu meiner Rechten würden das Herz so mancher erfahrener Kletterer höher schlagen lassen. Bei weniger als 10 °C ist es für den Sommer kalt. Leichter Regen fällt, bringt ein wenig Frische für die Glockenblumen, Kornblumen und Butterblumen auf den Berghängen. Ich komme nur mühsam voran und lege eine Pause ein, um zwei kleine Seen zu betrachten, die tief in einer Senke dicht aneinander geschmiegt liegen und sich nur demjenigen zeigen, der weit nach oben steigt.

Ich erreiche die Passhöhe auf etwa 3700 Metern erst bei Sonnenuntergang, just in dem Augenblick, da sich die Sonne in den Wolken widerspiegelt und schimmernden Glanz über die unten liegenden Seen legt. Auf dem anderen Hang sehe ich in der Ferne den Allaudin-See, der nach einem heiligen Mann des Islam benannt ist, jedoch kein einziges Haus. Vom Pass geht ein Pfad ab, den ich so schnell wie möglich hinabsteige. Er verschwindet ziemlich schnell im Halbschatten, und ich finde mich inmitten von Geröll und Felsen wieder. Es wird schwierig, mir einen Weg zu bahnen. Wegen der wilden Tiere möchte ich nicht im Freien schlafen, jedenfalls ist dieses steinige, abschüssige Gelände nicht gerade verlockend. Ich gehe also weiter, um herauszufinden, ob die Gegend bewohnt ist. »Hallo! Hallo! *Liudi iest?* – Ist da jemand?«, rufe ich in meinem schlechten Russisch. Keine Antwort, nur mein respektloses Echo. Weiter gehe ich in die Nacht hinunter und am Ende dieses harten Tages zittern meine Beine vor Müdigkeit. Ich rutsche aus, falle zweimal hin und finde schließlich in 3400 Meter Höhe einen nicht allzu steinigen Platz im Schutz eines Felsens. Unglücklicherweise ist der Abhang weiterhin sehr steil.

Ich lege meinen Rucksack als Unterlage unter den Felsen. Ich rolle die Bodenmatte, den Schlafsack und den Übersack auseinander und lege mich darin zum Schlafen nieder. Den Gurt des Messers habe ich um mein rechtes Handgelenk gelegt, falls ein Wolf, ein Bär oder ein *palang* (Panther oder große Wildkatze?), vor denen man mich gewarnt hatte, mir einen Besuch abstatten sollten. Zu dieser Jahreszeit greifen sie normalerweise keine Menschen an, aber falls eines dieser Biester nicht genau Bescheid wissen sollte, was im Sommer auf seinem Speiseplan steht, lege ich mein Waffenarsenal zurecht: Blitzlicht, Schreckschuss und Feuerzeug. Um meinen Wanderstock wickle ich eine Rolle Toilettenpapier, das sich beim geringsten Flügelschlag eines Nachtfalters anzünden lässt ... Ich habe, wenn man so sagen will, geringe Aussicht auf eine nächtliche Begegnung, obgleich ich auf alle verdächtigen Geräusche horche. Ich stelle mir vor, dass die Nacht mit wilden Tieren bevölkert ist, und so liege ich recht unbequem auf meinem unwirtlichen Lager. Ich habe Mühe einzuschlafen.

Kurz nach vier Uhr dämmert das Tageslicht über den Berggipfeln. Ehe es das Tal erreicht, mache ich mich in einer morgendlichen Brise auf, die das Spiegelbild der Berge auf dem See tanzen lässt. Noch 200 Meter abwärts und ich gelange zu einem Bergdorf. Die wenigen, aus großen Steinen gebauten Häuser fügen sich wunderbar in ihre natürliche Umgebung ein. Vorsorglich habe ich meine Waffen weggesteckt, vor allem das Toilettenpapier, um die Bewohner nicht zu erschrecken und zu vermeiden, dass sie mich für irgendeinen Aufrührer halten.

Ein etwa 40-jähriger Mann, vielleicht aber auch um die 50, matte Hautfarbe und knochiges Gesicht mit gräulichen Bartstoppeln, sitzt im Freien und ist emsig damit beschäftigt, seine hohen Stiefel aus Rindsleder zu reparieren. Er sieht auf und winkt mir zu. Neben ihm schläft seelenruhig ein alter Mann in seinem prächtigen, tiefblauen *tschapan* mit schwarzen Querstreifen, die mit gelben und grünen Litzen eingefasst sind. Wie würdevoll wirken doch diese Patriarchen Zentralasiens! Sie besitzen nicht viel auf Erden, sind aber immer bis in die Bartspitze hinein gepflegt. Die älteren Kinder tragen Holzbündel, und die Jüngeren tollen lachend umher. Vor den Häusern des Weilers, hinter denen imposante schneebedeckte Gipfel aufragen, laufen Ziegen und Schafe frei herum. Zu ihren Füßen plätschert ein Wildbach, dessen glitzerndes Wasser den grünen, mit gelben Blumen übersäten Teppich noch mehr leuchten lässt. Ein zeitloses, unvergessliches Schauspiel!

Abdullah fordert mich auf, Platz zu nehmen: »Möchtest du Kefir?« Inmitten dieser märchenhaften, stolzen Berglandschaft, in dieser ländlichen Atmosphäre mit ihren einfachen und großherzigen Männern und Frauen, bin ich glücklich.

»Kefir haben wir genug, was uns fehlt, ist Getreide!«, sagt er mir bekümmert, weil er mir kein Stück Brot anbieten kann. Der Alte wacht auf. Der 80-jährige Djurabai Nassuleyew ist sein Schwiegervater. Die ganze Familie lebt hier vier bis fünf Monate im Jahr.

»Wie viel kostet ein Kilo Getreide in Frankreich?«, will Abdullah mit einem Mal wissen.

Das kann ich nicht beantworten. Das ist eine Frage für einen Bauern, einen Getreidehändler, Müller oder Bäcker. In einem Land, in dem außer in den Städten jede Familie ihr eigenes Backhaus besitzt, ist das hingegen eine logische und ganz natürliche Frage. Mein Gastgeber verzeiht mir meine landwirtschaftliche Unkenntnis, und meine Antwort hätte ihn sowieso schockiert, da es keine Vergleichszahlen mit den Löhnen in Frankreich gibt. Das Monatsgehalt eines Arztes in einem öffentlichen Krankenhaus liegt in Tadschikistan bei vier oder fünf Euro, die mit Verspätung gezahlt werden. Ein Grundschullehrer und selbst ein Professor verdienen weniger als zwei Euro pro Monat. Obwohl die Lebenshaltungskosten sehr niedrig sind, reichen so geringe Bezüge nicht, eine Familie zu ernähren, jedoch kommen, wie schon zuvor erwähnt, die Bewohner der Dörfer damit besser zurecht als die Stadtbewohner. In Tadschikistan, das

Abdullah und Djurabai in ihrem sommerlichen Hirtenlager unterhalb des Allaudin-Sees

noch ärmer ist als seine Nachbarn Georgien, Armenien und all die anderen Ex-Sowjetrepubliken, leben vier Fünftel der Bevölkerung unter der international festgelegten Armutsgrenze. Auf dem Land blüht der Tauschhandel – Arbeit gegen Getreide, Milch gegen Früchte, Eier gegen Brot –, wobei Viehzucht und heimische Landwirtschaft eine wichtige Rolle bei der Stabilisierung der Wirtschaft spielen.

Als ich nach einer ausgiebigen Siesta aufwache, bin ich schnell hellwach: Es ist schon 17 Uhr! Ich muss mich beeilen. An diesem 2. Juli beschäftigt mich vor allem die Uhrzeit in den Niederlanden, denn an diesem Abend findet das Finale der Europameisterschaft Frankreich gegen Italien statt. In Rotterdam muss es jetzt 14 Uhr sein, also bleiben mir sechs Stunden, um einen Sender zu finden, der dieses Match überträgt, denn dort, wo ich mich gerade befinde, gibt es keinen Strom und schon gar kein Fernsehen.

Ich beginnen meinen Abstieg Richtung Marguzar, dem ersten Dorf nach drei Stunden Fußmarsch, aber eine am Straßenrand sitzende Horde Kinder, die ein paar Ziegen hüten, halten mich auf. Der forsche Schritt eines auf sie zugehenden Barbaren lässt diese Jungschäfer allesamt die Flucht ergreifen, nur nicht den Kleinsten mit seinem blonden Haarschopf unter einer blauen Mütze. Der Dreikäsehoch erhebt sich, geht auf mich zu und pflanzt sich keck in der Mitte der Straße auf, um mir den Weg zu versperren. Völlig unbeeindruckt von der Autorität dieses Störenfrieds, der mich daran hindern will, das Match zu sehen, komme ich näher. Diesem Gegner aus dem Tal bin ich schon eher gewachsen als den Bären und den Wölfen in den Bergen. Ich bin nur noch drei Meter von ihm entfernt, die Konfrontation scheint unvermeidlich. Da reicht dieser tadschikische Däumling demjenigen seine rechte Hand, den seine älteren Freunde für einen Menschenfresser aus der Fremde gehalten haben. Ich begrüße ihn, wie es seinem Status als friedlich gesinnter Abgesandter gebührt. Er ist so erfreut, dass ein breites Lachen über sein pausbäckiges Gesicht geht. Voller Stolz dreht er sich zu seinen Kameraden um, bestärkt in seiner natürlichen Autorität durch die soeben vollbrachte Großtat. Die Zutraulichkeit und das Selbstvertrauen von Dzulfan beeindrucken mich. Nachdem ich ihrem jungen Rädelsführer meinen Respekt gezollt habe, wagt sich das Gefolge seiner Begleiter vor, um mir ebenfalls guten Tag zu sagen. Mit seinen fünf Jahren ist Dzulfan für die anderen Kinder schon der Chef!

Auf dem Abstieg mache ich nur noch einmal Halt, um einen Apfel zu essen, und erreiche nach drei Stunden Marguzar, das an einem reißenden Fluss liegt. Ich bin auf der falschen Seite und kann in der Dunkelheit keine Brücke finden. Zu dumm, ich werde das Match verpassen! Inmitten dieser wilden und doch ruhigen Natur finde ich es einfach lächerlich, wie angstgebadet ich bin, weil mir die Zeit zwischen den Fingern zerrinnt, gerade so, als würde ich in einem Stau stecken. Ach, was muss ich doch wegen euch leiden, Blanc, Deschamps, Zidane, Thuram, Trezeguet, Henry und ihr anderen, die ihr in diesem Moment in Rotterdam seid, während ich in den Bergen von Tadschikistan bin! Was soll's, ich vergesse Marguzar ... und tauche in die Nacht ein Richtung Pasrut!

O Leidenschaft, wie viele Kilometer du mir doch abverlangst! In Pasrut begegne ich drei Personen, die mich zu Olim Gadoyew bringen, Wirt eines kleinen Gästehauses. Und welch Wunder, ich höre einen Fernseher! Irgendwo ist ein Gerät eingeschaltet. Noch nie sind mir knisternde Schwarzweißbilder so schön vorgekommen. Schon jetzt versprechen sie mir einen aufregenden und berauschenden Abend. Olim will sofort wissen:

»Woher bist du?«

»Aus Frankreich.«

»Ah, das passt ja! Gleich kommt ein Fußballspiel im Fernsehen: Frankreich gegen Italien.«

»Ach ja! Das trifft sich ja gut! Schauen Sie sich das Spiel an?«

»Ja!«

»Kann ich es mit Ihnen anschauen?«

»Natürlich!«, erwidert Olim, selig, einen Franzosen bei sich zu haben, mit dem er seinen Favoriten anfeuern kann.

Sein Entzücken ist nicht mit meinem zu vergleichen. Zwei Jahre nach der Weltmeisterschaft und so kurz vor dem 14. Juli ist am Ende eines wahnsinnig spannenden Spiels der Tag des Ruhmes angebrochen – *le jour de gloire est arrivé*. Olim und ich werfen uns gegenseitig in die Arme: »Wir haben gewonnen!« Ist es nicht erstaunlich, wie viel Freude elf Typen in kurzen Hosen bei Menschen in 9000 Kilometer Entfernung hervorrufen können? Ich gebe zu, dass dies alles idiotisch erscheinen mag, aber es ist jedenfalls harmlos, und ich bin froh, zu den Leuten zu gehören, die sich fern jeglicher Rationalität auf diese Weise für Nichtigkeiten begeistern können.

Auf den Spuren Alexander des Großen und des Yeti

Siegestrunken und den Kopf voller Fußball, gehe ich auf mein Zimmer. Um mich von meinen Gefühlsausbrüchen zu erholen, gönne ich mir Zeit zum Ausschlafen. Voller Optimismus stehe ich nun vor der Wahl, entweder zur Straße nach Duschanbe oder bis zum Iskender-See zu gehen. Nach dem See gibt es keine Straße mehr und ich habe keine entsprechende Karte. Trotzdem beschließe ich, mir den See anzusehen, auch wenn ich am nächsten Tag dieselbe Strecke zurücklaufen muss. Der alte Name des Sees wurde dem Alexander des Großen angeglichen zum Gedenken an seinen Aufenthalt in der Region. Mit seiner strahlend blauen Wasseroberfläche liegt er wie ein Juwel zwischen den kahlen Bergen. Einer davon wurde wegen seiner Form »Helm Alexanders« genannt, zur ruhmreichen Erinnerung an den Eroberer. Apropos Eroberer – ich zögere immer, ob ich mich ohne Karte in die Berge wagen soll. Etwa 40 Kilometer ohne Wegführung liegen vor mir, und in diesen verlassenen Gegenden ist die Gefahr groß, sich zu verirren. Und hier kann man lange umherirren. Ich mache mich also darauf gefasst, umkehren zu müssen, um auf die Straße nach Duschanbe zu gelangen, bin aber froh, den See gesehen zu haben. Da taucht Anvar Vakhobow auf. Er ist beleibt, hat ein sympathisches eurasisches Gesicht mit Hängebacken und Ringe unter den Augen, wie es einem Doktor der Physik und Chemie gebührt. Ein großer Freund der Berge, schenkt er mir eine Karte der Gegend im Maßstab 1:100 000. Mit ihrer Hilfe dürfte ich auf die Straße Regar – Duschanbe jenseits der Berge gelangen. Anvar lädt mich zum Essen ein, den Wodka vor der Mahlzeit kann ich nicht ablehnen. Er vertieft sich in Erklärungen über die Tradition in Tadschikistan, berühmte Mathematiker hervorzubringen, und dies dank der reichhaltigen Ernährung von Kindesbeinen an mit getrockneten Aprikosen. Dann kommt er auf sein Lieblingsthema zu sprechen: den Yeti. Viele Tadschiken, wie auch Nepalesen und Tibeter, sind von seiner Existenz überzeugt. Die Tatsache, dass ein Wissenschaftler vom Schlage Anvars mir versichert, dass er selbst 60 Zentimeter lange Fußspuren im Abstand von mehr als einem Meter im Schnee gesehen hat, weckt meine Neugierde. Der Schneemensch, den wir uns ganz scheußlich vorstellen, müsste demnach drei Meter messen. Anvar zeigt mir auf der Karte einen Ort, wo ein Bauer ihn angeblich in etwa zehn Meter Entfernung ruhig sitzen gesehen hat. Das liegt auf meiner Strecke. Ich ertappe mich bei dem Gedanken, dass auch ich ihn zu Gesicht bekommen könnte. Die Welt des ausgehenden 20. Jahrhunderts hat so wenig Träume, dass diese Aussicht allein schon Spaß macht.

Eigentlich wollte ich nach der Siesta aufbrechen, aber meine angestaute Müdigkeit, die Anstrengungen, die kurzen Nächte und nun der Alkohol haben sich mit meiner unzuverlässigen Weckuhr verbündet und lassen mich bis 21 Uhr schlafen. Zu spät, um mich wieder auf den Weg zu machen. Was soll's, der Yeti wird noch einen weiteren Tag warten müssen, bis ich ihn aufstöbere!

Nachdem ich das Dorf Saratag unterhalb des gleichnamigen Berges passiert habe, begleite ich einen etwa 40 Jahre alten Schäfer auf seinem Weg zu den Almen hinauf, wo ein Freund von ihm seine Herde hütet. Auf 2700 Meter Höhe hat eine ersichtlich arme Familie für vier bis fünf Monate ein Zelt aufgeschlagen. Ich will den Kindern etwas Schokolade geben. Sie nehmen nicht alles und bieten mir dafür Brot an und eine sahnige Creme, dickflüssiger als Joghurt. Die Mutter befürchtet, dass ich nicht bis nach Duschanbe durchkomme: »Die *narcoman* (ich vermute, es handelt sich um Drogenhändler) werden dich vorher umbringen, und wenn du ihnen entkommst, werden dich die Soldaten erwischen!« Wir sind weit weg von der Grenze, und ich bin überzeugt, dass Anvar mich im Fall einer Gefahr gewarnt hätte. So ignoriere ich die Befürchtungen dieser Kassandra der Berge, die wahrscheinlich nicht ganz klar im Kopf ist, und gehe so weit wie möglich in Richtung Murat-Pass. Es gibt keinen vorgegebenen Weg oder Pfad, aber ich orientiere mich an den Bergen und Wasserläufen und komme so eine Zeit lang voran, ohne Angst haben zu müssen, mich zu verlaufen. Meine einzige Gesellschaft sind große Murmeltiere, die, auf ihrem Hinterteil sitzend, pfeifende Töne von sich geben. Nach einer weiten Ebene beginnt ein ziemlich steiler Aufstieg. Hier ist wirklich niemand, und so mache ich, aus Sorge um mein empfindliches Knie, Halt und lege die große metallene Schiene an, um das Risiko einer Verstauchung zu verringern.

Auf etwa 3200 Meter Höhe türmen sich zwei dicke Felsen auf, und dort finde ich eine ebene Stelle, aber es ist noch zu früh zum Kampieren. Ich möchte weiterkommen, obwohl aus der Karte nicht genau hervorgeht, wo der richtige Weg entlangführt. Über eine

Strecke von zehn Metern wird der Abhang extrem steil, aber da ich keinen anderen Weg finde, steige ich ihn trotzdem hinab. Als ich dieses schwierige Stück schon beinahe hinter mir habe, geht es plötzlich auf den restlichen zwei Metern nicht mehr weiter. Ich schaue mir das Hindernis, dieses so lächerlich kleine Wegstück, genau an: nirgendwo fester Halt. Ich fühle, dass durch das Gewicht meines Körpers die Steine und das lockere Erdreich unter meinen Füßen plötzlich nachgeben und es ist nichts gibt, wo ich mich festklammern könnte. Ich stürze sieben bis acht Meter hinunter. Zwei dicke Steine haben sich mit mir gelöst und rollen direkt auf mich zu. Das war es also – sie werden mich treffen! Sie streifen hart an meinem ausladenden Rucksack vorbei und stürzen weiter in die Tiefe. Ich werde durchgerüttelt, nehme aber sonst keinen Schaden. Immer noch wie erstarrt, mache ich einen leichteren Weg ausfindig und steige über das Geröllbett eines Baches hinunter.

Etwas oberhalb von mir, auf etwa 3400 Meter Höhe, gibt es nichts als Schnee, doch ein ziemlich dicker Felsbrocken bietet mir Schutz. Bald vernehme ich das Heulen der Wölfe, das die hereinbrechende Nacht auf den tadschikischen Bergen ankündigt. Dieser legendäre Ruf der Wildnis vertieft meinen Einklang mit der Natur – vorausgesetzt, die Wölfe bleiben außer Sichtweite. Trotzdem bekomme ich eine leichte Gänsehaut. Aus Angst, der Essensgeruch könnte Tiere anlocken, verzichte ich auf mein Abendbrot.

Gegen halb fünf wache ich auf. Es ist zu kalt, um ruhig weiter liegen zu bleiben. Ohne etwas gegessen zu haben, breche ich auf. Und wieder bin ich unschlüssig, in welche Richtung ich gehen soll, steige dann zum Pass hinauf, den ich der Karte nach für den richtigen halte. Ich komme über eine ziemlich feste Schneedecke, unter der keine Felsspalten verborgen sein dürften. Auf der Murat-Passhöhe genieße ich den Blick über die benachbarten Gipfel, bleibe jedoch nicht allzu lange, da ein kalter Wind über die Höhen pfeift.

Der Südhang liegt mehr in der Sonne, ist dafür aber extrem steil. Ihn mit einem 20 Kilogramm schweren Rucksack abzusteigen, stellt die Knie auf eine harte Probe. Seit es wieder Wasser gibt, sehe ich wunderschöne Matten gelber und blauer Blumen, die aus dem grünen Gras hervorstechen. Die Schlucht, der ich folge, wird tiefer und ich befinde mich wohl auf der falschen Seite des wild tosenden Flusses Zambar. Zwei Stunden lang muss ich die Schlucht wieder hinaufklettern, bis ich zu Felsen komme, auf denen ich den Fluss überqueren kann. Ich bin hundemüde wegen mangelnden Schlafes, unausgewogener Ernährung, heftiger Verdauungsprobleme und der Höhe. Ich glaube, dass ich bei guter Verfassung nur halb so lange für diese Strecke gebraucht hätte. Mehr als 24 Stunden nach meiner letzten Begegnung treffe ich endlich auf zwei Schäfer und ihre großen Hunde. Sie sehen nicht nach Drogenhändlern aus. Die friedlichen Schafhirten bieten mir Tee und Fleisch an, dann gehe ich so schnell wie möglich weiter bergab.

Warten auf einen Militärhubschrauber nach Afghanistan

Nach einer weiteren Nacht im Freien treffe ich zu meiner Freude einige Leute, die zum Dorf Khakimy unterwegs sind, und wir gehen den Weg gemeinsam. Wir marschieren auf engen Wegen der Flanke des nunmehr bewaldeten Berges entlang. Unter uns rauscht ein tosender Fluss. Von einem Anfall heftigen Durchfalls bin ich dermaßen geschwächt, dass einer der Tadschiken mir beim Tragen meines Rucksacks behilflich ist.

Außerdem muss ich so schnell wie möglich nach Duschanbe kommen, weil mein Visum nur noch einen Tag gültig ist. Ich gelange wieder auf die Straße, dann auf eine Hauptachse, die zur Hauptstadt führt. Von dort nehme ich öffentliche Verkehrsmittel, um schnell ins Außenministerium zu gelangen. Ich bin entschlossen, die gefahrenen Kilometer so bald wie möglich zu Fuß nachzuholen. Nach mehrtägigen Verhandlungen und Barzahlung einer »Geldstrafe«, ein kleines Zubrot für den Beamten, erhalte ich schließlich eine Verlängerung meines Visums.

Damit sind meine Probleme aber noch längst nicht gelöst. Ich erfahre, dass ich wahrscheinlich schon seit Monaten eine Darminfektion mit mir herumschleppe. Mit Antibiotika und Wurmkuren werde ich sie loskriegen.

Viel ärgerlicher ist, dass die Russen, die die afghanisch-tadschikische Grenze kontrollieren, beschlossen haben, die Straße schon weit vor der Grenze zu blockieren. Um nach Afghanistan einzureisen, bleibt mir also nur eine Lösung: die Botschaft der Nordallianz aufzusuchen. Dieser Koalition gehören insbesondere der ehemalige Präsident der Republik, Rabbani, an, der im September 1996 von den Taliban aus Kabul vertrieben wurde, und sein ehemaliger Verteidigungsminister, General Massud, wichtigster Anführer des bewaffneten Widerstands. Ich muss ihre diplomatische Vertretung überreden, mich an Bord ihres Militärhubschraubers mitzunehmen. Ein- bis zweimal pro Woche stellen sie in unregelmäßigen Abständen die Verbindung von Duschanbe zum Norden Afghanistans her. Nach einem intensiven Gespräch sind sie einverstanden. Damit ich an Bord gehen kann, muss ich an einem Ort warten, an dem sie mich telefonisch erreichen können. Die Abreise könnte in den kommenden Tagen erfolgen, aber genauso gut erst in drei Wochen.

Während ich auf den Abflug warte, der aus Sicherheitsgründen – Attentat vor Ort oder Bombardierung auf afghanischer Seite – höchstens eine Stunde im Voraus angekündigt wird, bin ich gezwungen, die meiste Zeit eingesperrt und untätig bis zu meiner Abholung vor dem Telefon auszuharren. Immerhin nutze ich die Zeit, um hin und wieder über die Rudaki zu gehen, die wichtigste

Straße der Hauptstadt, auf der sich alles Wesentliche konzentriert: der Amtssitz des Präsidenten mit den Springbrunnen; das triste Tsoum, wichtigstes Kaufhaus des Landes mit seinen trostlosen Läden und düsteren Schaufenstern, die eher an einen Jahrmarkt erinnern als an einen Konsumtempel; der Park im Zentrum, wo hinter dem Standbild Lenins, der mit dem Zeigefinger den rechten Weg weist, die brandneue Spielbank thront. Angeblich wird sie von regierungsnahen Interessenvertretern und Investoren mit Verbindung zur internationalen Unterwelt kontrolliert. Des Weiteren wird behauptet, dass ein Botschafter Tadschikistans an der usbekisch-tadschikischen Grenze in einem mit Drogen voll gestopften Auto verhaftet wurde. Es wird auch erzählt, dass mit Rauschgift beladene Flugzeuge von Duschanbe nach Moskau fliegen ...

Der Spur des weißen Pulvers zum Trotz schlägt die Rudaki eine grüne Schneise in die Stadt, in der es auch sonst zahlreiche Grünflächen gibt. Das frische Grün und die gelb und hellblau angestrichenen Gebäude geben Duschanbe bei Sonnenlicht ein wenig von der Heiterkeit zurück, die ihr durch die nüchterne Sowjetarchitektur abhanden gekommen war.

Während meines Aufenthalts wird die angenehme Atmosphäre in der Hauptstadt nur einmal getrübt. In dem Augenblick, als ich durch die kleine Gittertür eines großen Geschäfts gehe, stehe ich plötzlich einem uniformierten Ungeheuer gegenüber, das Gesicht unter einer Maske verborgen, Maschinengewehr im Anschlag. Sofort flüchte ich mich hinter zwei Reihen Schaulustiger, die den Eingang zum Geschäft beobachten. Sollten der Maskierte und seine Kumpanen eine Geisel brauchen, dann käme ihnen ein Ausländer sicher gerade recht. Drei Männer im gleichen Aufzug wie der erste tauchen plötzlich auf und stellen sich schützend vor zwei andere Männer, die zwei Gefangene hinter sich herziehen. Deren Hände sind auf dem Rücken zusammengebunden, die Handgelenke so verdreht, dass sie in gebeugter Haltung gehen müssen. Drei weitere vermummte Gestalten, ebenfalls mit Maschinengewehren bewaffnet, schirmen sie von hinten ab. Ich habe nicht herausgefunden, um was es hier gegangen ist, aber wahrscheinlicher doch um die Festnahme von Gaunern oder Verbrechern durch staatliche Sicherheitskräfte. Die Maskierung soll wohl bewirken, dass die Polizisten anonym bleiben und sie so ihren Familien Repressalien der mächtigen lokalen Mafia oder der Opposition ersparen. In einem Staat, in dem die Wahlen mit erheblichen Unregelmäßigkeiten durchgeführt wurden, sollte man nicht vergessen, dass es in den Straßen der Hauptstadt noch vor kurzem häufig zu Schießereien gekommen war und es eine Sperrstunde gab. Nicht selten sieht man auch jetzt noch bewaffnete Zivilisten.

Glücklicherweise kann ich bei der französischen ACTED auf meine Bordkarte warten. Diese vor allem in Afghanistan und Tadschikistan tätige humanitäre Organisation befasst sich mit Wirtschaftshilfe und unterschiedlichen Entwicklungsprojekten. Da es keine diplomatische Vertretung Frankreichs gibt, lädt die ACTED am 14. Juli die tadschikischen Delegierten und die der internationalen Gesellschaft zu einem Büfett ein. Neben Rotwein gibt es den unwiderlegbaren Beweis für die Genialität der französischen Gastronomie, der so manchen Unwissenden abschreckt: Käse! Welch herrlicher Blauschimmel ziert diesen Roquefort! Welch göttlichen Gestank verströmt dieser Camembert! Wie schmecken doch die trockenen Ziegenkäse so köstlich herb! Das hat mir so sehr gefehlt, dass ich darüber beinahe in Tränen ausbreche. *Vive la France!*

Als ich den Diplomaten, den Verantwortlichen der ONG, den von der ACTED geladenen Kennern der Gegend und dem Journalisten meine afghanischen Pläne enthülle, warnen sie mich einmütig und versuchen mich umzustimmen: »Das ist sehr gefährlich. Im Nordosten sind die regionalen Machthaber absolut nicht bereit, ihre

Vorrechte aufzugeben. Und die Macht der Nordallianz ist äußerst brüchig. Von einem Anführer können Sie einen Passierschein bekommen und dann von seinem Nachbarn oder Straßenräubern umgebracht oder entführt werden.«

Ein anderer meint: »Ich bin wahrlich kein Angsthase, aber ich würde es nicht machen. Es wäre sicherer, durch die von den Taliban kontrollierte Zone zu gehen. Die haben zumindest ihren Teil des Landes im Griff. Der Norden wird je nach den Allianzen ständig umgemodelt. Man sagt, dass es dort 3000 Täler und 3000 Befehlshaber gibt. Und eine Vielzahl kleiner Führer, die davon träumen, den Platz des Großen einzunehmen. Massud ist kein unumstrittener Militärführer, wie man sich das in Europa vorstellt, wo er wegen seines Charismas sehr geschätzt wird.«

Mir waren diese Gefahren bereits bewusst. Trotzdem erwarte ich meine Abreise mit einer gehörigen Portion Geduld, aber auch leichtem Unbehagen.

Der befreiende Anruf kommt schließlich am 22. Juli. Noch eine Stunde vor der Benachrichtigung hatte man mir versichert, dass an diesem Tag kein Hubschrauber starten würde. Der Flug wurde bis zum letzten Augenblick geheim gehalten. »Fahren Sie sofort zum Flughafen!«, sagt man mir lapidar. Auf dem Rollfeld verbreitet sich das Gerücht, dass General Massud, auf der Durchreise in Duschanbe, höchstpersönlich den Helikopter fliegen werde. Wir warten eine Stunde auf ihn, aber er kommt nicht.

Der Transfer im Helikopter unterbricht die durchgehende Linie meiner Strecke Frankreich – China, aber mein Interesse für Afghanistan und die Perspektive auf eine Reise in die Zeit und in den Raum sind so stark, dass ich diese Unterbrechung akzeptiere, um mich auf das geheimnisvolle Abenteuer einzulassen.

Der Hubschrauber hebt ab, wir sind 13 an Bord. In der Mitte der Führerkabine liegen Bündel, Säcke und Kisten. Der tadschikische

Teil der Reise ist ruhig, obwohl die Stimmung gedrückt ist. Zwei dieser alten Vögel, die dem Feind während des sowjetisch-afghanischen Krieges abgenommen wurden, sind vor kurzem wegen Altersschwäche abgestürzt. Seltsamerweise scheinen die anderen Passagiere beunruhigter zu sein als ich. Direkt vor der Grenze setzen wir auf einem Militärflughafen auf, um Waren einzuladen, und starten sogleich wieder durch. Angst schnürt uns die Kehle zu, als wir dann über afghanisches Terrain fliegen. Jedes Jahr, immer im Sommer, setzen die Feindseligkeiten ein. Die pakistanische Luftfahrt, welche die Taliban unterstützt, ist eine Bedrohung für die Ruhe am Himmel. Hubschrauber sollen kürzlich im Flug beschossen und bei der Landung bombardiert worden sein, dabei soll es Verwundete und Tote gegeben haben. Das Risiko, das wir eingehen, ist folglich ziemlich groß.

Wir fliegen entlang der Front und ganz dicht über die Dünen hinweg, um nicht geortet zu werden. Ich schaue durch die Luke – wir fliegen wirklich sehr tief! Ich versuche mit meinem Nachbarn zu sprechen, einen Smaragd-Verkäufer aus dem Pandschab. Dicke Schweißperlen stehen auf seiner Stirn, die er sich mit einem Taschentuch abwischt. Jetzt helfen nur noch Fatalismus und das Vertrauen auf den Piloten und auf Gott. Inschallah, kommen wir wohlbehalten an.

Afghanistan

Im Mittelalter, Hungrig und mit Angst im Bauch
22. Juli – 1. September 2000

Der Helikopter landet in Taloqan. Wir steigen schleunigst aus, um einer eventuellen Bombardierung zu entgehen. Endlich bin ich in Afghanistan! Mehr noch als ein geografisches Gebilde ist Afghanistan eine Idee, die die westliche Vorstellungskraft sprengt. Ein Zauber, geheimnisvoll und exotisch. Bilder grandioser Landschaften, auf traurige Weise mit Blut besudelt: Das Große Spiel – the Great Game – ist noch immer nicht beendet. Ende des 19. Jahrhunderts standen sich das Britische Empire und das zaristische Russland gegenüber im Kampf um die Kontrolle über Zentralasien und die Reichtümer

Pakistani und Taliban in einem Gefängnis der Nord-Allianz

Indiens sowie um den Zugang zu den südlichen Meeren. Nur die Akteure sind andere: die Vereinigten Staaten, Russland, Iran ...

Pakistan seinerseits ist froh, in der Taliban-Regierung einen Verbündeten an seiner Westflanke zu haben, da es im Osten in stetigem Konflikt mit dem indischen Riesen steht. Mitte der 1990er Jahre soll die pakistanische Regierung den Vereinigten Staaten die Einsetzung eines Islamabad wohlgesinnten Regimes in Kabul garantiert haben. Die Taliban wurden folglich mit Billigung der Amerikaner eingesetzt, die die Rohstoffe Zentralasiens nicht mehr über das Territorium ihres iranischen Feindes abtransportieren konnten. Die einfachste Alternative bestand darin, eine Ölleitung durch Afghanistan zum sicheren Hafen Karatschi in Pakistan zu verlegen. Aber leider erwiesen sich die Taliban für die amerikanischen Interessen weniger konziliant und kontrollierbar als vorgesehen, und Uncle Sam steckt im Moment in seiner eigenen Falle, weil die Taliban nun Amerikas Feind Nummer eins, Osama bin Laden, protegieren.

Mit den gefangenen Taliban

Vor diesem geopolitisch komplexen Hintergrund mache ich mit Nicolas Cotto, dem einzigen auf dieser Seite anwesenden Kriegsberichterstatter, die Bekanntschaft von Daud Khan. Khan ist ein junger General von Massud, der den Taliban die Stadt Taloqan und ihre Umgebung abgenommen hat. Seine Erfolge brachten ihm diesen Dienstgrad ein, in den ihn Massud erhoben hat, da war er noch keine 30 Jahre alt. Gepflegter Bart, tadellose Frisur, makellos saubere afghanische Kleidung, düster entschlossen dreinblickend, ist er eine in diesen ländlichen Kreisen im nördlichen Afghanistan außergewöhnlich stattliche Erscheinung. Er erteilt uns die Bewilligung, die Front zu besuchen und ebenso das Gefängnis von Mejdeh, das in vier Stunden von Taloqan über eine bestenfalls holprige, schlimmstenfalls unbefahrbare Piste zu erreichen ist. Dort bewachen 25 Wärter 150 Häftlinge. Acht sind Kriminelle, alle anderen wurden an der Front gefasst. Mehr als 70 Prozent der Taliban-Kriegsgefangenen in Mejdeh sind Pakistani, in anderen Gefängnissen soll der Prozentsatz noch höher liegen.

Wir betreten den etwa 300 Quadratmeter großen Hof, in dem die Gefangenen an die Mauer gelehnt in der Sonne hocken und sich miteinander unterhalten. Einer ist ein pakistanischer General, der in Mazar e Sharif gefangen genommen wurde, wo er, wie er versichert, sich als Tourist aufgehalten habe. Ein anderer argumentiert auf ähnliche Weise, viele jedoch geben zu, dass sie in den Koranschulen Pakistans rekrutiert wurden. Steht nicht im Koran geschrieben, dass diejenigen, die für den Islam kämpfen und in diesem Kampf sterben, einen Platz näher bei Gott bekommen werden?

Es ist leicht, auf diese Weise Personen mit geringer Bildung anzuwerben, die bestimmte Koranverse auswendig gelernt haben und von ihren Lehrern beeinflusst wurden. Einer dieser armen Teufel behauptet steif und fest, dass es nichts Schlimmeres gäbe, als Musik zu hören. Als wir wissen wollen, warum, ist seine einzige Antwort: »Weil die Mullahs es gesagt haben.« Andere sagen, dass sie von den Taliban hinters Licht geführt worden seien, weil die ihnen sagten, sie würden gegen die Sowjets und nicht gegen andere Muslime kämpfen. Ist das eine weitere Lüge, eine erfundene Entschuldigung? Dieses Mal glaube ich leider, dass viele aufrichtig sind. Ein Jemenit bringt eine zusätzliche exotische Note in diese internationale Gemeinschaft. In anderen Gefängnissen treffe man auch auf Uiguren aus dem westlichen China, Arakanesen aus Birma, Saudis, Libyer, Algerier und andere Vertreter der arabischen Welt. Der Jemenit wurde in Eritrea vom Netzwerk bin Ladens für den Heiligen Krieg rekrutiert. Zur terroristischen Ausbildung nach Afghanistan gebracht, hat er an der Front von Chamali gekämpft, wo er sogleich gefasst wurde. Erst 21 Jahre ist er alt und so fern seiner Heimat, den Blick voller Sehnsucht und Heimweh.

Die einzige Geschichte, der man etwas Schönes abgewinnen kann, ist die des pakistanischen Arztes, eines »Kämpfers für den Islam«, der am rechten Fuß von einer Kugel getroffen und vor einem Jahr gefangen genommen wurde. Er geht noch an einer Krücke und kann nicht entfliehen. Folglich ist er außerhalb der Umzäunung untergebracht und behandelt die Häftlinge ebenso wie die Gefängniswärter und die Bewohner der Dörfer aus dem Umkreis. Er ist der einzige Gefangene, der nicht ganz seine Berufung verfehlt hat.

Als ein pakistanischer Häftling wissen will, wie ich von Frankreich nach Afghanistan gekommen bin, zögere ich ein wenig mit meiner Antwort, denn ich bin mir bewusst, welch ein Kontrast zwischen meinem glücklichen Schicksal und seiner Situation besteht. Ich weiß nicht, warum, aber plötzlich fällt mir wieder ein, dass ich als Student im Gefängnis von Poissy Mathematikunterricht erteilt habe, an dem manche Häftlinge in der Hoffnung auf Strafminderung teilnahmen, während andere lediglich ein bisschen Ablenkung bei Leuten suchten, die keine ihrer Probleme haben. Und so erzähle ich hier einigen Gefangenen von meiner Reise. Als hinter mir die Tür wieder ins Schloss fällt, frage ich mich, wie das Schicksal so hart sein kann und Menschen einsperrt, während es anderen, zu denen ich gehöre, so viel Freiheit schenkt.

An der Front

Auf dem Schlachtfeld von Bangui, einem Zugang nach Taloqan, etwa 30 Kilometer vor der Stadt, begegne ich jungen Männern von 15 bis 20 Jahren, die bereits Grauenvolleres erlebt haben als bedeutend ältere Männer bei uns. Sie kennen nur den Krieg und werden vielleicht sterben, ohne jemals jung gewesen zu sein. Abdul Matin, dessen ganzer Stolz darin besteht, dass er mit seinen 17 Jahren zwei Jahre gegen die Taliban gekämpft hat, klammert sich unerschrocken an seine Kalaschnikow. Er behält sein freundliches Lächeln und freut sich über den Besuch eines Ausländers. Seine Freunde tragen leichte Maschinengewehre oder sind mit Raketenwerfern bewaffnet.

Von ihrer Stellung auf einem Hügel aus überwachen sie einen mit drei Containern versperrten Engpass zur Choghal-Ebene, auf welche die Taliban ein begehrliches Auge geworfen haben. Am Ausgang dieser Engstelle führt auf unserer Seite eine Brücke über den Sudjani-Fluss, die zu einem Drittel von den Taliban bombardiert und zerstört wurde. Zurzeit muss man sich an einer sieben Meter langen Leiter zu ihr hinaufziehen. Auf der anderen Seite liegen Wachposten auf der Lauer. Dieses Volk, das im 19. Jahrhundert die

15-jährige Soldaten, die an der Front in Petawak für die Nord-Allianz gegen die Taliban kämpfen. In ihrem kurzen Leben haben sie nichts als den Krieg gekannt.

Engländer aus seinem Land vertrieben und vor rund zehn Jahren die legendäre Rote Armee davongejagt hat, weiß auch, was Gastfreundschaft ist. Kommandant Abdul Razak, der die Russen bekämpfte, bietet uns in einer in das Erdreich eingegrabenen Hütte einen Tee an. Einige Bretter dienen als Dach; ein Teppich bedeckt den Boden. Ich behalte lieber meine mühsam verschnürten Wanderschuhe an und strecke meine Füße aus dem Unterstand, falls wir wegen der Frontbewegungen gezwungen sein sollten, die Flucht zu ergreifen. Man kann nie vorsichtig genug sein ...

Etwas weiter im Süden, an der Front von Petawak, harren standhaft 4000 Männer aus in Erwartung der Taliban. Manche kommen, mit dem Maschinengewehr auf dem Rücken, von weit her zu Fuß, um dem Feind entgegenzutreten. Alle Kräfte der Region wurden mobilisiert. In den letzten Tagen kam es zu Feuergefechten. Da sie ihren Feinden zeigen wollen, dass sie noch immer da sind, und um uns die feindliche Bedrohung spüren zu lassen, verstreuen die Mudschaheddin die Projektile eines leichten Maschinengewehrs auf die nächstliegenden feindlichen Schützengräben, in weniger als 500 m Entfernung. Wir warten auf eine Reaktion und trinken unseren Tee. Manchmal antworten die besser ausgerüsteten Taliban mit einer von einem Panzer abgeschossenen Granate. Jeder fühlt, dass die große Offensive bevorsteht. Sie wird am selben Abend in Nahrin beginnen, einem anderen Zugangsweg nach Taloqan, weiter im Süden. Am nächsten Tag, Samstag, den 29. Juli, nehmen die Taliban Nahrin ein, danach Burka und nähern sich Taloqan.

Erneut wird verkündet, dass General Massud per Hubschrauber aus seinem Schlupfwinkel von Panjshir nach Taloqan kommen wird. Wir sollen ihn treffen, denn er schätzt Kontakte zu Ausländern. Abgesehen von ein paar Reisen nach Tadschikistan, verlässt er sein Land kaum und empfängt selten Besuch. Seine wenigen Gäste kommen meist nicht im Sommer, wenn heftigere Gefechte die Regel sind. So wird er wieder einmal gebraucht, um seine Truppen in einem Gebiet neu zu ordnen, in dem die Taliban einen größeren Angriff gestartet haben. Wir werden den tapferen Krieger nicht zu Gesicht bekommen. Aus Angst vor Bombardierungen und trotz eines Malariaanfalls beschließt mein deutscher Gastgeber Stefan Recker, Mitarbeiter bei der ACTED, die Stadt zu verlassen. Das ist bereits Stefans vierte Evakuierung. Ein Fahrzeug erwartet uns am Ufer eines Flusses, über den nur eine Notbrücke führt. Im Schutz der Dunkelheit brechen wir nach Faizabad auf.

Treffen mit dem Staatschef

Faizabad, eine echte Provinzhauptstadt, durch die der Kuktchem fließt, liegt in einem Talkessel. Die Atmosphäre am Tag ist dort nahezu entspannt. Dennoch tragen Männer die Kalaschnikow über ihren bis zu den Knien reichenden, seitlich geschlitzten Baumwollhemden. Auf ihrem Kopf sitzt ein Turban oder ein *pacol*, jene braune Kopfbedeckung mit Rollkrempe, die sich nach oben hin verbreitert. Im Büro der ACTED finden wir Zuflucht. In der schwarzen Nacht dieser Ortschaft ohne Elektrizität sind Schusswechsel zwischen den rivalisierenden Milizen zu vernehmen, die um ihre Vormachtstellung kämpfen. In Faizabad hat auch der Präsident des islamischen Staates Afghanistan, Burhanuddin Rabbani, seinen Amtssitz. Indem er sich von beiden Seiten Ruhe erkauft, kann er in diesem feudalistischen Land bisweilen eine Einstellung der Kämpfe bewirken. Obwohl rund 90 Prozent des Landes in Händen der Taliban sind, ist Präsident Rabbani in den Augen seiner meisten Nachbarn, der westlichen Nationen und der UNO noch immer der einzige legale Repräsentant Afghanistans. Die Taliban wiederum unterhalten offiziell diplomatische Beziehungen lediglich zu drei oder vier Ländern wie Pakistan, Turkmenistan und Saudi-Arabien.

Obwohl man hier nicht bei den Taliban ist, wiegt leider auch in den Straßen von Faizabad das Gewicht der Tradition schwer: Die wenigen Maßnahmen zur schulischen und beruflichen Weiterbildung der Frauen muten eher wie ein Versuch an, der westlichen Welt Sand in die Augen zu streuen, als dass dabei der echte Wille zu Veränderungen im Volk zum Ausdruck käme. Auch bei Präsident Rabbani und General Massud sind wir in einem islamischen Staat und nicht in einer Demokratie. Obwohl bei den muslimischen Sunniten theoretisch die Möglichkeit der Kleiderwahl besteht, tragen die Frauen von Jugend an die *burka*. Dieses weite, einfarbige Gewand bedeckt den ganzen Körper von den Füßen bis zum Kopf und verbirgt das Gesicht hinter einem Stoffgitter. Daher können nur der Ehemann und die nahe Verwandtschaft die Gesichtszüge einer Frau betrachten.

Auch auf der Seite der Nord-Allianz tragen die Frauen die *burka*.

In den Kleinstädten und auf dem Lande wird die Hochzeit noch von den Eltern und insbesondere den Müttern arrangiert. Sie finden einen guten Ehemann für ihr Kind und einigen sich mit dessen Eltern über die Höhe der Mitgift, die der Vater des Bräutigams zahlen muss. Die Schwiegertochter wiederum muss mit dieser Rücklage das neue Heim ausstatten und ihre Kleider und Schmuck kaufen, den nur wenige Privilegierte bewundern können. Oft kennen die Eheleute sich vor ihrer Hochzeit nicht. Entsprechend der Tradition sitzen sie bei der Trauung in derselben Richtung und sehen in einem Spiegel gegenüber zum ersten Mal das Gesicht ihres neuen Ehepartners.

Das Afghanistan von Präsident Rabbani, Massud und Genossen ist also auch nicht ein Land absoluter Freiheit. Die Frauen gehen dort allerdings ohne ihre Ehemänner zum Einkaufen, und wenn sie schnell gehen, gibt eine *burka* schon mal den Blick auf einen Knöchel frei. Ich hatte bisher nicht geahnt, wie erotisch, traumhaft und verführerisch schön ein weiblicher Knöchel sein kann. Und in diesem kriegsmüden Afghanistan, in diesem Land aus einer anderen Zeit, werde ich meinen Marsch wieder aufnehmen.

Der Passierschein des Generals

Am 1. August, um fünf Uhr, verabschiede ich mich von meinen Gastgebern Mir, Stefan und Alexandre. Wenn ich bei Tagesanbruch losmarschiere, hoffe ich der Hitze, den Feuergefechten und nächtlichen Auseinandersetzungen feindlicher Milizen zu entgehen. Das Leben eines Menschen zählt wenig in einem Land, das abseits der Straßen mit Minen übersät ist und wo der Drogenhandel blüht, wo Wegelagerer schnell bei der Hand sind, einen Touristen auszurauben und hinter einem Felsen den Garaus zu machen. Ich weiß auch, dass der Inhalt meines Rucksacks hier Jahre harter Arbeit wert ist.

Afghanistan: Auf der Hochebene des Kleinen Pamir. Im Hintergrund ragen die gewaltigen Gipfel des Hindukusch auf.

Afghanistan: Kirgise in seinem Dorf Utchdjilga mit Jurten und Yaks im Kleinen Pamir auf 4000 Metern Höhe

Afghanistan: Auf dem Markt laufen die Leute zusammen, sobald sie einen Fremden erblicken.

Afghanistan: Im Wakhan-Korridor. Die älteren Kinder aus dem Dorf Pigish passen auf die Kleinen auf, während die Eltern ihre täglichen Arbeiten verrichten.

Afghanistan: Mit einer ›burka‹ verhüllte Frau in Faizabad, das zur Nord-Allianz gehört

Afghanistan: Moidun in seiner Jurte im Sommerlager von Tirgin Gorum.
Das Feuer wurde mit getrockneten Yakfladen entzündet.

Afghanistan: Kholam Hussein in Golrona vor malerischer Kulisse

China: Kinder aus einem tadschikischen Dorf in Xinjiang im Westen Chinas. Im Hintergrund der imposante Muztagata mit seinen 7546 Metern

China: Frisch hergestellte Nudeln – meine erste Mahlzeit an meinem nach zwei Jahren erreichten Ziel!

China: Opal, 50 Kilometer vor Kaschgar. Der Eierverkäufer Sit Hochmet neben seinem Ladentisch, unter dem sein Sohn Kasim friedlich schläft

China: Endlich Kaschgar, eine Mischung aus China und islamischem Orient

China: Weidende Kamele vor einem kirgisischen Friedhof und dem schneebedeckten Kongur

Beim Aufbruch krampft sich mein Magen zusammen. Angst im Bauch!

Ich bin kaum zehn Kilometer unterwegs, da werde ich in dem kleinen Dorf Khoneka von einem jungen Mann mit typischer Kopfbedeckung angesprochen. Er ist für sein Alter riesig und ziemlich ruppig. Heftig umklammert er meinen Stock, lässt ihn nicht mehr los und will mir unbedingt einen Tee anbieten. Ich habe keine andere Wahl. In was für eine Falle bin ich da geraten? Doch ich bin lieber diplomatisch und begehe nicht die dumme Mutprobe, mich dieser terroristischen Gastfreundschaft zu entziehen. In der Tschaikhana – im »Teehaus« – sind sich zwei Männer sicher, dass ein Ausländer nicht ohne einen Sack voller Geldscheine herumspazieren kann: »Was hast du in deinem Rucksack? Geld?« Mir wird ganz seltsam, wenn ich bedenke, dass andere und gar bewaffnete Männer auch so denken könnten. Meine Besorgnis wird noch verstärkt durch die Bemerkungen zweier Schweizer Mediziner von den »Ärzten ohne Grenzen«, Juerg Draeyer und Chantal Ludi, die mich am Abend in Baharak für eine Nacht beherbergen:

»Die Afghanen glauben, dass die Autos der NGO nur zum Transport von Dollars dienen. Gott sei Dank werden wir von den Leuten respektiert.«

»Und wie sind die Frauen, mit denen ihr bei der Arbeit zu tun habt?«

»Eigentlich kaum anders als bei uns«, teilt mir Chantal mit. »Wenn sie dürfen, sind die Afghaninnen unter ihrer *burka* recht eitel. Sie schminken und parfümieren sich gern und klatschen über die Männer.«

»Ein seltsames Land«, fährt Juerg fort. »In einem Dorf, dem ein alter Mann vorstand, habe ich in einer Familie kranke Kinder untersucht, die sicher Keuchhusten hatten. Ich brauchte weitere Informationen über die Symptome, und da der Familienvater nicht da war, fragte ich den Alten, ob ich der Mutter Fragen stellen könnte. Er antwortete mir bissig: ›Wenn du wegen unserer Frauen hergekommen bist, dann kannst du wieder gehen!‹ Was für eine eigenartige Mentalität! Man will helfen und wird angeschnauzt. Selbst mein Dolmetscher war überrascht. Das ist wirklich ein komisches Land.«

Immer wieder tritt in Afghanistan das Mittelalter zutage. Massud ist an der Front, und auch Sardar Khan, sein treuer Gefolgsmann, ist abwesend, daher unterzeichnet in Barak dessen rechte Hand einen Brief, der es mir gestattet, meinen Marsch fortzusetzen. Der Pass ist hier nicht wichtig, und auch mein ordnungsgemäßes Visum will keiner sehen. Was zählt, ist einzig und allein der von einem Militär unterschriebene Passierschein.

Manchmal marschiere ich zwischen zwei Dörfern zehn oder 20 Kilometer über Straßen, auf denen Wracks und Überreste aus dem Krieg gegen die Sowjets verstreut herumliegen: Teile von Panzer in wüstem Durcheinander, Granatsplitter ... Ich bin nicht allein; ich begegne Männern, die zu Fuß oder auf Eseln unterwegs sind, die geläufigsten Fortbewegungsmittel. Reiter auf dem Pferderücken sieht man seltener. Doch just in dem Moment tauchen welche auf. In dieser baumlosen Natur habe ich sie schon von weitem, in 200 Meter Entfernung, gesehen, mit umgehängtem Maschinengewehr oder Gewehr, was unweigerlich einen Adrenalinstoß bei mir auslöst. Sie sind allesamt bärtig. Nur einer trägt eine Militärjacke. Ich denke: ›Was mache ich jetzt bloß? Werden sie mich abknallen?‹ Nur noch 100 Meter: ›Na ja, du wolltest doch unbedingt zu Fuß nach China! Du wolltest doch durch Afghanistan! Da hast du's! Du wolltest der Schlaue sein! Sie werden deinen Rucksack ausrauben und dich dann abmurksen!‹ Nur noch 50 Meter: ›Du hast sowieso keine andere Wahl. Das Allerletzte wäre, wenn du jetzt zeigst, dass du Angst hast, und davonläufst.‹ Nur noch 40 Meter: ›Wie eingebildet muss man eigentlich sein, in eine so blöde Falle zu tappen?‹ Trotzdem habe ich immer daran geglaubt, dass es im Leben einen guten Stern gibt, der mich beschützt, ein Schicksal, dem ich mich einfach überlassen muss. Und schließlich bin ich in einem muslimischen Land und inzwischen ein wenig fatalistisch: Inschallah ... Sie werden schon friedlich sein. Nur noch 30 Meter. Ich gehe entschlossen voran. 20 Meter, jetzt! Ich grüße sie, Hand aufs Herz, mit einem herzlichen *»Salam alaikum. Khoub hastid? Be kheir hastid?«* Jeder Afghane holt weit aus bei seinen Begrüßungsformeln, so wie die Iraner, und erkundigt sich mindestens drei- bis viermal auf verschiedenste Weise nach deinem Gesundheitszustand: »Der Friede sei mit dir! Geht's gut? Geht's (ohne Gefahr)?« Ich bleibe vor ihnen stehen.

»Woher kommst du? Was machst du hier?«, fragt mich einer von ihnen. Er ist um die 30, bärtig, groß für einen Afghanen, und wahrscheinlich weiß er gar nicht, wo Frankreich liegt. Aber er glaubt, dass man sich dort drüben nur zu bücken braucht, um Geld zu finden, dass ich das Sesam-öffne-dich zur Welt der Reichen bin: »Hilf mir, dass ich in dein Land komme!«

»Das ist kompliziert. Dazu brauchst du ein Visum.«

»Gib mir eins!«

»Unmöglich. Nur die französische Botschaft kann dir ein Visum geben.«

»Das ist nicht wahr!«

»Doch, doch, die französische Botschaft. Das ist ein Büro der Regierung meines Landes, und die erteilt die Aufenthaltsgenehmigungen für Frankreich. In Afghanistan gibt es keine französische Botschaft. In Tadschikistan auch nicht. In Usbekistan gibt es eine, aber es ist sehr, sehr schwierig, im Moment ein Visum für Frankreich zu bekommen.«

»Ich glaub dir nicht. Du brauchst nur deine Unterschrift auf ein Blatt Papier zu setzen. Und damit komme ich nach Frankreich rein!«

»So läuft das aber nicht.«

»Na gut, dann geh ich eben mit dir und du bringst mich in dein Land rein. Du sagst, dass ich dein Freund bin.«

»Ich gehe gar nicht nach Frankreich, sondern nach China, zu Fuß, ganz langsam. Das ist in der entgegengesetzten Richtung, im Osten!«

»In der anderen Richtung! Das ist schade. Na dann!«

Ich hatte nicht gedacht, dass ich so glimpflich davonkommen würde bei diesem Kerl, dem ich wie ein Aufschneider und Schwätzer vorkommen muss. Nach einem kleinen Plausch, der mir trotz meiner Angst gewissen Spaß macht, verabschiede ich mich von ihnen und gehe weiter auf meinem Weg. Und natürlich sage ich mir jetzt: ›Was für Menschen! Das zu erleben, ist schon was Besonderes! Es war also doch richtig, durch Afghanistan zu gehen!‹

Manchmal, wenn ich gefragt werde, antworte ich schon mal, dass ich aus der letzten Stadt komme und dass ich in Richtung Ishkashim gehe. Wenn ein Typ nicht umgänglich aussieht, füge ich hinzu, dass ich auf das Fahrzeug einer NGO warte. Das stimmt nicht, aber ich vermute, dass die Erwähnung des Namens der Freunde Afghanistans mir mehr Wertschätzung einbringt. Und meinen Brief zeige ich nur, wenn man ihn verlangt. Ich bin mir nie ganz sicher, mit wem ich es zu tun habe – mit einem Partisanen von Massud oder einem, der ihn womöglich überhaupt nicht schätzt. In meiner Situation bedeuten viele gute Begegnungen wenig. Eine einzige schlechte reicht, und die Reise ist beendet.

Einige Tage später komme ich an einer Arbeiterkolonne vorbei, die im Rahmen des Welternährungsprogramms der Vereinten Nationen die Straße zwischen Barak und Ishkashim verbreitert und planiert. Vielleicht bauen sie auch das Trojanische Pferd für eine pakistanische Invasion. Es gibt keinerlei Baumaschinen und nicht ein einziges Baustellenfahrzeug. Seitlich der Straße wird die Erde nach

Steinen umgegraben, die dann auf Schubkarren oder einer Art Tragbahre bis zur Straße transportiert werden, wo man sie zerkleinert. Die Fugen werden mit Erde aufgefüllt, das Ganze festgestampft und von einem kräftigen Mann mit einer gewaltigen Ramme eingeebnet. Die Arbeitsweise dieser Männer, deren Tageslohn sechs Kilo Getreide beträgt, ist faszinierend. Die Schweden und die Norweger verfolgen eine ähnliche Politik bei der schulischen Förderung der afghanischen Kinder: Sie geben den Eltern fünf Kilo Getreide pro Monat für jeden Jungen, der zur Schule geht, und für jedes Mädchen geben sie zusätzlich zum Getreide noch ein paar Liter Öl. Das kostet nicht viel, ist aber effektiv.

Drei Tage lang versuche ich, wie die Afghanen zu essen, und ernähre mich nur von Tee und Brot. Das reicht nicht, um mich von meinen rund 30 Kilometer langen, Kraft raubenden Tagesmärschen zu erholen. Vor ihrem einzigen verrosteten Radioapparat lauschen die Menschen in den Dörfern jeden Tag andächtig und in Gruppen den iranischen Nachrichten oder dem BBC in persischer Sprache, um sich über das Vorrücken der Taliban zu informieren. Diese haben Taloqan noch immer nicht eingenommen. Das scheint viele zu beruhigen und mich sowieso! Trotzdem erkundige ich mich jeden Abend nach dem nächstgelegenen Ausgangstor zu Tadschikistan oder Pakistan, falls sie plötzlich einmarschieren sollten.

Nacht in der Moschee

Am 3. August suche ich im hoch über der Straße liegenden Dorf Alejgareu wieder einmal Zuflucht in der Moschee. Bei meinem Eintreffen heften fünf verwegen aussehende Männer unter dem Vordach einen harten und forschenden Blick auf mich und mustern mich von Kopf bis Fuß, einschließlich Rucksack. Sie sehen mitgenommen aus. Einer hat ein ausgemergeltes Gesicht und dünne

Beine. Ein anderer, auch er ausgezehrt, atmet schwer, räuspert sich und spuckt. Vielleicht hat er Tuberkulose. Ebenso sein Nachbar. Ich spreche sie so ungezwungen wie möglich an: »*Salam alaikum!* Ich bin Franzose. Wie geht es Ihnen?« Vor uns liegen noch eine Stunde bis Sonnenuntergang und das Abendgebet, um miteinander Bekanntschaft zu machen. Mehrere der Männer sind zu Fuß aus Pakistan zurückgekommen. Sie haben ihre Schafe für 20 Dollar pro Stück in Peshawar oder für noch weniger in Chitral verkauft. In Afghanistan hätten sie nur halb so viel dafür bekommen. Mein erster Eindruck war richtig. Alle sind krank: Atembeschwerden, Bauchschmerzen, wahrscheinlich Nieren- oder Gallensteine, die sie aus Geldmangel nicht behandeln lassen, in der Hoffnung, dass sie eines Tages von selbst verschwinden werden, Inschallah! Also rate ich diesen armen Schluckern, ins Krankenhaus von Barak zu den »Ärzten ohne Grenzen« zu gehen, für die sie mich, nach Landessitte, um ein Empfehlungsschreiben bitten.

Ich bleibe draußen, unter dem Vordach, während Zinaidine, der junge Imam mit schwarzem Bart, das Gebet anführt. Er hat gerade seine Studien an pakistanischen Koranschulen abgeschlossen. Nach getaner Arbeit bieten mir Zinaidine und einige Dorfbewohner Tee und Brot an. Ich vermute, aber vielleicht täusche ich mich, dass er ein Sympathisant der Taliban ist. Plötzlich fragt mich der gelehrte Redner vor versammelter Menge:

»Glauben die Christen, dass Jesus der Sohn Gottes ist?«

»Ja.«

In der Dunkelheit erkenne ich nur die Umrisse der rund 20 Personen, die um ihn herum in Lachen ausbrechen. Zinaidine ist Sprecher einer Zuhörerschaft, die auf seiner Seite steht. Auf verlorenem Posten inmitten dieser Standhaften, erkläre ich, dass ich den Koran gelesen habe. Damit zumindest kann ich ihren spöttischen Eifer etwas beruhigen. Schwierig, sich vor einem solchen Publikum, das mich aus dem Schatten heraus belauert, über ein so heikles Thema wie die Religion zu äußern. Um niemanden zu verletzen, wähle ich mit Bedacht meine Worte, und das mit meinem geringen Dari-Vokabular, der örtlichen Version des Persischen. Ich hoffe, dass keiner der Gläubigen mich für einen Gotteslästerer hält und sich in der Nacht an dem Ungläubigen mit einem Messerstoß rächen will. Doch dann habe ich mit nichts als mit Flöhen und Mücken zu kämpfen und habe nur Angst vor der Malaria. Gegen vier Uhr dringt ein »*Allah Akbar!*« durch die Sternennacht, deren dunkles Blau sich gerade aufzuhellen beginnt. Mit seiner schönen Stimme verkündet Zinaidine der Sonne, dass es nun an der Zeit ist zu erscheinen.

Am Nachmittag des 5. August komme ich vor Ishkashim über einen fast 3000 Meter hohen Pass. Aus einer Quelle trinke ich Wasser und bewundere die unbeschreibliche Schönheit des Berges Noshaq. Der höchste Punkt Afghanistans überragt mit seinen 7485 Metern zwei zackenreiche Gebirgsketten. Im Süden, hinter der entfernter gelegenen, befindet sich Pakistan. Im Norden erheben sich die Berge zwischen Afghanistan und Tadschikistan, mit über 6000 Meter hohen Gipfeln, wie die Bergspitze des Maiakowskogo. Dazwischen geht der Blick in Richtung auf den Korridor von Wakhan, dem Höhepunkt meiner Reise, wahres Abenteuer und Zeitsprung zugleich.

Marco Polo soll hier entlanggekommen sein! Er erwähnt Wakhan in seinem Buch der Wunder: »Man geht so hoch hinauf, dass auf dem Gipfel dieser Berge, so sagt man, hier der höchste Ort der Welt ist. Und wenn man an diesem hohen Ort ist, man zwischen den beiden Gebirgen eine weite Ebene vorfindet ...« Aufgrund dieser natürlichen Festung und der Geschichte gehört Wakhan, eine schmale Ausbuchtung des afghanischen Territoriums, noch immer zu Afghanistan. Ende des 19. Jahrhunderts hatten die Russen den größten Teil Zentralasiens erobert. Den Briten missfiel das Vordringen

Russlands bis auf 30 Kilometer an das heutige Pakistan heran, und sie verdächtigten die Russen, sie wollten ihre Eroberung bis nach Indien und an die südlichen Meere ausdehnen. Ein Krieg drohte auszubrechen, doch dann ging der Armee des Zaren wegen der Hungersnot in Russland das Geld aus. Keine Rede mehr von einem Konflikt zwischen den beiden Weltreichen. Großbritannien verlor sein Interesse an Zentralasien, und so unterzeichneten beide Länder einen Nichtangriffspakt, der eine neutrale Zone unter afghanischer Staatshoheit, den Korridor von Wakhan, festlegte, wobei nördlich dieser geografischen Barriere russisches Territorium sein sollte und südlich britisches.

Wo Kinder bei den Tieren geboren werden

So gehe ich also voller Träume, die Augen und das Herz voller Erwartung, auf Ishkashim zu, wo zum Kämpfen abgerichtete Hühner der ganze Stolz ihrer Besitzer sind. Die Kämpfe müssen für irrsinnige Wetten herhalten, bei denen die Verlierer in der allgemeinen Erregung ihre mageren Ersparnisse verwetten. Man führt mich zum Büro der »Ärzte ohne Grenzen«, die wertvolle und anerkannte Arbeit leisten. Philippe Le Gall, ein sanftmütiger Gallier, nimmt mich für zwei Erholungstage bei sich auf. Ich bin erschöpft. Noch nie war ich so froh, zum Arzt zu gehen; noch dazu zu einem, dessen Organisation den Friedensnobelpreis erhalten hat. In den Städten und Dörfern im Nordosten Afghanistans gibt es keinen Strom. Das bisschen Licht stammt aus den Generatoren der NGO. Unter einer schwachen Glühbirne unterhalte ich mich mit Philippe und Djamila. Er, ehemals in der Handelsmarine tätig, folgte in seinem späteren Leben seiner Berufung zum Arzt. Sie, tadschikische Krankenschwester und sanfte Ismaelitin, ist über die Grenze gekommen, um ihren Nachbarn zu helfen. Unabhängig von ihren humanitären

Absichten haben die Mitarbeiter von »Ärzte ohne Grenzen« oft einen interessanten Einblick in die Länder, in denen sie tätig sind. Im vorliegenden Fall bestätigen meine Gastgeber meine Beobachtungen:

»Die Leute hier waschen sich nicht. Vor dem Essen halten sie nur Hände und Gesicht ohne Seife unter das Wasser. Noch nie habe ich solche Dreckschichten an den Armen der Kinder kleben sehen, die, als wäre das ihre Vorbestimmung, oft im weichen, warmen Tiermist geboren werden. Wir betreiben eine ganze Menge Vorsorge, aber nicht nur Krankheiten bekommt man früh in diesen Gegenden, auch Kinder. Die Hochzeit der Mädchen wird schon in der Pubertät arrangiert. In das Notkrankenhaus von Ishkashim werden Mütter eingeliefert, die kaum älter sind als zwölf Jahre alt. Weil es keine Standesämter gibt, lässt sich ihr Alter nur schätzen, und auch die Eltern kennen oftmals ihr eigenes Alter nicht. ›Abdul wurde in dem Jahr geboren, als wir das schwarze Pferd gekauft haben!‹, so etwa lauten ihre Angaben. Viele verheiratete Mädchen von vielleicht 15 Jahren, die noch kein Kind haben, kommen sehr verstört zu uns. Sie fühlen sich umso schuldiger, als der afghanische Mann es sich nicht vorstellen kann, dass er steril sein könnte. Also kann nur seine Frau schuld daran sein. Trotz dieser archaischen Strukturen mag ich die Afghanen einfach und ganz besonders die Ismaeliten.«

Der größte Teil der Bevölkerung aus der Region von Ishkashim und dem Korridor von Wakhan ist ismaelitisch, Folge einer Spaltung innerhalb des schiitischen Islam. Djafar, sechster Imam, soll zunächst seinen Sohn Ismael als Nachfolger benannt haben, der aber starb vor seinem Vater. Beim Tode Djafars beschloss ein Teil der Schiiten, Mohammed, dem Sohn Ismaels, zu folgen. Von ihm stammt der Agha Khan ab, 49. Imam und geistiger Führer der Ismaeliten. Er lebt heute in Europa und regiert dort über seine in viele Länder verstreute Gemeinschaft. Seine Getreuen lassen ihm Spenden zukommen, die er zum Teil für die Entwicklung benachteiligter Gebiete, in denen mehrheitlich Ismaeliten leben, verwendet wie etwa Impfungen in Afghanistan oder schulische Projekte in Pakistan. Der ismaelitische Zweig des Islam gibt sich humanistisch und tolerant. Die Männer sind nicht verpflichtet, einen Bart zu tragen, und tun es daher im Allgemeinen auch nicht. Die Frauen tragen keine *burka*, nur ein Kopftuch, und leben weniger abgeschottet als die Sunniten. Die ismaelitischen Bartlosen müssen mehr als alle anderen über das Vordringen der Taliban besorgt sein. Es heißt, dass in Kabul die Polizei zur Bekämpfung von Laster und Förderung der Tugend die Länge des Bartes kontrolliert, indem sie den Bart am Kinn packt und überprüft, ob er auf der anderen Seite der geschlossenen Faust herausschaut. Ist das nicht der Fall, droht dem Zuwiderhandelnden so lange Gefängnis, bis die Länge des Bartes dem momentanen Geschmack entspricht. Und ohne Zweifel würden die schamlosen ismaelitischen Frauen durch die *burka* sehr schnell zu Zucht und Ordnung gebracht werden.

Am Abend vor meinem Aufbruch von Ishkashim in Richtung des Korridors von Wakhan, wo sozusagen kein Geld im Umlauf ist und es auf 300 Kilometer kein Geschäft gibt, kaufe ich eineinhalb Kilogramm Tee, Stifte, Zigaretten und Streichhölzer. Ich brauche eine Tauschwährung, die wenig wiegt und gleichzeitig genug wert ist für Tauschgeschäfte oder für Geschenke an meine künftigen Gastgeber. Auf der Waage bei den »Ärzten ohne Grenzen« wiegt mein Rucksack 23 Kilo, mit eineinhalb Liter Wasser, sieben Dosen Fisch, Brot, Keksen, hart gekochten Eiern und Salz. Das ist nicht genug für die zwei bis drei vor mir liegenden Wochen, aber ich werde mir sicherlich unterwegs Brot beschaffen können. Und wenn ich in Schwierigkeiten geraten sollte, werde ich versuchen, schneller als vorgesehen Wakhan in Richtung Pakistan zu verlassen.

»Wo liegt Frankreich? In Afrika?«

Am 8. August nehme ich endgültig Kurs auf die Vergangenheit. Im Wakhan tauche ich in eine noch fernere Welt ein als im restlichen Nordosten Afghanistans. Auch ohne Strom erscheint mir die Region, die ich nun hinter mir lasse, fast modern. Je weiter ich in den Korridor vordringe, desto weiter gehe ich in der Zeit zurück. Der breite Fluss zu meiner Linken ist kein Geringerer als der Amu-Daria an seiner Quelle. Er trennt Tadschikistan von Afghanistan. Nach unterschiedlicher westlicher Aussprache und Transkription wird er auch Pandj, Piandj oder Pandjah genannt; eine Übersetzung – »fünf Finger« – soll auf die Spuren der Hand des Imams Ali auf dem Felsen in Kaleh e Pandjah zurückgehen.

Mit einsetzender Schneeschmelze steigt das Wasser hoch genug an, um Einfälle zu verhindern, aber insbesondere im Winter sollen sich tadschikische Straßenräuber auf die afghanische Seite vorwagen. Einheimische Bewohner versichern mir, dass selbst jetzt irgendwelche Landstreicher mich mit dem Fernglas vom anderen Ufer ausfindig machen und den Fluss überqueren könnten, um mich auszurauben. Ich beschleunige also meine Schritte, weil mir das traurige Schicksal einer Französin und einiger japanischer Archäologen in Tadschikistan durch den Kopf geht. Der Kontrast zwischen beiden Uferseiten ist verblüffend. In der Ex-Sowjetunion, die mir im letzten Monat noch verfallen vorkam, sehe ich geteerte Straßen, auf denen die allabendliche Erscheinung von »Leuchtkäfern« bei den afghanischen Nachbarn Faszination und Neid hervorruft.

Etwa 20 Kilometer hinter Ishkashim verbringe ich die Nacht in einem von Afghanen geführten Notkrankenhaus. Es ist eigentlich nur ein zum Teil baufälliges Haus mit einem großen Hof, wo ein Dutzend Opiumsüchtige aus der Region entgiftet werden. Es gibt hier weder Strom noch Medizin. Dort mache ich die Bekanntschaft des afghanischen Arztes Lutfekhoda. Er macht sich zu Fuß auf den Weg, um bei den »Ärzten ohne Grenzen« Medikamente zu bekommen. Das also ist das letzte und einzige Krankenhaus im Wakhan, wenn man diesen trostlosen Bau so nennen darf. Das Gerücht geht um, dass die Taliban 6000 Mann in Chitral in Pakistan zusammengezogen haben, um die Mudschaheddin von hinten zu packen, indem sie in den Wakhan-Korridor über dessen anderen Zugang eindringen. Heute hingegen waren die Nachrichten im Radio eher gut: Die Taliban, die sich Taloqan schon bis auf sieben Kilometer genähert hatten, wurden um 20 Kilometer zurückgeworfen. Und das Gerücht eines Angriffs von Pakistan aus wird nicht bestätigt.

In Degurgund begegne ich am zweiten Abend vor Sonnenuntergang jungen, schmächtig wirkenden Männern, die auf ihrem Rücken Heubündel in Kiepen tragen, die mindestens 40 Kilo wiegen. Viehfutter für den Winter. Wie schaffen diese ausgezehrten Titanen das nur? Einer aus der Gruppe geht auf mich zu. Er reicht mir seine raue, schwielige Hand, aber in diesem Handschlag fühle ich die ganze Großmut dieser Menschen: »*Khub hastid? Be kheir hastid?*« Buzar Shah, 18 Jahre alt, und seine Gefährten bringen mich zum *mehmanhane* – zum Gästehaus –, das es in vielen Dörfern für Tippelbrüder und Wanderer aller Art gibt. Im Hof hat man eine schattige Plattform gebaut, und dort lassen sich die Dorfbewohner zum Plaudern auf Teppichen nieder. Trotz des starken Abendwinds rolle ich hier meinen Schlafsack für eine geruhsame Nacht aus. Da ich über die lokalen Gebräuche nicht so recht Bescheid weiß, biete ich meinen Gastgebern Geld an, aber sie fühlen sich beleidigt und wollen meine Geldscheine nicht haben. Ein anderer Bauer gesellt sich zu uns zum Abendessen. Obwohl er nicht das Glück hatte, eine Schule zu besuchen, ist er deswegen noch längst nicht dumm. Er zögert, möchte mir eine Frage stellen, wagt es aber nicht. Schließlich traut er sich: »Wo ist das, Frankreich? In Afrika, in Asien oder in

Abdul Bakhi während einer kurzen Ruhepause in Ratchau,
Korridor von Wakhan

Europa?« In einem Land, in dem viele nicht wissen, dass die Erde rund ist und kaum einer jemals das Meer gesehen hat, stelle ich fest, dass Mehmet wenigstens den Namen dreier Kontinente kennt. Ich finde die Frage wunderbar, sie wiegt viele lange Kilometer auf. Da kommt mir die Bemerkung Bahreddins in den Sinn. Als ich ihn traf, war seine Frau dabei, aber natürlich redete nur Bahreddin, und er hatte nicht geantwortet, als ich ihn nach dem Vornamen seiner Frau fragte, denn das ging mich einfach nichts an. In seinen Augen musste es ganz schön unverschämt gewesen sein, dass ich mich für die Frau eines anderen interessierte, und sei es auch nur für ihren Vornamen. Dennoch verlor er nicht seine Neugier, was den Fremden betraf: »Wie viel kostet eine Frau in Frankreich? Bei uns ist die Mitgift 1000 Dollar.«

Daraufhin hatte ich ihm meine Einschätzung als westlicher Junggeselle gegeben: »In Frankreich kostet Heiraten nichts. Du musst der Ehefrau nichts bezahlen und auch nicht ihrem Vater. Die Eheleute oder ihre Familien teilen sich meistens die Kosten für die Hochzeit und das Festmahl.«

»Das ist ein gutes System. Finde eine Französin für mich, dann habe ich, mit dieser hier, zwei!«

Obwohl ich so schnell wie nur möglich marschiert bin, komme ich am 11. August erst nachts in Kaleh e Pandjah an. Ich möchte nicht, dass man mich für einen Dieb oder Straßenräuber hält, auch nicht für eine Zielscheibe in der Nacht. In diesem Dorf ist der Sitz des Schahs aus Pandjah – das ismaelitische Gegenstück zum Imam bei den Sunniten und zum Mullah bei den anderen Schiiten. Er ist das geistliche Oberhaupt fast aller Afghanen im Wakhan. Er lädt mich zu sich ein, wo ihn bereits sein Kollege, der Schah aus Zebak, erwartet, der außerhalb des Wakhan seines Amtes waltet und in Begleitung von Kommandant Hakim Big Khan und ihrer beider Eskorte ist. Da die Zimmer für diese illustren Gäste reserviert sind, verbringe ich eine nicht weniger angenehme Nacht unter dem Sternenhimmel.

Frühmorgens bringt mir Salaadin einen Beutel mit köstlichen *kultche*. Das sind harte, runde oder dreieckige Brötchen, mit einem Durchmesser von acht bis zehn Zentimetern, aus Getreidemehl, Öl, Wasser und Salz hergestellt. Nachdem ich bei der Verabschiedung seiner Gäste vom Vorabend dabei sein durfte, bietet Ismail Schah mir an, meinen Aufenthalt bei ihm zu verlängern und mich im Ehrenzimmer unterzubringen.

Die Feierlichkeit des Abschiedszeremoniells ist faszinierend. Vertraute oder Personen gleichen Ranges reichen sich wie wir die rechte Hand, heben dann aber die beiden verschränkten Hände bis

Mein schwerer Rucksack ist nichts im Vergleich zu den Lasten, die diese schmächtig wirkenden Männer tragen.

in Höhe des Kinns und neigen leicht den Kopf, um gleichzeitig die Hand des anderen zu küssen. Die Vasallen des Schahs haben für seine Person eine noch ehrerbietigere Begrüßung, indem sie seine ausgestreckte Hand küssen. Die ehrwürdige Kleidung, die Turbane und das Gebaren der beteiligten Männer verleihen dieser überschwänglichen Herzlichkeit noch mehr Gewicht und sind Ausdruck ihrer aufrichtigen gegenseitigen Wertschätzung. Die Kinder, denen ich die Hand reiche, ergreifen sie und küssen daraufhin ihre eigene Hand aus Respekt vor dem Fremden und Erwachsenen, als hätten sie einen heiligen Mann berührt. Ich fühle mich sehr geschmeichelt.

Tief im Korridor von Wakhan

Ich erreiche den Punkt, wo der Wakhan sich zweiteilt oder sich verbreitert: auf der einen Seite der Weg, der entlang des Grenzflusses zu Tadschikistan zum Großen Pamir führt, auf der anderen der eigentliche Wakhan, in den ich hineingehe. Cheulk, ein Dorf mit rund 70 Einwohnern, ist auch unter dem Namen Garm Choma bekannt – »heiße Quelle« –, wegen ihres schwefelhaltigen Wassers. Der Schah von Pandjah hat dort zwei ummauerte Wasserbecken anlegen lassen, das eine für Männer, das andere für Frauen. Ich mache mich dort frisch und gönne mir ein wenig Ruhe, wobei ich von einem Fenster der Brunnenanlage den Blick auf einen über 6000 m hohen verschneiten Gipfel genieße. Das wird bis auf weiteres mein letztes Vollbad sein. Ich unterhalte mich mit Djalad und seinem Sohn Saidal, der 22 Jahre alt und bereits Vater dreier Töchter ist:

»Meine Frau ist auch aus Cheulk. Hier gibt es nur sechs Familien, und die verschiedenen Generationen leben alle unter einem Dach.«

»Gibt es hier keine Schule?«

»Die nächste ist zwei Stunden zu Fuß entfernt, aber normalerweise gehen die Kinder nicht hin.«

»Autos kommen nicht bis zu euch durch?«

»Es gibt wohl noch die Straße, aber wegen der Flüsse, die man überqueren muss, kommt höchstens mal ein Fahrzeug alle eineinhalb Monate hierher. Es ist zu schwierig! Manchmal kann ich es kaum glauben, wie die robusten Jeeps zu bestimmten Jahreszeiten über die Flüsse kommen.«

»Was macht ihr, wenn ihr Salz braucht?«

»Verkäufer und Straßenhändler gehen von Dorf zu Dorf. Und irgendwann erfährt man vom Hörensagen, dass Khandud Salz oder Tee bekommen hat, aber wenn man dann nach zwei Tagen zu Fuß oder mit dem Pferd ankommt, ist oft schon alles verkauft. Vier Tage umsonst! Noch schlimmer ist es, wenn man zum Arzt muss: Ishkashim ist mindestens fünf Tage von hier entfernt. Reichlich Zeit, um unterwegs zu sterben. Und wenn man noch tiefer im Wakhan lebt, braucht man mindestens eine Woche über das Gebirge, um nach Pakistan zu kommen.«

»Ärzte ohne Grenzen«, die »Agha-Khan-Stiftung« und eine britische NGO haben gemeinsam ein Impfprogramm für Kinder in der Region von Ishkashim und am Rande des Wakhan entwickelt, aber der Mangel an Medikamenten ist überall ersichtlich. Sobald ich ein Dorf erreiche oder wenn mich Bewohner des Wakhan sehen, stürzen sie sich auf mich und bitten mich um Medikamente. »Ärzte ohne Grenzen« hat mir eine Schachtel mit 1000 Aspirintabletten mitgegeben für die Kranken, die mir auf meinem Weg begegnen. Ich sollte ihnen raten, die Tabletten beim Essen einnehmen, denn viele Personen leiden zudem unter Bauchschmerzen – wieder einmal zu viel Opium! Am ersten Tag habe ich 20 Tabletten abgegeben, doch dann verbreitete sich die Nachricht wie ein Lauffeuer: »Ein Fremder, der Medikamente hat!« Die Leute kommen von den Feldern angerannt oder laufen mir unterwegs hinterher: »Sind Sie Arzt?« Meine Antwort enttäuscht sie umso mehr, als ich meine Dosis pro Familie auf 15 Tabletten reduzieren muss. Am zweiten Tag gebe ich nur noch zwölf, dann zehn, am dritten acht, am vierten sechs und so weiter. Ich befürchte, dass ich am Ende des Weges für die Kirgisen nur noch ein mageres Kontingent übrig haben werde. So ist das Leben der Menschen in dieser großartigen Natur. Ohne Medizin und Erziehung können die Bewohner des Wakhan sie längst nicht so genießen wie ein westlicher Stadtbewohner, der bei guter Gesundheit und mit genügend Nahrung sein Wochenende in schöner Umgebung verbringt. Und dennoch, fern der Schrecken des Krieges sind die Menschen hier nicht am schlechtesten dran …

Als ich aufbreche, schenkt mir Saidal für unterwegs eine Kette aus Aprikosenkernen. Er versichert mir, dass diese leicht bitteren Kerne Magenschmerzen lindern. Ich habe Hunger und zu wenig Nahrung, und so verzehre ich sie. Es bestätigt sich wieder einmal, dass sich der Geist erst an schönen Dingen laben kann, wenn der Magen voll ist.

Im Dorf Rurung, wo sich der Wasserlauf, an dem ich entlanggehe, etwas verbreitert, bietet mir Darvich an, die Nacht in einem steinernen Unterschlupf mit Holzdach zu verbringen. Unter den verschneiten Zacken der hohen afghanischen Gipfel macht sich die Verwendung roher Baumaterialien ganz wunderbar, wie in den gut erhaltenen Dörfern auf dem Land in Frankreich oder auch in den Alpen. Darvich ist begeistert, zum ersten Mal in seinem Leben einem Ausländer zu begegnen. Er weckt mich am frühen Morgen und bringt mir *chirtchai*, Tee mit Milch, und ein Brot mit Kastaniengeschmack. Er ist um die zwanzig und trägt die Landestracht, grüner *kamiz* und *pakol*, und wie die meisten Bewohner in diesen Gegenden hat er jung geheiratet. Er ist bereits glücklicher Vater einjähriger Zwillinge, die er mir in der selbst gemachten Holzwiege zeigt. Auch die Weidenkörbe, Forken und anderes Holzwerkzeug wurden im Ort angefertigt. In einem anderen Dorf höre ich die Musik einer Geige, ein kunstvoll zusammengesetztes Gebilde aus durchlöcher-

Darvich, mein Gastgeber im Dorf Rurung mit seinen handgemachten Arbeitswerkzeugen

tem Ölkanister, Besenstiel, alten Schnüren und einem für den Zweck zurechtgezimmerten Bogen. Da tut es mir Leid, dass ich kein Instrument spiele und zu dieser Form zwischenmenschlicher Kommunikation über die Musik nicht beitragen kann. Wie schon in Rurung stelle ich wieder einmal fest, wie viele alltägliche Gebrauchsgegenstände selbst per Hand gemacht werden. Ich komme aus einer Industriegesellschaft und habe weder Talent noch Geschick, ein so vollendeter Gestalter zu werden wie es die Wakhan-Bauern sind. Was wäre ich doch für ein armseliger Wicht, wenn ich in diesen ländlichen Gegenden leben müsste.

Darvich und ich unterhalten uns auf Persisch. Jeden meiner Sätze unterstreicht er mit dem Wort *sais*, was wohl bedeutet »so ist es«, und lacht dazu. Plötzlich geht die Tür auf. Im Zimmer erscheint eine wütende alte Furie mit Krallenfingern, die uns auf Wakhi anfährt, weil mein Gastgeber spät dran ist mit der Feldarbeit. Ich bin erstaunt, dass eine Frau in einem muslimischen Land sich so behaupten kann. Ich versuche mich auf Persisch zu entschuldigen, um sie zu beruhigen und meinen Gastgeber von jeder Schuld freizusprechen, aber sie zischt mich an: »*Zaban e dari ne midunam*« – »Ich verstehe kein Dari« – und schlägt beim Hinausgehen die Tür hinter sich zu. Darvich, den dieser Auftritt der Alten nicht im Geringsten zu stören scheint, bricht sogar in schallendes Gelächter aus und meint, dass das nicht schlimm sei: »Sie kommt aus den Bergen!« Im Laufe meiner Reise habe ich von himmlischeren Erscheinungen geträumt. Scheinbar dürfen sich Frauen in einem Alter, da sie nicht mehr gebären können, hier einiges herausnehmen.

Mitgerissen vom Fluss

Bisweilen marschiere ich den Abhang oberhalb des Flusses entlang, springe von Fels zu Felsen, wenn der Weg völlig verschwindet und erst später weitergeht. Am 16. August bewege ich mich auf diese Weise auf felsigem Boden in der Nähe des Dorfes Nichkhaur voran. Unter den schneebedeckten Berggipfeln grasen Kamele mit dichtem Fell und schlaff zur Seite fallenden Höckern. Bald werde ich von einem etwa zehn Meter breiten Nebenfluss des Pandj aus diesem idyllischen Bild gerissen. Der Fluss ist nicht sehr tief. Ich denke, dass das Wasser mir bis über die Knie reicht, aber das Flussbett ist mit Kieselsteinen und Felsen übersät, so dass man bei der sehr starken Strömung sicherlich nur schwer das Gleichgewicht halten kann. Ich gehe weiter aufwärts, um einen günstigeren Übergang zu finden. Ein ganzes Stück stromaufwärts beschließe ich, ihn zu überqueren. Ich ziehe meine Schuhe aus und binde sie an meinen ohnehin schweren Rucksack und gehe ins Wasser. Am Anfang ist es einfach. Dann wirbelt mir die Strömung um die Beine, und ich komme nur noch langsam voran. In der Mitte des Flusses kann ich nicht weiter, die Strömung ist zu stark, und das Gewicht meines Rucksacks behindert mich. Keinen Schritt kann ich mehr weitergehen, weder vorwärts noch rückwärts. Meine Standfestigkeit ist höchst gefährdet. Da passiert, was passieren musste: Als ich meinen Fuß auf einen Stein setze, rutscht dieser weg. Ich falle unter meinem Gewicht und werde mit dem Stein weggerissen. Meine Hände klammern sich an andere Steine, die sich lösen. Mein Rucksack saugt sich voll und geht unter. Ich habe Angst, mir den Kopf an einem Felsen anzuschlagen. Immer schneller treibe ich auf den wütenden Strom zu, neben dem mein Sturzbach ein Witz ist. Seinen Fluten könnte ich nicht entkommen. In solchen Fällen denkt man viel und schnell. So will ich nicht sterben. Weder meine Eltern noch irgendjemand sonst wird wissen, wo ich geblieben bin. So darf ich nicht enden. Ich will das nicht.

Unter solchen Umständen ist es nicht immer das Leben, das einen loslässt. Manchmal ist es der Mensch, der es gehen lässt. Mit einer gewissen Ironie im Angesicht des Todes in einer herrlichen Landschaft, bei strahlendem Sonnenschein, biete ich der Natur das Schauspiel meines Unglücks. Dabei weiß ich genau, wie sehr ich am Leben hänge. Hin und her geworfen von der Strömung, klammere ich mich an alles, was mir in den Weg kommt, und kämpfe. Ich weiß nicht, wie, aber ich gelange zurück ans Ufer. Tief atme ich auf, da bemerke ich, dass ich noch immer auf der falschen Seite bin. Ich habe große Angst gehabt, bin aber lediglich mit einer blutenden Wade und ein paar blauen Flecken davongekommen. Meine Fotoapparate sind intakt. Mein Rucksack wiegt Tonnen. Und jetzt noch einmal. Wie aber soll ich das anstellen? Da taucht die Vorsehung in Gestalt von Khayam Big auf. Schnauzbärtig, kräftiger Oberkörper wie ein Stier und muskulöse Kämpferbeine. Ein echter Panzerschrank, 25 Jahre alt. Auch er will den Fluss überqueren, aber er ist es gewohnt, und er ist dafür auch besser geeignet als ich. Ich wringe mein Trikot aus und kippe ein bisschen Wasser aus meinem Rucksack. Den nimmt Khayam auf seinen Rücken, und zusammen machen wir uns an die Überquerung. Um sicherer zu stehen, halten wir uns an der Hand, mühsam geht es voran, bis wir am anderen Ufer Fuß fassen. Ich frage mich, wie die Kinder und die Alten es schaffen, bei der Schneeschmelze so über den Fluss zu kommen. Natürlich ist das ihr Land, sie lernen das von klein auf, und natürlich können sie besser ihr Gleichgewicht halten als ich, aber verdammt noch mal, wie machen sie es? Khayam Big lädt mich ein, mich bei einem Tee in seinem Dorf auszuruhen. Ich breite meine Kleider, meinen Schlafsack, die Streichhölzer und alle anderen durchnässten Sachen in der Sonne zum Trocknen aus.

Mein Marschtag – 25 Kilometer – ist nicht anstrengend. Lange vor Sonnenuntergang komme ich in Sarhad e Wakhan an, dem letzten Dorf des eigentlichen Wakhan-Korridors. Es liegt 200 Kilometer von Ishkashim entfernt und auf 3200 Meter Höhe. Sein Militärchef, Hafez Khan, mit Bart und dunkelblondem Haar, was bei Erwachsenen selten vorkommt, afghanischer Hose und Kampfweste, ist ein Mann von Massud. Seine Hauptarbeit besteht darin, die Sicherheit der Grenze zum Pakistan zu überwachen, aber er herrscht auch über die ismaelitischen Dorfbewohner. Als Sunnit hat er sich einen nach außen hin offenen Gebetsplatz herrichten lassen. Die Ismaeliten haben kein »Gebetshaus«; sie beten bei sich in ihrem Heim. Hafez Khan beherbergt mich und freut sich und nimmt mich gern auf einen Rundgang durch sein Revier mit. Er fragt mich nach meiner Meinung über den Bau eines Badebeckens, in das heißes, schwefelig riechendes Wasser fließt und um das er Mauern errichten lässt. Als Westeuropäer genieße ich per se den Status eines allwissenden Experten: Mediziner, Veterinär, Architekt, Straßenbauingenieur, und bisweilen tut es mir Leid, das in mich gesetzte Vertrauen enttäuschen zu müssen. Im vorliegenden Fall scheint mein Blick auf sein Werk Zustimmung zu signalisieren, denn Hafez Khan findet eine Unterkunft für mich.

Am 17. August lege ich in Sarhad eine Pause ein, da mich drei anstrengende Marschtage im vor mir liegenden Niemandsland erwarten. In Begleitung von Hafez Khan gehe ich ein Stück zurück bis zum Dorf Tchelkan, durch das ich gestern schon gekommen bin und wo die gestampften Mauern einer Schule errichtet wurden. Die Schulausbildung ist ein wichtiges Anliegen von Hafez Khan. Die Kinder zweier Dörfer haben in dieser Schule gelernt, aber der Staat zahlt die Gehälter ihrer zehn Lehrer nicht mehr. Da auch Lehrer essen müssen, sind sie auf ihre Felder zurückgekehrt. 5000 bis 6000 Dollar im Jahr und dazu eine örtliche Kontrolle, dass das Geld gut angelegt ist, würden genügen, um die zehn Lehrer zu bezahlen! Es betrübt mich zu sehen, wie der Wind durch die zerrissenen Schulbücher weht, die auf den verbliebenen Schulbänken herumliegen. Als noch Unterricht erteilt wurde, drängten sich hier Kinder von sieben Jahren und älter in jedem Klassenzimmer, ein Privileg, das hart erkämpft werden musste. Die Fenster gehen hinaus auf die Natur und laden zum Träumen ein, aber sie haben keine Fensterscheiben. Der von morgens acht Uhr bis mittags erteilte Unterricht muss, sobald der Frost einsetzte, ein wahres Martyrium gewesen sein, deshalb war die Schule im Winter für mindestens drei Monate geschlossen gewesen. Dazu kamen einmonatige Sommerferien, in denen die Kinder ihren Eltern auf den Feldern halfen.

Drei Tage ohne Menschen

Von Sarhad aus kann ich in vier Marschstunden über den rund 3900 Meter hohen Baroghil-Pass nach Pakistan gelangen. Im August ist das nicht schwer. Ich aber habe eigentlich mehr Lust, bis ans Ende der Landzunge zu gehen, die von den Westeuropäern noch immer Wakhan genannt wird, während sie nach dem Ort Sarhad bei ihren Bewohnern Pamir heißt. Und genau da gibt es nicht einen afghanischen Bewohner mehr – die Ebene endet vor dem Gebirge. Ein erster Pass in über 4100 Meter Höhe überragt ein Gebiet, das ich in drei Tagen auf über 3600 Meter Höhe durchqueren muss. Hafez Khan meint, dass er mich dort nicht allein gehen lassen kann, weil die Gefahr zu groß sei, dass ich mich verirre. Er vertraut mich Niyazbek an, dem Eselstreiber, der seine Umhängetaschen und meinen Rucksack auf sein Tier lädt. Der Gedanke, drei Tage kein Gewicht auf dem Rücken zu haben, gefällt mir. Auf der ersten Passhöhe fallen leichte Schneeflocken, aber schon bald klart die Sicht auf und gibt den Blick frei auf Landschaften, von denen eine noch herrlicher ist als die andere: zerklüftete, schneebedeckte Gipfel, kahle Berge, kesselförmige Täler, tiefe Schluchten, durch die reißende Wildbäche schießen, seltsame Skulpturen aus ockerfarbener, roter und bräunlicher Erde, geformt durch Wind und Wetter. Hie und da tauchen die Umrisse einer in dieser großen Höhe vom Wind gepeitschten Kiefer auf, einem Wind, der in heftigen Böen dieser unbezwingbaren, ausgestorbenen Natur den Atem einzuhauchen scheint.

Zum Mittagessen machen wir Rast an einer Quelle. Hafez Khan hatte Niyazbek zu spät Bescheid gesagt, dass wir Brot für zwei brauchen, so haben wir nur sechs winzige Brötchen für drei Tage Marsch bis hinauf auf 4000 Meter Höhe. Da eine noch schwierigere Etappe als diese hier vor mir liegt, wage ich es nicht, meinen Vorrat an Konservendosen anzubrechen. Unser Mittagessen besteht aus einem halben Brot und Wasser. Nachdem wir am Abend eine Behelfsbrücke über einen tosenden Fluss überquert haben, steigen wir zur verlassenen Schäferei von Baharak hinunter. Wir machen Feuer, so dass ich zu einem weiteren halben Brot eine wohltuende Tasse Tee beisteuern kann.

Am nächsten Tag stehen wir um fünf Uhr auf, trinken Tee und essen zum vierten Mal hintereinander Brot, bevor es wieder bergauf und bergab geht. Am frühen Vormittag begegnen wir einem Mann zu Pferde, Kader Khan, mit seinem Sohn, der auf einem Esel thront. Er hat Tee verkauft und bringt dafür Ziegenkäse heim, von dem er mir ein Stück gibt. Ich durchwühle meine Taschen und finde zwei Bonbons, die ich ihnen schenke. Sie bieten mir ein weiteres Stück Käse an, das macht das Teilen mit Niyazbek leichter. Was für ein guter Ziegenkäse! Oh, wie köstlich!

Kurz nach zehn Uhr legen wir an einem kristallklaren Bach eine Pause ein. Ich helfe Niyazbek beim Abschirren seines Esels, mache Katzenwäsche im Wildbach und öffne dann eine Fischkonserve. Ich befürchte noch immer, nicht genug zu essen zu haben inmitten der Bergwüste, die ich demnächst drei bis vier Tage lang in Richtung Pakistan durchqueren werde. Daher bin ich sparsam mit meinen Vorräten, aber diese Mahlzeit haben wir nun verdient! Eine halbe Dose mit einem Stück Brot bessert unseren Speiseplan auf, der allerdings allzu mager ist für die Anstrengung auf dieser Höhe.

Während ich zurückbleibe, um ein Foto zu machen, läuft Niyazbek weiter. Ich setze mich auf die Erde und hole meine beiden Apparate heraus, um das faszinierende Gebirge im Bild zu bannen. Ich bin allein und sehe Niyazbek nicht einmal mehr, da tauchen plötzlich zwei Reiter auf. Sie tragen Militärkleidung und Sonnenbrillen, einer protzt mit einer vergoldeten Uhr. In meiner Lage ist der Anblick dieser beiden Reiter fast apokalyptisch. Ein weiteres Mal kann ich mich nur in mein Schicksal ergeben, indem ich sie anspreche:

»*Salam alaikum!*«

»*Wa alaikum salam!*«

»Kommt ihr aus Pakistan?«

»Ja.«

»Wie? Über den Irshad-Pass?«

»Ja.« (Das ist einer der niedrigsten mit seinen 4925 Meter Höhe.)

»Ah! Genau da geh ich hin. Liegt da viel Schnee?«

»Nein, die Pferde sind ohne Probleme durchgekommen.«

»Danke. Woher seid ihr?«

»Aus Faizabad. Und du, was machst du hier?«

Ich beantworte ihre Fragen, ohne mich danach zu erkundigen, was sie so treiben, dann verabschiede ich mich schleunigst.

Ich habe Niyazbek noch nicht ganz eingeholt, als ich, leicht gekrümmt von der Anstrengung, auf dem Gipfel einer Steigung meine dritte Überraschung an diesem Tag erlebe: Ich stehe von Angesicht zu Angesicht mit einem rund 900 Kilogramm schweren, struppigen Monster, auf nahezu 4000 Meter Höhe! Es hatte mich nicht gehört, nicht gerochen. An seinem argwöhnischen Blick erkenne ich, dass das Biest noch verdutzter ist als ich. Ein beinahe vorsintflutliches Tier, eine Art asiatisches Bison, das mich da anschaut. Es ist viel größer als ein Ochse. Es ist stehen geblieben. Mein erster Yak! Ich weiß nicht, wie dieses Tier, zu dem sich sogleich zehn weitere Artgenossen gesellt haben, reagieren wird. Sie stehen wie angewurzelt, sind beunruhigt. So gesehen, ähneln sie eher Kühen als Stieren oder Büffeln. Einige haben Hörner. Auf dem letzten Tier der Herde sitzt ein Mann. Offensichtlich der Chef der Truppe, begleitet von zwei Gehilfen zu Fuß. Ich gehe um sie herum und grüße sie. Sie stoßen ein paar Schreie aus und ziehen mit ihrem Vieh weiter.

An diesem Tag begegnen wir niemandem mehr. Auf 3700 Metern machen wir in Langar Halt, einem Dorf, das zumindest im Sommer verlassen ist. Wir sammeln bündelweise loses Holz ein, um Feuer zu machen. Niyazbek kümmert sich darum, während ich einige Notizen mache, bevor die Sonne untergeht. Schließlich sind die Marschtage recht kurz. Gegen halb fünf Uhr teilen wir beim Tee unser vorletztes Brot. Niyazbek weiß nicht genau, wie alt er ist: »Bestimmt 20 Jahre, vielleicht 22 oder 23.« Ich hätte ihn älter geschätzt.

Am nächsten Morgen teilen wir uns das letzte Brot und ein Paket Kekse, dann geht es wieder los. Ich bin so begeistert von der Schönheit der Landschaften, dass ich ständig fotografieren muss. Ich sage mir, dass das nächste bestimmt das letzte Foto sein wird, aber es ist wie eine Droge: Ich kann einfach nicht aufhören, so begeistert, gefesselt, hingerissen bin ich von den Farben der Erde und den schneebedeckten Gipfeln im Spiel der Sonne, der Wolken und des Windes, die sie in magisches, buntes Licht tauchen.

Der Weg, den wir am frühen Nachmittag hinaufklettern, ist steil. Nur noch Gras wächst auf diesen Höhen. Wir sind auf über 4000 Metern und noch immer geht es bergauf. Als wir über eine Kuppe kommen, bietet sich uns mit einem Mal ein wunderbarer Anblick: Unter uns liegt die Alm Akbilis. Ein Bächlein fließt zwischen den Jurten hindurch. Auf der einen Seite fünf an der Zahl mit einem Durchmesser von rund acht Metern und in den Himmel ragenden Dächern, auf der anderen Seite die größte Jurte mit rund zehn Meter Durchmesser. Die Frauen tragen rote und orangefarbene Kleider, nur die Hauben, die bis zur Taille hinabreichen, sind weiß. Auch die Männer tragen die traditionellen Hüte, den hohen, kirgisischen Hirtenhut aus weißem Filz oder den tadschikischen *toghi*. Das rege Treiben, das um ihre Herden von rund 100 Yaks herrscht, scheint wie von der Stille der umgebenden Landschaft gedämpft zu sein. Die Frauen bereiten den Melkgang vor. Wenig später treiben die Männer die Tiere zusammen und binden sie dann mit Stricken an den Nüstern paarweise an dicken Steinen fest, damit sie während der Nacht nicht davonlaufen.

Bei den Kirgisen im Pamir

Man lädt uns in die große Jurte ein, deren Außenwand aus Schafswollfilz besteht. Wenn man eintreten will, muss man die Stofftür hochheben, die mit einem Holzstück beschwert ist, damit sie auch bei Wind geschlossen bleibt. Ich bin einmal mehr wie verzaubert, fühle mich wie in einem Märchen aus Tausendundeiner Nacht: überall Teppiche, außer in der Mitte, wo sich eine offene Feuerstelle befindet. Damit der Rauch abziehen kann, ist oben im Dach eine runde Öffnung angebracht; sie kann mit einem Filzstück an einer Schnur abgedichtet werden. Die Rückwand ist mit Decken bespannt, die mit Gold- und Silberfäden durchwirkt sind. Sie verleihen dieser im Grunde einfachen Behausung einen Hauch von Glanz, Sauberkeit und Luxus, und das auf dieser Höhe.

Die Jurte wird aus kreisförmigen Holzarmaturen erbaut, die ihr die runde Form geben und die sich nach oben verjüngen. Es wird mir versichert, dass sich das Ganze in einer Stunde aufbauen lässt, wenn sich eine große Anzahl Personen gleichzeitig daranmacht. Ich bewundere das Ergebnis dieses Zusammenbaus. Die Jurten werden normalerweise aber nicht mehr als zweimal im Jahr aufgestellt, denn die Kirgisen im afghanischen Teil des Pamir sind nur Halbnomaden. Der niedrigste Punkt des Kleinen-Pamir-Tals liegt auf über 3800 Metern; da die Winter sehr streng sind, wohnen sie in dieser Zeit auch in Steinhäusern.

Selbst in der Nähe der Wasserläufe gibt es weder Getreide noch Obst oder Gemüse. Nur Yaks, Schafe und Pferde finden hier auf den Weiden genügend Futter. Die Herden sind der einzige Reichtum der Kirgisen zusammen mit ihren Habseligkeiten in den Jurten: Küchengeräte, schöne Holz- und Metalltruhen, bisweilen mit eingelegten Glasperlen, die sie in Tadschikistan kaufen, Teppiche unterschiedlicher Herkunft und Polsterdecken aus Schafswolle, deren dafür benötigte goldene Stoffe aus Pakistan importiert werden. Jeden Herbst wird das Ganze auf die Yaks geladen und zu den gemauerten Häusern hinuntergebracht, bis der nächste Frühling kommt. Während der heißen Monate und wenn die Pässe relativ schneefrei sind, brechen zweimal im Jahr Yak-Karawanen nach Pakistan auf, um sich mit Getreide, Tee, Zucker, Salz, Stoffen, Streichhölzern und anderen lebensnotwendigen Dingen einzudecken. Yaks und Schafe dienen als Geld für den Tauschhandel. Die exotischsten Gegenstände, die man hier zu sehen bekommt, sind ein paar Thermosflaschen, Gummischuhe und Gummistiefel, hauptsächlich an den Füßen der Kinder.

Selbst im August ist es auf über 4000 Metern kalt nach Anbruch der Nacht. Usman, der Dorfchef, bietet mir an, in der Jurte zu schlafen, in der alle Gäste wohnen. Ich teile sie mit einer Gruppe afghanischer Mudschaheddin, die Grenzkontrollen durchführen. Usman, um die 40, ist robust, aber auf seinen herabhängenden Schultern scheint das ganze Gewicht des Daseins in diesen einsamen Gegenden zu ruhen. Seinem Blick und seiner gelassenen Haltung lässt sich jedoch entnehmen, dass ihn so leicht nichts erschüttern kann, auch nicht die unvorhersehbaren Tücken des Schicksals, welcher Art auch immer: »Nicht mit mir!« Wegen der anwesenden Soldaten mussten die Kirgisen – möglicherweise widerwillig – ein Schaf töten. Da es kein Brennholz gibt, wird das Feuer in der Jurte mit Yakfladen, Schafskot und sogar getrockneten menschlichen Exkrementen angezündet, die in Kiepen gesammelt werden und aufgehäuft in der Sonne trocknen. Ein Kirgise stellt einen riesigen Kochtopf über das Feuer und streicht ihn mit Tierfett ein. Nach drei Tagen bei Brot und Tee lecke ich mir die Lippen bei dem Gedanken an das köstliche Fleisch, das da zubereitet wird.

Der Chef der Mudschaheddin, Jan Mohamed, hat sich im Schneidersitz in der Jurte niedergelassen. Durch seinen schwarzen Schnauzbart wirkt sein fein geschnittenes Gesicht etwas düster. Mit strengem Blick kontrolliert er meine Empfehlungsschreiben: »Die sind unvollständig. Der Unterzeichner hat auf diesem Gebiet keine Zuständigkeit.« In meinem vorherigen Leben habe ich bereits zähe geschäftliche und berufliche Verhandlungen durchgestanden, aber so wehrlos in einem Land, das sich nahe einer unsicheren Grenze im Krieg befindet, war ich nie gewesen. Das Kräfteverhältnis fällt nicht zu meinen Gunsten aus. Trotzdem fühle ich mich sicherer als bei anderen Begegnungen auf den Straßen Afghanistans. Vielleicht meinte Jan Mohamed auch, dass ich mich zu viel mit Usman unterhalten habe und ihm nicht die Aufmerksamkeit zukommen ließ, die seinem Rang gebührt. Oder er wollte mir signalisieren, dass er der Befehlshaber ist, und mir so vor seinen Männern und den Kirgisen seine Autorität unter Beweis stellen. Indem er verschiedene Themen anschneidet, gibt er zu verstehen, dass er, in einem Land von Analphabeten, ein offener und gebildeter Mann ist. Und das trifft zu, denn schließlich hat er neun Monate in Isfahan gelebt und ist gut informiert über die Welt. Unsere Unterhaltung fließt dahin; wir lächeln uns an. Es gibt keine schönere Machtdemonstration als Großmut. Vor seiner Zuhörerschaft fällt Jan Mohamed sein Urteil: »In Ordnung, du kannst bleiben. Ich mag die Franzosen.« Nach dem Essen zeigt sich der afghanische Salomon sogar zuvorkommend und schenkt mir einen schönen Füllfederhalter und ein Glas ... der Marke Duralex, mit Sicherheit das meistverbreitete französische Produkt in der Welt!

Am Morgen teilt mir Usman mit, dass er in etwa einer Woche eine Yak-Karawane von Akbilis bis nach Pakistan führen wird und dass ich mit ihr ziehen könne. Das ist die Gelegenheit, meine Entdeckungsreise durch Wakhan zu Ende zu bringen. Danach werde ich zurückkommen und mich der Karawane anschließen, falls sie dann noch immer da ist. Da ich einen Bogen schlagen werde, erlaube ich mir den Luxus, einige Abschnitte zu Pferd und sogar auf dem Rücken eines Yaks zurückzulegen.

Das Dorf Utchdjilga liegt hoch über dem herrlichen See Tchakmatin unten im Tal und besteht aus acht Jurten. Ich breite meine

Sachen in dem gemauerten Haus aus, das als Teestube dient. Am Abend kommen vier junge Leute zum Kartenspielen, um die Zeit totzuschlagen, dann servieren sie ein Gericht aus gekochtem Fleisch, das von einem tags zuvor geschlachteten Yak stammt. Wir lösen es mit dem Messer vom Knochen. Es schmeckt so ähnlich wie Rindfleisch: einfach köstlich. Meine Gefährten für einen Abend reichen mir die besten Stücke. Dabei stelle ich fest, dass sie alles bis zum kleinsten Fettzipfelchen abschaben und die Knorpel abnagen, bis nur noch die schieren, weißlichen Knochen übrig bleiben. Ich schäme mich beinahe, wenn ich an den Überfluss und die Verschwendung in unserer Gesellschaft denke.

Am Morgen stelle ich fest, dass zwei Kirgisen neben mir geschlafen haben, in voller Kleidung und mit ihren Hüten auf dem Kopf. Ob sie diese wohl manchmal abnehmen? Nicht an diesem Morgen, denn es fallen leichte Schneeflocken – und das Mitte August. Der Schnee hält sich auf den Bergen ringsum. Der große Abdul Aziz, der eher abweisend wirkt, ist so nett, Brot, Yak-Käse und sogar ein Stückchen Fleisch als Reiseproviant für mich aufzutreiben. In der nächsten Nacht quartiere ich mich in der Jurte von Djurabai ein. Zwei seiner Töchter spinnen Wolle, während die dritte, fünf Jahre alt, sich schon mal in der Rolle einer künftigen Mutter übt. In ihren Armen hält sie ein wenige Monate altes Baby. Djurabai bietet mir *kaimak* an, eine Art Butter, die in Schafsmilch schwimmt.

Plötzlich kommen fünf Männer herein. Sie sind gerade vom Pferd abgestiegen. Ein jeder trägt hohe schwarze Stiefel, schwarze Kleidung, einen schwarzen Gürtel mit dicker Silberschnalle, schwarzen Umhang, schwarzen Hut und schwarze Brille. Einer von ihnen ist älter als die anderen. Ihr plötzliches Erscheinen im Zelt ist beängstigend. Es kommt mir vor, als handle es sich hier um eine lokale Version von *Der Pate* oder um den *Clan der Kirgisen*. Vielleicht gehören sie zu der Schwiegerfamilie. Nach ihrem theatralischen, wortlosen

Auftritt lassen sie sich alle im Kreis im hinteren Teil der Jurte nieder. Ich sitze zu ihrer Linken, durch ihre schwarzen Brillen sehen sie mich prüfend an. Sie schätzen mich ab, ihr Gesicht zeigt jedoch keinerlei Regung. Ich fühle mich nicht ganz sicher, aber schließlich findet die Gang von Grobianen mich wohl sympathisch, denn ihre schwarzen Brillen fallen, und sie lächeln mir zu.

Auf dem Rücken eines Yaks in 5000 Meter Höhe

Es ist der 23. August, der Boden ist mit Raureif bedeckt. Ich gehe weiter zu Fuß bis nach Karadjilga. Dort wohnt der Kirgisenchef Abdul Rachid Khan, für den ich Empfehlungsschreiben von Hafez Khan habe. Wie auf den anderen kleinen Lagerplätzen ist eine der sechs Jurten für Gäste reserviert. Man führt mich in die große Jurte und bittet mich zu warten. Die Ausstattung ist eine bunte Mischung: drei prächtige afghanische Teppiche, einer ein halbes Jahrhundert alt und »über 30 Schafe wert«; im Kontrast dazu ein maschinell gefertigter türkischer Teppich und grellbunte chinesische Wandbehänge mit gelben Blumenmustern, Importware aus Pakistan. Noch andere Personen warten mit mir auf das Eintreffen des Chefs. Wir erheben uns sogleich, als der etwa 55-jährige Mann eintritt. Er ist leicht beleibt, hat aber ein hageres Gesicht mit gebieterischem und klugem Blick, der Respekt heischt. In Anwesenheit seines Sekretärs Niyaz Ali empfängt mich Abdul Rachid Khan feierlich. Beide sind sie besonnene Männer, die gern mehr für die Sache ihres gerade einmal 1237 Seelen zählenden Volkes tun würden: 825 Kirgisen im Pamir e Khord, dem Kleinen Pamir, und 412 auf der anderen Seite der Berge, im Pamir e Kalon, dem Großen Pamir.

»Damit unsere Kinder weiterhin hier leben können, müssten eine Schule und eine Krankenstation an einer nahen heißen Quelle gebaut werden, zu der Niyaz Ali und Abdul Wali, mein ältester Sohn, er ist 34 Jahre alt, morgen mit dir reiten werden. Wir haben Kontakte zur deutschen Botschaft in Tadschikistan gehabt, aber wir konnten unsere Verbindung nicht aufrechterhalten, und so wäre es gut, wenn du einen Brief an eine deutsche Botschaft, im Idealfall in Pakistan, überbringen könntest.« Da Abdul Rachid Khan nur selten Kontakt zur Außenwelt hat, bin ich für ihn eine Art Rettungsboje, an die er sich klammert. »Kennst du auch einen Tierarzt für unsere Yaks und unsere Schafe?« Weil es keine Schule gibt, es an medizinischer Versorgung fehlt und fundamentalistische Taliban womöglich die Herrschaft über ganz Afghanistan übernehmen könnten, beabsichtigt so manch einer, nach Kirgisien abzuwandern. Für die jungen Leute wäre dort das Leben leichter, aber nicht unbedingt glücklicher.

Mit meinen Reitergefährten erreichen wir den äußersten Zipfel des Wakhan und die Grenze zu Tadschikistan in Gunjiboy. Wir kommen durch herrliche Landschaften, und die afghanischen und tadschikischen Berggipfel spiegeln sich im zauberhaften Blau des Tchekaratak-Sees. Ich bin mir sicher, dass es nur sehr wenige Landschaften gibt, die mit der majestätischen Schönheit des Wakhan konkurrieren können. Für mich jedenfalls ist dieser Korridor jetzt der breiteste und schönste Boulevard der Welt. Wolkenkratzer türmen sich empor, deren schneebedeckte Dächer mit den weißen Wolken im azurblauen Himmel ihr Spiel treiben. Überall öffnen sich riesige Täler nach China, Pakistan und Tadschikistan, ein majestätischer Anblick, der verzaubert. Daneben gibt es in diesen Bergmassiven aber auch Täler, die in gigantischen Talkesseln enden, wo seltene Schneeleoparden und Mufflons hausen.

Da wir uns am nächsten Tag wieder in Richtung Karadjilga begeben werden, mache ich mich allein auf den Weg zu einem Bach in 4000 Meter Höhe, um mich dort kurz zu waschen. Es ist das Schmelzwasser eines Gletschers, und ich halte meine Hand hinein.

Es muss um die 2 °C haben, ich möchte mich aber trotzdem unter den Armen waschen. Ich lege mir meinen Polarpelz über die Schultern, falls jemand auftaucht. Täte ich das nicht, wäre dies ein Zeichen mangelnden Respekts vor meinen Gastgebern, und das könnte mir Ärger einbringen. Da ich mir seit Wochen nicht die Haare gewaschen habe, beschließe ich dann, einen Bravourakt zu vollbringen: Senkrecht über dem Wildbach stütze ich mich auf meine Hände, Kopf über dem Wasser, und winkle dann schnell die Arme an, als wollte ich einen Liegestütz machen. Mein Kopf taucht ins Wasser. Sofort ziehe ich ihn wieder heraus und setze mich wieder hin. Mir ist, als würde mein Schädel platzen. Sekunden, Minuten vergehen. Der Schmerzt ebbt ab. Ich muss verrückt sein, dass ich die Übung mit dem restlichen Haarshampoo wiederhole. Ich reibe die Haare damit ein und tauche erneut meinen Kopf ins eiskalte Wasser. Der furchtbare Schmerz kehrt zurück. Das Wasser ist zu kalt, um meine Haare richtig auszuspülen. Wer mich insgeheim beobachtet, muss denken: »Diese Westeuropäer haben komische Angewohnheiten!« Was soll's, auf ein Neues! Ich massiere mir trotzig die Kopfhaut. Als ich dieses Mal meinen Kopf nur mit Mühe wieder aus dem Wasser herausbekomme, meine ich, dass es nun wirklich reicht. Sollte ich im Wakhan bleiben, werde ich mich erst im nächsten Sommer wieder waschen!

Jedenfalls macht sich in diesem Land ohne Spiegel kaum jemand Sorgen um sein Aussehen oder den Blick der anderen. Man ist, wie man ist. Die Afghanen und Kirgisen mit ihren staubigen Gesichtern, ihren erdigen Händen haben mir für einen Moment zu Bewusstsein gebracht, was die biologische Bestimmung des Menschen ist: zu sein und in Frieden mit dem Universum und sich selbst zu leben. Diese Menschen muslimischer Kultur wissen all dies intuitiv, aufgrund ihres Lebens und ihrer jahrtausendealten Erziehung. Ähnlich kompliziert wie die Bibel besagt der Koran, mit dem diese Menschen tief verwurzelt sind, symbolisch, dass der erste Mensch aus Staub erschaffen wurde. Ich selbst komme aus einem Land, in dem ein jeder traditionsgemäß stolz ist, mit der Scholle verwurzelt zu sein. Durch das Marschieren bin ich mit ihr verbunden und gehe zurück zu meinen Ursprüngen.

Im Wakhan erlebe ich einen der außergewöhnlichsten Augenblicke meines Lebens. Inmitten dieser Berg- und Tierwelt komme ich meinem Wesen und der Lebensweise ferner Ahnen näher. Indem ich in Afghanistan direkten Kontakt zur Erde habe, aber auch in anderen Ländern, wo mich eine Asphaltkruste von ihr trennte, habe ich beim Marschieren oft den Eindruck, dass ich mit der Natur verschmelze und dass sie mit mir verschmilzt.

Am Abend essen wir in Anwesenheit des Chefs mit den Fingern heißen Reis mit Butter und Joghurt, das die Kirgisen *ayran* nennen.

»Kann man von hier aus nach China kommen?!«

»Ja«, antwortet Abdul Rachid Khan. »In einem dreistündigen Marsch über einen Pass auf über 5000 Meter Höhe. Auf der anderen Seite sind Soldaten unterhalb der Grenze stationiert. Tagsüber gehen sie bis zur Passhöhe hinauf. Mit deinem chinesischen Visum lassen sie dich vielleicht rein. Mein Sohn Abdul Wali ist da sogar ohne Visum rübergekommen.«

Ich zweifle an seinen Worten, denn soviel ich weiß, ist dieser Teil Chinas für Ausländer gesperrt. Andererseits ist dieser Weg bestimmt grandios. Vielleicht ist er noch nie von einem Westeuropäer begangen worden. Das Experiment ist verlockend. Ich sage, dass ich am nächsten Morgen um halb sieben aufbrechen möchte, da die Wahrscheinlichkeit, Chinesen auf dem Pass anzutreffen, wohl gering ist, es bis dorthin jedoch sicherlich länger als die drei veranschlagten Stunden dauern wird. Mein Entschluss stößt auf geringe Begeisterung bei meinen Führern, und so brechen wir erst um halb elf Uhr auf dem Rücken der Yaks auf.

Nachdem es über zwei Stunden auf einer leichten Steigung aufwärts geht, legen wir eine zehnminütige Rast ein, damit die Tiere sich ausruhen können. Ohne etwas gegessen zu haben, machen wir uns wieder auf den Weg zur Passhöhe. Als der Anstieg deutlich steiler wird, geraten die Tiere außer Atem. Mein Yak keucht und bleibt dauernd stehen. Ich steige ab, um ihn zu ziehen, aber ohne mein Gewicht kommt er wieder rasch voran. Schließlich lassen wir die Yaks 100 Meter unterhalb der Passhöhe zurück und machen sie an einem Stein fest. Wir kommen über ein Geröllfeld, dann über Firnschnee und sind dann auf der anderen Seite des Passes – die Grenze. Es ist später Nachmittag, wir haben fast sechs Stunden gebraucht. Es scheint niemand da zu sein! Abdul Wali beobachtet das Reich der Mitte durch sein Fernglas. Wir beschließen, Niyaz Ali mit dem Maschinengewehr, meinem Rucksack und den Tieren auf der afghanischen Seite der Grenze zurückzulassen. Wenn wir verhaftet werden, soll er Abdul Rachid Khan Bescheid geben, dass man uns zu Hilfe kommt. Wir gehen noch 150 Meter weiter hinunter, ein um meinen Stock gebundenes weißes Trikot dient als Fahne. Der Abhang wird steiler. Wir sehen Häuser im Tal, etwa eineinhalb Stunden unterhalb.

»Militärlager«, verkündet Abdul Wali. Schwer zu sagen, selbst durch das Fernglas. Das Licht der Sonne, das den Kamm der Berge des Karakorum streift, ist wunderschön, aber es wäre töricht von mir zu glauben, dies sei eine Aufforderung, das Land zu betreten. Käme ich in einem für Touristen gesperrten Gebiet des Nachts in eine chinesische Militärzone, könnte es ohne weiteres geschehen, dass man auf mich schießt oder mich einsperrt, ohne dass irgendjemand davon erführe. Meine Angehörigen würden glauben, ich sei in Afghanistan oder an der Grenze zu Pakistan gestorben, aber gewiss nicht in einem chinesischen Kerker. Dieses Mal lohnt sich der Einsatz nicht.

Abdul Wali sieht mich an und fragt: »Also, gehst du rüber?«

»Nein, es wird dunkel. Das ist zu gefährlich!«

»Warum? Ich war für einen Monat in China und bin auch hier über die Grenze gegangen.«

»Einen Monat. Wo denn in China?«

»In Tachkorgan.«

»Und was hast du einen Monat lang in Tachkorgan gemacht?«

»Ich war im Gefängnis!«

Dieses Detail erhärtet meine Analyse. Ein wenig enttäuscht kehren wir nach Afghanistan zurück. Der Spaziergang war großartig, aber wie ich vorausgesehen hatte, sind wir zu spät angekommen. Es ist kalt. In einer knappen Stunde wird es stockfinster, und wir sind auf 5000 Metern. Ich steige wieder auf meinen Yak, der mit erstaunlicher Sicherheit über das Geröll klettert, manchmal prüft er aufmerksam den Boden, einen Fuß in der Luft, um herauszufinden, wo er den besten Halt findet. In den ersten zwei, drei Minuten bin ich beunruhigt wegen des steilen Gefälles und lehne mich nach hinten, um das Tier zu unterstützen und nicht nach vorn über seine Hörner zu kippen. Seine Muskelkraft und sein Gleichgewichtsinn sind jedoch verblüffend. Weil er mit dieser schroffen Bergwelt vertraut ist, einen sehr tief liegenden Schwerpunkt hat und zum Abstützen immer noch drei Füße bleiben, wenn der vierte abrutscht, ist er einem armen Zweibeiner gegenüber im Vorteil.

Weil es unbequem, ja sogar gefährlich ist, nachts voranzukommen, ärgere ich mich umso mehr, so spät aufgebrochen zu sein. Plötzlich gerät mein erschöpftes und durch die drohenden Peitschenhiebe Abdul Walis verängstigtes Schlachtross ins Straucheln, als wir einen Wasserlauf überqueren. Unerhörtes Glück, es sackt nach vorn, ohne meine frei schwebenden Beine zu zerquetschen. Endlich, gegen 22 Uhr, geben uns Leute mit einer Lampe Lichtzeichen, damit wir ihr Dorf in der Dunkelheit nicht verfehlen.

Allein weiter

Am nächsten Tag nach unserer Rückkehr bricht ein anderer Sohn Abdul Rachid Khans mit drei Männern und sieben Pferden nach Pakistan auf. Gerade einmal 15 Jahre ist er alt und bereits ein kleiner Chef, der eine Zigarette nach der anderen raucht. Man hatte mir gesagt, ich könne mich ihnen anschließen, und zwar zu einem recht günstigen Tagespreis, der hier allerdings vergleichsweise das zwei- bis dreifache Gehalt eines Arztes und den fünffachen Tageslohn eines Arbeiters ausmacht – und dies nur, um sie begleiten zu dürfen, ohne Anspruch auf ein zusätzliches Pferd.

In einem Land wie Afghanistan kann ich verstehen, dass ein Ausländer mehr als den Ortstarif bezahlt, das ist sein Beitrag zur Entwicklung. Was ich aber verabscheue, ist die Arroganz des Tyrannen, der mir am folgenden Tag, kaum dass ich meinen Rucksack auf ein Pferd gebunden habe, zwei Minuten vor Abmarsch verkündet, der Preis habe sich verdreifacht. Wohl wissend, dass man von hier über einen Pass auf 5600 Meter Höhe drei bis vier Tage bis nach Pakistan braucht, ohne eine Menschenseele zu treffen, glaubt er, mich erpressen zu können, und das entgegen der mit seinem Vater zuvor getroffenen Vereinbarung. Als ich wissen möchte, warum der Preis gestiegen sei, flüchtet er sich, leicht verlegen, in fadenscheinige Erklärungen: »Es ist schwierig. Es liegt viel Schnee.« Abdul Aziz, dem ich mit Medikamenten für sein Kind geholfen hatte, mischt sich nicht in das Gespräch ein, bei dem er mich, ich lese es in seinen Augen, gern unterstützen würde, sich aber der Autorität des Sohnes seines Chefs nicht widersetzen kann. Es stimmt schon, immerhin habe ich ihnen mit einigen Medikamenten geholfen, und sie bitten mich auch, für sie in Pakistan ein Bittschreiben an die deutsche Botschaft in Islamabad, das südlich meiner Reiseroute liegt, zu überbringen.

So setze ich meinerseits alle in Erstaunen, als ich verkünde, dass ich nicht mehr mit ihnen aufbrechen werde, sondern zu Fuß gehe. Da befiehlt der Chef ihnen schließlich, mich bis zum nächsten Dorf, wo unsere Wege sich trennen werden, kostenlos zu Pferde zu begleiten. Basta! Die vier Reiter eskortieren mich dorthin. Abdul Aziz verabschiedet sich mit herzlichem Handschlag von mir und wünscht, Gott möge mich behüten. Der Juniorchef wendet den Blick ab, als ich ihn mit einem Kopfschütteln verabschiede. Geh doch und kauf in Pakistan für deine Brüder und Schwestern Zigaretten statt Medikamente!

Wenn auch die meisten Kirgisen mich großzügig aufgenommen haben, allen voran die Älteren, bekennende Muslime, so kamen mir ein paar junge Leute doch recht arrogant und korrupt vor. Ihnen geht der Respekt vor den Alten allmählich verloren zugunsten des Besitzdenkens. Der Individualismus, den ich in der westlichen Gesellschaft verabscheue, hat offenbar manchen Kirgisen im Wakhan vergiftet.

Ich hatte erwartet, dass die Menschen in diesem Fleckchen Erde – während meines ganzen Weges war keines so abgelegen wie dieses – ebenso gastfreundlich und selbstlos sein würden wie im Iran, in Armenien, den sowjetischen Ex-Republiken und im übrigen Afghanistan. Ich bin auf dieser Reise wohl auch irgendwie auf der Suche nach meinem Gral, einer Art idealer Beziehung der Menschen untereinander. Schon vor 60 Jahren beklagte Saint-Exupéry die Verarmung der Menschen dieser Erde. Und tatsächlich ist für manch erbärmlichen Materialisten ein armer Mensch tatsächlich ein armer Teufel. Aber gelangt er selbst denn zu wirklichem Reichtum? Diesen Menschen zu begegnen, ist jedenfalls keine Bereicherung, im Gegensatz zu ihrer älteren Generation, die sich stets als würdevoll und untadelig erweist.

Nachdem ich schon mit dem Hubschrauber nach Afghanistan geflogen und beim Angriff der Taliban im Auto geflohen war, wollte ich meinen langen Fußmarsch nicht noch einmal durch einen Ritt zu Pferde unterbrechen, selbst wenn ich so meine Familie von Pakistan aus eher würde anrufen können. So werde ich also wieder zum Wanderer. Ich fröstle vor Erschöpfung. Liegt es an meiner Ernährung, die angesichts der ständigen Anstrengung unzureichend ist? Ich habe noch Aspirin und nehme zwei Tabletten. Schon bald gelange ich zu einem reißenden Fluss, aber da ich mich zu schwach fühle, ihn zu überqueren, gehe ich lieber an ihm entlang flussaufwärts. Ein ganzes Stück weiter oben ragen Steine aus dem Wasser. Ich springe von einem zum anderen und komme so ans andere Ufer. Es ist spät. Mir ist noch immer kalt. Das Dorf Utchdjilga kann nicht mehr weit sein, aber ich klappere erneut vor Kälte mit den Zähnen. Die Nacht bricht herein. Ich stolpere mehrmals über Steine und stürze. Da ich immer mehr unterkühle, umklammere ich meinen Oberkörper mit den Armen, um mich warm zu halten. Ich komme zu einem Rinnsal, von dem ich hoffe, dass es zum Zeltdorf führt. Es ist stockfinster. Wie durch einen glücklichen Zufall entdecke ich schließlich den fahlen Kerzenschein, bei dem Frauen, an diesem Abend später als sonst üblich, die Yaks melken. Ich laufe ins Dorf, wo der junge Abdul Ahat mich einlädt, mich am Feuer in der Jurte seiner Familie aufzuwärmen.

Nach einer Mahlzeit, einer Aspirintablette und einer durchschlafenen Nacht bin ich wieder in Form. Zudem überbringt mir Abdul Aziz an diesem Morgen des 28. August eine gute Nachricht: »Usman bricht übermorgen von Akbilis mit einer Yak- und Pferdekarawane nach Pakistan auf.«

Von Zeit zu Zeit hält die Fauna auf nahezu 4000 Meter Höhe freudige Überraschungen für mich bereit. Während ich zuvor Murmeltiere entdeckt habe, kreuzt nun in etwa 20 Meter Entfernung im hohen Gras ein recht großer Fuchs meinen Weg. Mit Schwanz misst er über einen Meter. Gegen den Wind hat er mich nicht gewittert und schleicht auf Samtpfoten näher. Seine ganze Aufmerksamkeit muss einem Tier gelten, das ich nicht ausmachen kann. Ich möchte ihn fotografieren und stelle meinen Rucksack so vorsichtig wie möglich ab, um einen Fotoapparat herauszuholen. Trotz meiner Bedachtsamkeit werde ich aufgespürt. Für einen Bruchteil von Sekunden sehen wir einander in die Augen. Ich rühre mich nicht. Was geht im Kopf eines Fuchses vor? Er wird wohl wissen, was ein Mensch ist. Könnte er auf mich losgehen? Nein, ich glaube es nicht. Er wendet den Kopf ab und verschwindet im Gestrüpp, ohne große Eile. Eineinhalb Stunden später begegnet mir ein dicker Hase, der verängstigt hoppelnd Reißaus nimmt.

Karim Kul und Alina

Ich wate durch einen glasklaren Wasserlauf. Leider bin ich nicht so weit gekommen, wie ich gedacht hatte: Ich erkenne den Weiler Buzzai Gombad, den ich bereits hinter mir wähnte. Es bleibt mir noch eine Stunde des Tages, und so steige ich so schnell wie möglich bergauf. Nach dem Höhenmesser meiner Uhr müsste ich auf der Höhe von Akbilis sein, aber der Wasserlauf zu meiner Linken ist viel breiter als der Bach, der durch dieses Dorf fließt. Die Nacht ist hereingebrochen. In der Dunkelheit rufe ich den Namen von Usman, in der Hoffnung, dass ich nicht zu weit von Akbilis entfernt bin und einer mich hören wird. Lediglich ein Hund antwortet mir. Ich rufe erneut, und das Gebell kommt näher, es kündet von einer herannahenden Bestie, die sich auf mich stürzen will. Ich gehe weiter, dabei halte ich den Hund auf genügend Abstand mit der bewährten alten Technik, ihn abwechselnd mit dem Stock und einem Stein zu bedrohen. Das Tier wird immer aggressiver, da unterbricht eine kleine Stimme sein Bellen. Ich erkenne die Umrisse einer Gestalt, die Steine nach ihm wirft und seine wütende Angriffslust bändigt.

Dann wendet sich mein schmächtiger Retter an mich: »Komm mit!« Er führt mich zu seinem Großvater, einem gebeugten Mann mit hagerem Gesicht, dichtem schneeweißem Bart und strahlendem Lächeln. Karim Kul heißt mich willkommen und fragt mich sogleich, ob ich Streichhölzer habe. Er ist erleichtert über meine Antwort, und ich werde mir bewusst, wie sehr die simple Tatsache, nichts mehr zu haben, womit man ein Feuer anzünden kann, hier zur Katastrophe wird. Im Schein des Feuers erweist sich der Kleine Prinz von eben als eine rund 10-jährige Prinzessin: Alina. Karim Kul kümmert sich um seine Enkelin während der Abwesenheit ihres Vaters; eine Mutter hat sie nicht mehr. Wie so viele junge Erwachsene in diesen Regionen ist sie an einer Erkältung oder sonst einer Krankheit gestorben. Gleich am nächsten Tag kann ich feststellen, dass Alinas zarte Schönheit sie bereits bei Männern des Nachbardorfs zur begehrten Ehefrau werden lässt. Die 20-Jährigen sehen in ihrem schönen Kinderlachen die Vorboten ihrer bleibenden Schönheit. Vielleicht wird sie schon mit zwölf Jahren verheiratet werden. Oder früher!

Schläfrig geworden vom knisternden Feuer, bewundere ich Karim Kuls schwarze Stiefel, die bis zu den Knien reichen. Sicher sind sie aus Yak-Leder. Der obere Teil seiner Hose ist gefüttert, vermutlich mit Schafwolle. Mit Sicherheit ein guter Wärmeschutz gegen die Kälte und eine wirkungsvolle Polsterung für den kirgisischen Reiter. Karim Kul bietet seinem *mehman* – »Gast« – ein wenig Hammelfleisch an. Ich überlasse ihm meine Streichhölzer, Tee und meinen Rest Salz. Er weiß gar nicht, wie er mir danken soll oder vielmehr Allah, für den Besuch eines von der Vorsehung gesandten Fremden. Und ich meinerseits erfreue mich an diesem einfachen Austausch von Geschenken, der einzig und allein auf großherzigen und freundschaftlichen Motiven beruht.

Bei Tagesanbruch lässt sich Karim Kul mühsam auf den Teppichen der Jurte nieder. Er kniet sich hin und krümmt seinen gebrechlichen Rücken, um seine Enkelin mit einem sanften Kuss auf die Stirn zu wecken. Eine solche Geste der Zuneigung habe ich hier recht selten erlebt. Eingebettet in die Intimität der Familie, bin ich von der Natürlichkeit dieser morgendlichen Zärtlichkeit tief gerührt. Ich weiß jetzt schon, dass ich diesen ehrwürdigen Greis immer in wunderbarer Erinnerung behalten werde. Die flüchtigen Freundschaften in unserer realen Welt werden so viel schöner, wenn sie einen Hauch von Ewigkeit annehmen. Die wahre Dauer einer Begegnung lässt sich nicht nach der Uhr messen, sondern daran, wie lange ihre Bilder im Gedächtnis haften bleiben.

Mit einer Yak-Karawane nach Pakistan

Auf meiner Rückkehr nach Akbilis zeigt mir mein Höhenmesser an, dass ich zu viel Höhe erreicht habe; aber schließlich kann ich weiter unten die Jurten erkennen. In aller Ruhe gehe ich zu ihnen hinunter und treffe auf Usman, der mir bestätigt, dass er am nächsten Tag über den Irshad-Pass nach Pakistan aufbrechen wird. Vier Personen werden ihn begleiten. Die Karawane wird aus etwa 20 Yaks, die auf dem Hinweg nur leichte Lasten tragen, und aus zwei Pferden bestehen, die dabei helfen sollen, eventuell ausbüchsende Yaks einzufangen.

Am Mittwoch, den 30. August, verlasse ich morgens Akbilis. Ich zu Fuß, die fünf Kirgisen auf dem Rücken eines Pferdes oder eines Yaks: Usman und Sultan sowie Kirghizbai, Khalil und Chamchetin, alle drei um die 20 Jahre alt. Sie bedrängen mich, auf einen Yak zu steigen, da ich aber meinen Marsch wieder an dem Punkt aufnehme, wo ich ihn zuvor beendet hatte, will ich zu Fuß weitergehen. Wir haben lediglich vereinbart, dass ein Tier meinen Rucksack trägt und ich auf ein anderes steige, sobald ein Fluss zu überqueren ist. Gleich zu Beginn komme ich auf diese Abmachung zurück, denn wir müssen über den Pandji. Der Fluss ist nicht einmal einen Meter tief, hat aber eine so starke Strömung, dass er einen Mann wie einen Strohhalm mitreißen würde. Der Körper meines Reittieres ist nahezu vollkommen unter Wasser. Es reckt seinen Hals in die Luft, um den Kopf über Wasser zu halten, während ich meine Beine über seinem Rücken angezogen habe. Da das Wasser trübe ist, kann ich nur hoffen, dass mein Reittier nicht mit dem Huf in ein Loch gerät oder das Wasser noch tiefer wird. Weiter flussaufwärts ist ein erschöpfter Yak bereits in Schwierigkeiten. Ich habe Angst, die Strömung könne ihn straucheln lassen und auf mein auch schon leicht verzagtes Tier zutreiben, um es dann mit sich zu reißen. Aber schließlich überwinden die kräftigen Tiere das Hindernis. Am anderen Ufer steige ich von meinem Yak, lediglich meine Hose ist nass geworden.

Wenn ich zum Fotografieren hinter der Karawane zurückbleibe, hole ich sie mühelos wieder ein, ich muss nur etwas schneller gehen. Die Yaks bewegen sich nicht schneller voran als ein Mensch, der an die Höhe gewöhnt ist. Wir schlagen unsere Zelte recht früh am Nachmittag neben den zwei verlassenen Häusern von Tachkepruk – »Steinerne Brücke« – auf. Nachdem die Yaks abgeschirrt sind, lassen sich Usman und Sultan zum Gebet nieder. Die drei Jungen interessiert das nicht.

Inmitten dieser wunderbaren Gebirgslandschaft schlafen wir im Freien. Selten habe ich ein so klares, beinahe diamantenes Himmelszelt gesehen. Als ich in der Nacht aufwache, um mich umzudrehen, bin ich wie verzaubert, kann meinen eigenen Augen kaum glauben, mich nicht satt sehen an diesem himmlischen Zauberwerk, ehe ich dann wieder einschlafe.

Am zweiten Tag bauen wir das Zeltlager ab, und erneut beginnt das gleiche Szenarium wie am Vortag. Diesmal folge ich den 20 Yaks ins Tal hinunter, und schon bald geht es über einen Nebenfluss des Pandj. Eine gute Stunde später kommen wir über die berühmte stei-

Eine Yak-Karawane auf dem Weg vom afghanischen Pamir in Richtung Pakistan

nerne Brücke, die in Wirklichkeit eine natürliche Verengung der Felswände ist. Am Nachmittag dann, direkt vor dem Plateau von Adinabai – dies ist eine der eindruckvollsten Etappen der Reise –, müssen die Yaks eine 40 Meter tiefe Schlucht bewältigen. Der Abstieg in diese riesige Felsspalte ist relativ leicht, aber der Aufstieg bei 70 Grad Gefälle verspricht absolut faszinierend zu werden. Ich bleibe am Rand des Abgrunds stehen, um das außerordentliche Schauspiel der 20 Yaks zu beobachten, die in den Canyon eintauchen, dabei jeden ihrer Schritte absichern und den Bach eines Wasserfalls überqueren. Die Kirgisen sind abgestiegen. Sie lassen die Tiere allein die steilen Pfade überwinden, da die Unfallgefahr für die Tiere mit einem Reiter auf dem Rücken zu hoch ist. Jeder Sturz wäre tödlich. Der Aufstieg hat begonnen. Tiere bleiben auf dem steilen Abhang stehen, blockieren das Weitergehen aller nachfolgenden, setzen dann wieder langsam ihren anstrengenden Weg fort. Als dann die ganze Truppe, weiß der Himmel, wie, auf die andere Seite der Schlucht gelangt ist, bin ich als Einziger auf der anderen Seite zurückgeblieben, weil ich diesen Kraftakt der Karawane auf Film bannen wollte. Behutsam setze ich beim Aufstieg jeden meiner Schritte. Die Gruppe hat auf über 4000 Meter Höhe in Adinabai Halt gemacht; die Tiere können weiden und sich ausruhen. Zum Abendessen gibt es Reis. Ich öffne Fischkonserven, in der Hoffnung, damit allen eine Freude zu bereiten, aber zwei der jungen Leute, die nur an den Geschmack von Yak- und Hammelfleisch gewöhnt sind, schätzen diese Art von Fleisch in Sauce gar nicht.

»Das war schwierig. Ohne uns hättest du den Weg nicht gefunden«, sagt einer zu mir.

»Ja, das war sehr hart. Ich hätte mich bestimmt verirrt. Aber mit ein bisschen Glück hätte ich es schaffen können.«

Wir legen uns schlafen, nicht mit den Hühnern, sondern mit den Yaks, unter dem noch immer funkelnden, sternenklaren Firmament und wachen im Monat September auf. Die Kirgisen starten ohne große Umstände um halb sieben Uhr, ich folge ihnen auf dem Fuß. Wir gehen über staubige Erde, die steil abfällt. 30 Meter unter einer fast senkrechten Wand lauern die Felsen des Flusses, auf denen wir beim kleinsten Fehltritt zerschellen würden. Auf keinen Fall darf man hier das Gleichgewicht verlieren! Auf diesem Wegstück verlangt mein Körper einen kurzen Halt, und so gerate ich in eine dreiminütigen Rückstand zur Karawane.

Verlassen auf über 4000 Metern

Als ich die Karawane weiter unten sichte, hat sie mittlerweile einen Fluss überquert, der vom Schmelzwasser eines Gletschers gespeist wird. Der Übergang ist etwas riskant. Misstrauisch geworden wegen meines Missgeschicks vor zwei Wochen, wage ich mich nur zögerlich in das kalte Wasser. Sultan, am Ende der sich entfernenden Herde, gibt mir ein Zeichen, ich solle die Gletscherzunge umgehen, die ein Stückchen flussaufwärts endet. Da ich nicht weiterkomme, wedle ich mit den Armen und rufe ihm zu zurückzukehren, aber er zeigt nur auf den Gletscher und macht mir mit der gleichen kreisenden Handbewegung erneut klar, dass ich ihn umgehen soll. Wutschnaubend muss ich mit ansehen, wie meine Weggefährten entschwinden. Mein Rucksack ist auf einem ihrer Lasttiere festgebunden. In ihm befinden sich meine Verpflegung, mein Schlafsack und meine warme Kleidung. Außer meinen Fotoapparaten habe ich nur ein Trikot und einen Polarpelz bei mir. Ich untersuche, ob ich von Stein zu Stein springen kann, ohne bis hinauf zum Gletscher steigen zu müssen, aber die weit auseinander liegenden Steine sind durch Wasser und Eis sehr glitschig. Es ist nicht der richtige Zeitpunkt, sich ein Bein zu brechen. Ich steige also zu einer flachen Stelle des Gletschers hinauf, den ich lieber mit Steigeisen und Eispickel überqueren würde. Allerdings ist die Gefahr auszurutschen gering, weil mein Fuß auf dem Felsgeröll und der Erde festen Halt findet. Große Angst habe ich jedoch, dass unter dem Eis und der Erde Gletscherspalten verborgen sein könnten. Sollte ich abstürzen, würden meine Kirgisen nicht zurückkehren, so gleichgültig wäre ihnen mein Schicksal. Man würde nichts mehr von mir hören, bis dann in 2- oder 300 Jahren ein Wanderer dort, in einem Eisblock eingeschlossen, den Marseiller Hibernatus entdecken würde.

In diesem Land, in dem zwischen Leben und Tod nur ein schmaler Grat liegt, werden die beiden Älteren denken: »Inschallah«, die drei Jüngeren: »Er hätte doch auf einen Yak steigen und in unserer Nähe bleiben können! Aber er wollte ja zu Fuß gehen. Er hielt sich ja für so stark.« Ich sage nicht, dass sie vollkommen Unrecht hätten. Ganz ohne Zweifel hätte ich, der ich der Karawane folgte, mich den allgemeinen Regeln anpassen müssen, aber in drei Tagen war dies das einzige Mal, dass sie auf mich hätten warten müssen. Halten sie meinen Entschluss, zu Fuß zu gehen, für dumm? Vielleicht missfällt es ihnen, dass ein Westeuropäer so vermessen ist, im Hochgebirge zu marschieren, während sie, Söhne der Berge und an die dünne Luft gewöhnt, sich vernünftigerweise auf dem Rücken der Tiere fortbewegen. Fanden sie meine Behauptung von gestern Abend – »Mit ein bisschen Glück hätte ich es schaffen können« – anmaßend? Wobei ich meine Unwissenheit jetzt unter Beweis stelle. Nun allerdings weiß ich es! Das Gefühl, verraten zu sein, ist nie angenehm. Umso weniger, wenn man von der Anstrengung und mangelnder Nahrung geschwächt ist und in fast 5000 Meter Höhe sein Leben aufs Spiel setzt, ohne sicher zu sein, den Pass zu finden. Es ist zu spät, jetzt noch einer Karawane aus Pakistan zu begegnen. Wenn ich mich verirre oder mich verletze, werde ich die Nacht im Freien und ohne Rucksack verbringen müssen; dann wäre meine Überlebenschance äußerst gering. Als Alexander der Große im

Winter dieses Gebirgsmassiv überquerte, soll er wegen der Kälte mehr Männer verloren haben als während seiner gesamten Feldzüge in Zentralasien.

Obwohl ich bei der Überquerung des Gletschers eine Menge Zeit verloren habe, mache ich mir keine wirklichen Sorgen. Es ist noch früh. Ich habe die Karawane in den Windungen des Gebirges aus den Augen verloren; sie muss eine Dreiviertelstunde voraus sein. Doch nun gerate ich wegen zweier Wasserläufe in weiteren Rückstand. Flussaufwärts sehe ich Steine, auf denen ich den ersten überquere; über den zweiten komme ich schneller, wenn ich meine Schuhe ausziehe und hindurchwate. Die Kirgisen haben jetzt über eine Stunde Vorsprung. Ich bin unentschlossen, welche Route ich nehmen soll, ich fürchte mich zu verlaufen. Ab und zu erkenne ich jedoch eine Art Pfad, Fußabdrücke von Yaks und sogar frischen Mist.

Hunger und Durst, erste Anzeichen von Erschöpfung. Zwei Bäche an meinem Weg sind zu trübe, um daraus zu trinken. Verschwört sich die Natur nun auch gegen mich? Gott sei Dank ist das Wetter schön und die Sicht ausgezeichnet. Etwas weiter gibt es gutes Wasser; es ist eisig, aber ich genieße es. Ich trinke ganz langsam mehr als einen Liter und bespritze mich zur Erfrischung. Ein Durchgang zeichnet sich zwischen den beiden Gebirgen ab, doch mein Höhenmesser zeigt mir eine geringere Höhe an als die der Passhöhe. Für gewöhnlich ignoriere ich seine Kapriolen, die bei mildem Wetter normal sind. Schnee liegt am Wegesrand, aber der Pass ist frei, und von dort führt ein Weg ins Tal.

Pakistan

Zur letzten Grenze
1. – 17. September 2000

Unter dem tiefblauen Himmel wirken die Gipfel des gegenüberliegenden – wie ich hoffe, pakistanischen – Bergmassivs fast noch berauschender als die majestätische Bergwelt der afghanischen Seite, die ich nun verlasse. Die Erosion hat aus der roten Erde Skulpturen geschaffen, die unter den Schneefeldern Augen und Sinne verzaubern, und so wirkt dieses Gebirgsmassiv wie ein launisches Werk der Schöpfung. In dieser Region, in der Verlängerung von Indien und Nepal, wo Afghanistan, Pakistan, Tadschikistan und China aufeinander treffen, sind die höchsten Bergketten der Erde vereint: Hindukusch, Pamir, Karakorum und Himalaya. Fünf der 14 Achttausender der Welt liegen in Pakistan, in einem Umkreis von rund 200 Kilometern, doch was ich voller Staunen betrachte, sind wohl nur die »kleinen Gipfel« – so um die 6000 oder 7000 Meter hoch. Wenn ich da bin, wo ich meine, dass ich bin, ist dies einer der schönsten Tage meines Lebens. Bin ich es nicht, wartet die schlimmste Nacht auf mich ... vielleicht sogar meine letzte. Ich mache einige Fotos, ehe ich mit dem Abstieg beginne.

In einer knappen Stunde gelange ich zu einem Felsvorsprung über einem Tal. Ein majestätischer Raubvogel, sicherlich ein Adler, Herr der Lüfte, überwacht es im Gleitflug. Unten sehe ich eine Ansammlung von Menschen und Yaks. Zweifelsohne meine Kirgisen. Mit meinem Rucksack ...

Ich steige ins Tal ab: Sie sind es tatsächlich. Usman ist nicht da, aber die vier anderen. Ich gebe ihnen unmissverständlich zu verstehen: »Ohne meine Ausrüstung hätte ich sterben können. Immerhin

bin in den beiden letzten Tagen so schnell marschiert wie ihr.« Aber hier ist das menschliche Leben bedeutungslos. Es kommt und geht, je nachdem, wie gut es das Schicksal in dieser Welt mit uns meint und wie es Allah gefällt. Und so antworten sie mir derart ungeniert und mit einer für Europäer verwirrenden Unbefangenheit, dass meine Klagen wie ein Schlag ins Wasser wirken.
Später dann gestehe ich Usman meine tiefe Enttäuschung:

»Ihr habt mich vor einem größeren Wasserlauf im Stich gelassen, wo ich euch doch Geld versprochen habe, damit ihr mir bei der Überquerung behilflich seid und ich den richtigen Weg finde. Wenn ich mich verlaufen hätte, wenn ich einen Unfall gehabt hätte, dann hätte ich die Nacht ohne warme Kleidung und ohne Schlafsack verbringen müssen. Ich hätte sterben können.«

»Du brauchst mir das Geld nicht zu geben.«

Ich werde nie erfahren, was Usman im Grunde dachte: Wollte er ohne mich über die Grenze, nachdem ihm klar geworden war, dass ich ihm bei einer Armeekontrolle Probleme bereiten könnte? Hat er die Gelegenheit ergriffen, das Weite zu suchen, ohne sein Gesicht zu verlieren und ohne mir erklären zu müssen, dass meine Anwesenheit ihn störte? War ich vielleicht, ohne mir dessen bewusst zu sein, übel gelaunt gewesen wegen meiner mangelhaften Ernährung und meiner Erschöpfung? Auch wenn mir nur noch wenig Geld bleibt, überlasse ich ihm trotz allem die gesamte versprochene Summe, die nicht sehr hoch ist. Ich weiß, dass sie seinem Dorf ein wenig helfen wird. Ich möchte auch nicht, dass er ein schlechtes Bild von den Ausländern im Allgemeinen und den Franzosen im Besonderen bekommt. Schließlich bin ich noch am Leben, das ist das Wichtigste. Natürlich hätte ich ihretwegen sterben können, aber andererseits bin ich durch sie noch am Leben. Und ob ich es will oder nicht, ich werde durch dieses Erlebnis bestimmt nie wieder derselbe sein.

Offensichtlich wurde mein Rucksack nicht geöffnet; es fehlt nichts. Ich bleibe noch eine Nacht bei den Kirgisen. Nach einer ungenügenden Ruhepause wegen des in der Nacht aufkommenden heftigen Windes breche ich allein in Richtung des ersten bewohnten Dorfes Babakhundi auf. Diesmal mit meinem Rucksack auf dem Rücken. Ich bin noch unschlüssig, gehe über den Fluss, folge einem Pfad und komme durch ein verlassenes Dorf. Es muss Yarz Yarz sein – »Wacholder«. Ich passiere eine natürliche Steinbrücke, eine mit Baumstämmen abgestützte Engstelle in der Schlucht. Ich gehe hoch oben ein Tal entlang, zu dem ein schier unendlicher Gletscher führt. Da am Südhang des Tales milderes Klima herrscht, beginnt es allmählich zu grünen. Seinem knorrigen Stamm und seinen spitz zulaufenden Blättern nach zu urteilen, wächst hier sogar eine Art Olivenbaum. In meiner neuerlichen Erschöpfung kommt mir das Dorf Babakhundi sehr weit weg vor. Endlich erkenne ich in der Ferne einen Bau mit weißen Mauern, ohne Dach, an den Seiten geschlossen und mit verschiedenfarbigen Fahnen beflaggt. Ich hätte es für ein kleines Fort gehalten, wenn mir Pakistani, die ich dort antreffe, es nicht als Mausoleum vorgestellt hätten. Großzügig bieten sie mir Brot und Tee an. Sie tauchen Salzkristalle in ihren Milchtee, was ihm einen ungewohnten, aber angenehmen Geschmack verleiht, vor allem wenn man hungrig ist.

Selbst die Anwohner wissen nichts Genaues über den Ursprung des Mausoleums, der sich in den verschlungenen Pfaden der Geschichte verliert. Jedenfalls rührt der zweite Name des Dorfes von ihm her: Ziyarat – »Pilgerfahrt« – und ist Babakhundi geweiht, einem heiligen Mann des Islam, der hier, einigen zufolge, seine letzte Ruhestätte gefunden hat. Für andere wird in diesem Grabmal lediglich sein Schwert aufbewahrt und dient nur dazu, die Erinnerung an seinen Besuch im Gedächtnis zu verankern. Nach einer dritten Lesart liegt hier Mohamed Bakr, der fünfte schiitische Heilige Imam, und nicht Babakhundi begraben, und zwar an der Stelle, wo er während einer Reise sein Leben aushauchte. Man versichert mir ebenfalls, dass Mohamed Bakr in Mekka ruht. Ich werde nie die wahre Geschichte erfahren, was letztendlich auch unwichtig ist.

Gastfreundschaft wird jedenfalls in Pakistan hochgehalten: Meine Mausoleumsaufklärer schlagen mir vor, die Nacht an Ort und Stelle zu verbringen. Ich marschiere lieber so schnell wie möglich zur Grenzstation von Sost auf der Route Pakistan – China, 80 Kilometer von hier. In meiner jetzigen illegalen Situation möchte ich meinen Eltern, die seit einem Monat nichts von mir gehört haben, möglichst bald mitteilen, dass ich wohlauf bin.

Ich verlasse Ziyarat und sein rätselhaftes Monument am Nachmittag und bin fest entschlossen, am Abend das nächste Dorf, Zud Khun in rund 20 Kilometer Entfernung, zu erreichen. Zwei Stunden später überholt mich auf der Straße der ehemalige Bergsteiger Sarfaraz mit seinem Lieferwagen. Er möchte mich mitnehmen. Kein bisschen beleidigt wegen meiner Weigerung teilt er mir mit, dass er zu Hause in Zud Khun auf mich warte, damit ich bei ihm übernachte. Auf meinem weiteren Weg auf der Straße bewundere ich dann einen wunderschönen Sonnenuntergang, der die Zacken der pakistanischen Berggipfel mit Gold umrandet. Danach beschleunige ich meinen Schritt. In der Nacht hält ein Fahrzeug mit grellem Scheinwerferlicht neben mir an. Es ist kein Geringerer als Sarfaraz, der mir mit seinem Bruder entgegengefahren ist, aus Angst, ich könne sein nur einen Kilometer entferntes Haus nicht finden. Er fordert mich auf, in sein Auto zu steigen. Als er aber begreift, dass mir diese Idee missfällt, steigt sein Bruder aus dem Fahrzeug und geht den Rest des Weges mit mir zu Fuß. Sowohl dem Alter als auch der Haarfarbe nach bin ich ein Mittelding zwischen den beiden Brüdern. Safaraz, der Ältere, ist der typische Pakistani, wie man ihn sich bei uns vorstellt. Sein jüngerer Bruder, der blonde Daria, verdankt seine Haarfarbe vielleicht einem Soldaten Alexander des Großen, der vor 23 Jahrhunderten in dieser Gegend stationiert war.

Wir verspeisen Riesenportionen von Reis und Kartoffeln – »Die besten Kartoffeln von Pakistan werden in diesem Tal angebaut«, verkünden meine Gastgeber voller Stolz – mit etwas Fleisch und meinem – seit einer Ewigkeit, wie es mir scheint – ersten grünen Salat, frisch und knackig. In dieser ehemaligen britischen Kolonie, wo die Gebildeten Englisch sprechen, erzählt mir Daria: »Ich bin Hochgebirgsführer, aber auch Dichter. Meine Sprache ist die der Wakhi von Afghanistan und Tadschikistan. Sie wurde bisher von Generation zu Generation mündlich weitergegeben. Freunde und ich haben sie ins lateinische Alphabet übertragen. Ich schreibe auch Lieder auf Wakhi, die ein Cousin in einen Radiosender von Gilgit bringt, das ist eine große Stadt im Norden Pakistans.«

Weiter geht es auf meiner Entdeckungsreise durch dieses Tal mit seinen Kartoffel- und Getreidefeldern, auf denen gerade Erntezeit ist. Die Frauen, deren Haare unter einem Kopftuch verborgen sind – die Einheimischen sind fast alle Ismaeliten –, sprühen vor Lebensfreude. Sie sprechen mit mir, lachen, amüsieren sich über nichts und wieder nichts und reichen mir sogar zum Abschied die Hand. Nachdem ich in zwei Tagen 80 Kilometer zurückgelegt habe, komme ich erschöpft im Dorf Yarz Rich an – »stinkender Wacholder«, wenn meine Übersetzung stimmt –, unter einem kegelförmigen Gipfel mit seinen streifenförmigen Schneefeldern, die mich an Holzschnitte des Berges Fuji erinnern. Am nächsten Tag, dem 4. September, bin ich nach wie vor entkräftet von der mangelnden Ernährung und den Anstrengungen der letzten Wochen. Daher bleibe ich oft stehen, kauere mich zum Ausruhen nieder oder setze mich hin. Ich bin in Sorge und befürchte, vor Erschöpfung umzufallen. Endlich sehe ich Sost auf der anderen Seite des Flusses liegen.

Ein weiteres Mal eingesperrt!

Ich bitte das Einwanderungsbüro, die Einreise nach Pakistan in meinem Visum, das sich in meinem alten Pass befindet, abzustempeln. Als der Beamte feststellt, dass ich weder einen Einreise- noch einen Ausreisestempel nach China habe, fragt er mich auf Englisch:

»Sie kommen aus China?«

»Nein! Aus Afghanistan!«

Er sieht mich mit großen Augen an und verlässt dann den Raum, um meinen Fall seinen Vorgesetzten zu melden. Hier jedenfalls werde ich mich nicht mit irgendwelchen Geschichten herausreden können. Die Bediensteten versammeln sich um mich herum. Ganz offensichtlich verstöre ich sie: »Das ist das erste Mal, dass sich ein nicht afghanischer Fremder von selbst am Grenzposten meldet, nachdem er illegal aus Afghanistan ins Land eingereist ist.« Sicherheitshalber behalten sie meine beiden Pässe – den alten und den neuen –, gestatten mir aber, im nächsten Restaurant, dem »Four Brothers«, essen zu gehen. Dort stille ich meinen Bärenhunger mit einer ganzen Ladung Brot, drei Tellern Hammelfleisch, Linsen und frischem Gemüse. Viele Gerichte in diesem »muslimischen Indien« sind vegetarisch und eher karg. Ich fühle mich deutlich besser und stark genug, wieder zur Grenzstation zu gehen. Meine Lage hat sich verschlechtert: »Sie sind ein *law offender* – ein ›Gesetzesbrecher‹. Das Einwanderungsbüro von Sost wird Sie der Polizei übergeben.«

Vor dem Polizeirevier von Sost heißen weiße Steine auf einem schwarzen Sockel den Neuankömmling willkommen: Welcome. Was dies betrifft, bin ich jedoch beunruhigt: Erregt mein Kommen aus einem feindlichen Land das Misstrauen der Behörden der Islamischen Republik von Pakistan? Könnte der allmächtige ISI, der Inter Service Intelligence, der pakistanische Geheimdienst und Staat im Staate, über mein Zusammentreffen mit Präsident Rabbani in-

Billardspieler in Sost, Grenzort zu China auf mehr als 3000 Meter Höhe

formiert worden sein? Die Höflichkeit, mit der die Polizei mich behandelt, lässt das Gegenteil vermuten. Im Vergleich zu den früheren Schikanen gewisser iranischer Paranoiker ist das gar nichts. Mein Fall wird per Radio an die Direktion der Polizei für Nordpakistan in Gilgit gemeldet, weil die einzige Telefonverbindung von Sost momentan gestört ist. So kann ich noch immer nicht meine Eltern anrufen, um ihnen zu sagen, dass ich am Leben bin und Afghanistan verlassen habe. Um 20 Uhr ist noch keine Antwort aus Gilgit durchgekommen. Der Chef der örtlichen Polizei, der erst 35 Jahre alte Barkhat Ullah Khan, gestattet mir, im Sky Bridge Inn zu übernachten. Seit zwei Monaten habe nicht mehr im Hotel geschlafen und seit dreieinhalb Wochen nicht mehr geduscht. Bei meinem letzten Duschbad, beim Schah von Pandjah, habe ich mir noch aus Krügen Wasser über den Körper gegossen. Meine gebräunte Haut erwacht zu neuem Leben unter der Seife. Ich esse mit Belgiern zu Abend, die nach China reisen. Wie in einem Spionagefilm überlasse ich ihnen ein paar Dollar plus die Telefonnummer meiner Eltern, mit der Bitte, diese über meine Ausreise aus Afghanistan und meine Verhaftung zu benachrichtigen.

Die in Sost arbeitenden Pakistani wohnen nicht am Ort. Außer einigen westlichen und japanischen Touristinnen sieht man hier keine Frauen. Im Grunde ist Sost kaum mehr als eine Straße. Mit seinen etwas schmuddeligen Restaurants, seinen Geschäften mit chinesischem Flitterkram und seiner Telefonverbindung, die nur funktioniert, wenn sie gerade will, mag diese Durchgangsstelle zwischen Pakistan und China jedem anderen scheußlich und rückständig vorkommen. Nach meinen sechs Wochen Afghanistan erscheint es mir wie ein Hafen raffinierter Vergnügungen. Auch wie das Schaufenster der Hochtechnologie des 21. Jahrhunderts mit seinem wenn auch nur sporadisch fließenden heißen Wasser und seinen Lebensmittelgeschäften, in denen man köstliche getrocknete Aprikosen aus dem nahen Hunza-Tal und verpackte Kekse kaufen kann. Sost hat sogar ein Freilichtmuseum; die Werke, die vor dem Hintergrund der hohen verschneiten Berge ausgestellt sind, verändern sich mit dem Licht des Tages. Lastwagenfahrer lungern herum, schwatzen oder spielen Billard und hoffen darauf, dass der Zoll sie schnell nach China hineinlassen wird oder nach Pakistan zurückkehren lässt. Ich kann mit Muße ihre Lastwagen betrachten, Wunderwerke naiver Kunst mit lustigen Motiven in lebhaften Farben – Rot, Blau, Gelb – verziert. Ihre Stoßstangen sind auf der ganzen Länge mit Metallkettchen umwickelt, die lustige Klänge von sich geben, sobald sie aneinander stoßen. Bei einer solchen Farbsymphonie auf Rädern fällt mir der Slogan von Renault in den 1980er Jahren ein: »Schön wie ein Lastwagen!« Noch nie klang er so richtig wie in Pakistan.

Am nächsten Tag begebe ich mich um acht Uhr ins Polizeirevier, wo ich fast den ganzen Tag ausharre. Am Nachmittag überführen mich meine »Gastgeber« nach Gilgit, und am dritten Tag meiner Gefangenschaft trifft der Polizeichef für Nordpakistan eine Entscheidung: Die Einwanderungsbehörde muss mir den Einreisestempel geben. Es wird mir hingegen verboten, auf dem Karakorum Highway zu marschieren. Der Bau dieser legendären Verbindungsstraße von Islamabad nach Kaschgar hat hunderte von Straßenarbeitern das Leben gekostet. In den 60er und 70er Jahren musste sie in die Gebirgsflanke und durch Steilfelsen gegraben werden, wobei ständig die Gefahr von Geröllabgängen und Erdrutschen bestand. Heutzutage brüsten sich die beiden Länder damit, dass ihre Grenzstation auf dem Khundjerab-Pass in 4733 Metern die höchste der Welt ist, zu der eine geteerte Straße führt.

Ich muss also mit einem Minibus noch mal zurück nach Gilgit, um dort die Benutzung des Karakorum Highway auszuhandeln. Danach fahre ich mit dem Nachtbus weiter zur Hauptstadt, um mein

Versprechen einzulösen, der deutschen Botschaft den Brief der Kirgisen zu überbringen, in dem sie bitten, in ihrem Ort eine Schule und ein Hospital einzurichten. Ich bringe ihr Anliegen drei Diplomaten vor, habe aber wenig Hoffnung, obwohl die Kirgisen ja eigentlich nicht viel verlangen. Der Besuch in Islamabad, einem mittelprächtigen Brasilia im südlichen Asien, ist nicht gerade aufbauend. Lediglich die riesige Moschee und zwei bis drei andere Bauwerke heben sich vom Rest ab.

Wieder zurück in Sost, bekomme ich die Erlaubnis, die 80 Kilometer bis zur Grenze zu marschieren, aber man verweigert mir den Ausreisestempel des Landes. Um ihn mir abzuholen, werde ich im Bus zurückfahren. Danach muss ich dann mit dem Bus nach China fahren und dort die Erlaubnis zum Weitermarsch einholen. Die mit den Chinesen getroffenen Vereinbarungen besagen, dass man im motorisierten Fahrzeug oder mit dem Fahrrad die Grenze passieren darf, nicht aber zu Fuß. Eine endlose Geschichte!

Bald in China?

Nachdem ich mich am späten Nachmittag des 13. September wieder auf den Weg gemacht habe, finde ich schnell Unterkunft bei Arbeitern aus der Region Gilgit. Gegen ihr abendliches Heimweh beginnen sie einer nach dem anderen auf seltsame Weise zu tanzen. In dem einzigen, riesigen Raum, wo gegessen und geschlafen wird, heften sich alle Blicke auf den Tänzer. Allein schreitet er zum Rhythmus eines langsamen Singsangs einen Kreis ab. Auf diesem imaginären Kreis dreht er sich um seine eigene Achse, setzt ein erstes Mal den äußeren Fuß vor, dann ein zweites Mal, tritt sozusagen auf der Stelle. Dann wiederholt er die Schritte etwas verhaltener mit dem inneren Fuß. Zu Beginn bewegt er sich langsam, bis sich der Rhythmus zu einer rasend schnellen Sarabande steigert und er sich wie

Arbeiter am Karakorum Highway, die nachts mit mir ihr Zelt teilten und mich morgens mit einem Tee weckten

ein Kreisel um sich selbst dreht, was seine Kollegen mit Beifall, Pfiffen und Geschrei quittieren.

Am nächsten Tag lenke ich bei Tagesanbruch meine eigenen, gleichmäßigeren Schritte zurück auf den Karakorum Highway. Seine Eintönigkeit wird nur durch herabstürzendes Geröll von den seitlichen Felsenhängen unterbrochen; dann muss ich losrennen, damit ich nicht getroffen werde. Am Abend finde ich erneut Unterkunft in einem Zelt von Arbeitern. An meinem letzten Tag in Pakistan ist der Anstieg sehr steil, und dennoch verspüre ich nach sechs Wochen im Hochgebirge und mit meinem nahen Ziel vor Augen keinerlei Müdigkeit. Um meinen Weg zu verkürzen, schneide ich die Kurven und bin nun nur noch zwei Kilometer von der Grenze entfernt. Kurz vor der Passhöhe wird die Straße wieder eben. Ich denke an meinen Aufbruch, an meine zwei anstrengenden Jahre, an die

Länder, durch die ich gekommen bin. Mit einem jeden verbinde ich ein Gesicht. Tränen steigen mir in die Augen. Ich erinnere mich an die Willkür der Behörden, an die Momente, in denen ich die *Marseillaise* anstimmen musste oder andere Lieder, um mir Trost zu spenden, den Schmerz zu vergessen oder die Einsamkeit zu überlisten. Ich habe die Hymnen aus dem Vélodrome-Stadion gesungen, deren Wortlaut ich abgeändert hatte. »Ich komme aus Marseille. Nichts hält mich auf, o nein. Und Afghanistan, das ist vorbei ...«

Ich denke wieder an die Blasen, die Gelenkentzündungen, die Schmerzen im Knie, an die Operation meines Leistenbruchs, an die Kontrollen und Verhaftungen ... Aber das ist jetzt egal! Jetzt ist mein China da, zum Berühren nah!

Und so berühre ich nach 15 Ländern den Grenzstein mit den beiden Bildzeichen, die meine Ankunft im »Reich der Mitte« versinnbildlichen. Für seine Bewohner ist es der Mittelpunkt der Welt, während es für mich vor allem ihr Ende war. Ich genieße diesen Sieg über mich selbst und über die zeitweiligen Niederlagen, zwischen denen es unvergessliche Sonnenauf- und Sonnenuntergänge gab. Auf diesem Pass mit seinen 4733 Metern kann ich wegen der großen Höhe und der Erregung, endlich angekommen zu sein, nur schwer Schlaf finden.

Am nächsten Morgen fahre ich mit dem Bus zurück, um danach wieder in den Bus in Richtung Grenze zu steigen. Meine Frage: »Seid ihr nicht froh, dass ihr mich nun endgültig los seid?«, beantworten der Zollbeamte Ali Schah und seine Kollegen mit einem Tee.

China

Das Ende meines Traums im Reich der Mitte
17. September – 1. Oktober 2000

Meine Ankunft in China am 17. September ist nicht so, wie ich es mir erhofft hatte. Mit dem Autobus fahre ich zur Einwanderungsstelle von Tachkorgan, 128 Kilometer jenseits der politischen Grenze. Tachkorgan ist das Verwaltungszentrum dieser autonomen tadschikischen Region in Xinjiang, den »neuen Territorien« Chinas, das für sich selbst schon ein Völkermosaik ist. Es setzt sich aus 56 »Nationalitäten« zusammen (Mandschus, Mongolen, Uiguren ...) und wird von den 1,1 Milliarden Han-Chinesen dominiert, den für uns »typischen« Chinesen aus Peking, Schanghai, Kanton und Hongkong. Die Verwaltung liegt in ihren Händen, und so muss ich mit der zuständigen Militärstelle in Tachkorgan die Erlaubnis aushandeln, mit dem Bus an die Grenze zurückfahren zu dürfen, um die noch ausstehenden Kilometer zu Fuß zurückzulegen.

Der Chinese hinter dem Schalter der Einwanderungsstelle hat einen Stern an seiner Uniform, ist aber kaum älter als 18 Jahre und wirkt eher komisch mit seinem kindlichen Gehabe in seiner viel zu weiten soldatischen Verkleidung. Doch er sieht freundlich aus. Er verlässt den Raum, um sich in den Amtsstuben für meine Sache einzusetzen, und kommt dann mit bekümmerter Miene zurück. Ich kenne seine Antwort, noch ehe er sie ausspricht: »*Buchi!*« Abdul vom Hotel Ice Mountain, der mir bei der Übersetzung helfen soll, braucht sie mir gar nicht erst zu erklären. Ich argumentiere, aber er ist nicht der richtige Gesprächspartner, also verlange ich, seinen Vorgesetzten mit zwei Sternen zu sehen. Wenn man einen Stern mehr hat, muss man von vornherein eine ernste Miene aufsetzen.

Mit dem Bericht über meinen 10000 Kilometer langen Fußmarsch gelingt es mir allerdings, sie aufzuhellen. Er lenkt dann sogar ein und läuft hin und her zwischen unserem Büro und dem eines Vier-Sterne-Vorgesetzten, den ich nur über ein Foto, das in den Amtsstuben hängt, zu sehen bekomme: Er sieht plump und nachlässig aus.

»*Buchi*! Es ist zu gefährlich für Sie, da drüben zu Fuß!«

»Aber ich bin schon 10 000 Kilometer marschiert und durch 15 Länder gekommen, darunter viel gefährlichere Länder als China.«

Er geht wieder weg und kommt zurück.

»*Buchi!* Das ist unmöglich!«

»Aber Ausländer fahren mit dem Fahrrad von Pakistan nach China.« In dieser Zone dürfen sie sich frei bewegen.

Hin und zurück.

»*Buchi!* Fahrradfahrer machen das an einem Tag!«

»Ich kenne Radfahrer, die das an zwei oder drei Tagen gemacht haben.«

Wieder hin und zurück.

»*Buchi!*«

»Ich werde es in zwei Tagen schaffen!«

Noch mal hin und zurück.

»*Buchi!*«

»Wenn Sie wollen, können Sie einen Soldaten bitten, mich während der zwei oder drei Tage, die ich brauche, zu begleiten.«

»*Buchi!*«

»Wenn es sein muss, bezahle ich den Soldaten!«

»*Buchi!*«

Das ist sein letztes *Buchi*. Ehe ich diesen Haudegen von Chef noch völlig gegen mich aufbringe, beschließe ich, mich an seinen Vorgesetzten in Kaschgar zu wenden. Die Antwort der Behörden in Kaschgar fällt kaum besser aus. Ein »Ja, aber…«, es würden Kosten über 400 Dollar für die Genehmigung, einen Begleiter und seine

Verpflegung anfallen. Außerdem dürfte ich nicht mit den Einheimischen sprechen und sie auch nicht fotografieren. Ich zögere nicht lange. Ich werde diese Kilometer wohl abschreiben. Das ist wirklich eine große Enttäuschung für mich, aber angesichts meiner mehr als 9000 Kilometer auf direktem Weg und 10 000 Kilometer, wenn ich meine zusätzlichen Ausflüge hinzuzähle, brauche ich mir eigentlich nichts mehr zu beweisen. Und meine Wegstrecke wurde ohnehin schon einmal an der afghanisch-tadschikischen Grenze unterbrochen. Das wäre demnach die zweite Unterbrechung. Jedenfalls gebe ich besagte 400 Dollar lieber für eine gute Sache aus, etwa für afghanische oder armenische Kinder, als für die chinesische Regierung und ihre gierigen Mittelsmänner.

Zauber des Karakorum und letzte Zweifel

Eigentlich gibt es nichts mehr, womit die Behörden mich noch aufhalten könnten. Da ich nun gegen meinen Willen 128 Kilometer übersprungen habe, mache ich mich am Morgen des 23. September von Tachkorgan auf den Weg. Tachkorgan – »Steinerne Festung« – besitzt eine Zitadelle aus ockerfarbener Erde, die eine reiche 2300 Jahre alte Geschichte hat. Ihre Schönheit rührt von der überwältigenden Umgebung her: Am Horizont ragen die 7546 Meter des Muztagata auf, der mit den angrenzenden Bergen eine weitere uneinnehmbare Barriere zu bilden scheint. *Tag* ist mit dem Türkischen *dag* verwandt, »Gebirge«, und *muz* bedeutet »Eis«, *ata* »Vater«. Muztagata bedeutet daher so viel wie »Vater des Eisgebirges« oder »Vater der im Eis eingeschlossenen Berge«. An diesem Tag meines neuerlichen Aufbruchs ist der Gipfel mal von Wolken eingeschlossen, mal entschwindet er hinter den Windungen der Straße; sobald er jedoch wieder auftaucht, zieht dieser wegweisende Koloss unweigerlich den Blick auf sich.

Ein großer Kontrast zu Afghanistan: asphaltierte Straßen im Land der Radfahrer

Auf die tadschikischen Dörfer folgen nun kirgisische Orte. Dort kann ich mit meinen verbliebenen Türkischkenntnissen, die ich mit zentralasiatischen Wörtern vermische, einfache Unterhaltungen führen. Was mich im Laufe dieser letzten Etappe am meisten überrascht, ist, dass mich die Leute, im Gegensatz zu den Bewohnern der vorherigen Länder, sofort um etwas bitten – Uhr, Gehstock, Schuhe –, mir dafür aber nicht einmal Tee anbieten oder mich zu sich einladen ... Haben die muslimischen Menschen hier vielleicht zu große Angst vor der chinesischen Obrigkeit, die sämtliche Kontakte ihrer Minderheiten zu Ausländern missbilligt? Im Grunde ist mir das nur recht, denn ich möchte so schnell wie möglich vorankommen, um Polizei und Armee aus dem Weg zu gehen.

Am Ende dieses langen Tagesmarsches will mir der kirgisische Großvater Resul, der sieht, dass mir kalt ist, einen Tee anbieten. Mein erster Eindruck hat nicht getrogen, denn kaum bin ich bei ihm eingetreten, erscheint ein Soldat, der einen Stern trägt, zweifellos ein Uigure. Etwas barsch, ohne jedoch unangenehm zu werden, kontrolliert er meine Papiere. Etwas später kreuzen zwei weitere Soldaten auf, der eine Han, der andere Uigure, der über seiner normalen Hose eine Kampfweste trägt, in der Hand eine brennende Taschenlampe. Äußerst unsympathisch, sieht er mich finster an und erteilt mir mit einem Wink seiner Lampe den Befehl, ihnen zu folgen. Die 39 Kilometer von Tachkorgan entfernte Militärgarnison von Khekje, die ich an diesem Tag zu erreichen oder zu passieren erhofft hatte, liegt nur ein paar 100 Meter entfernt. Man führt mich in das Büro eines in der Rangordnung höher Gestellten, eines Han-Chinesen, Matrikelnummer B652649. Voller Stolz posaunen sie ihm in jener mir unverständlichen Sprache etwas vor, was so ähnlich klingt wie: »Schauen Sie mal, was wir gefunden haben!« Der Offizier scheint mir wohlgesinnt. Bei Durchsicht meines Passes bricht er in schallendes Gelächter aus und informiert dann telefo-

Ein langhaariges Kamel vor einem kirgisischen Friedhof

nisch seine Chefs, dass ein Franzose mit ordnungsgemäßen Papieren zu Fuß bis nach Kaschgar geht. Er lässt mich zu Resul zurückbegleiten, damit dieser mich die Nacht beherbergt. Das ist einmal ein Chargierter, der bei mir einen besseren Eindruck hinterlässt als seine Handlanger und sein korrupter Kollege von Kaschgar.

Trotz meines Ärgers soll ich der Regierung dieser Volksrepublik, die immer weniger eine Republik des Volkes ist, wohl dankbar sein, dass ich die 300 letzten Kilometer bis Kaschgar unbehelligt marschieren darf. Das zeugt von einer offeneren Geisteshaltung oder zumindest von einer größeren Offenheit gegenüber den Deviseneinnahmen durch den Tourismus als noch vor 20 Jahren.

Dennoch kann ich einfach keine Großzügigkeit in der Spitze dieser Zwangsverwaltung erkennen. Sie gibt sich als Krönung des olympischen Geistes aus, schränkt aber noch immer die Bewegungsfreiheit ein. Vielleicht ist es nur eine unbegründete Angst, ein Eindruck, den die Medien und die Kommentare anderer Reisender vermitteln, aber alles scheint in diesem chinesischen Staatsapparat Berechnung zu sein mit einem einzigen Ziel: die Vormachtstellung des Reichs der Mitte in seinen Randgebieten und außerhalb seiner Grenzen.

China ist eines der Länder, das sich im letzten Jahrzehnt wirtschaftlich am stärksten entwickelt hat. Da es von der Krise verschont blieb, welche die anderen aufstrebenden Länder Asiens getroffen hatte, holt es nun in dieser immer mehr auf. Die Infrastruktur der chinesischen Verkehrswege entwickelt sich rasch, die Straßen werden instand ge-halten, die Eisenbahnen sind leistungsstark, die Flugverbindungen zahlreich und das Telekommunikationsnetz ist modern. In Xinjiang, einer Provinz, in der reiche Erdölvorkommen vermutet werden, sind alle diese Investitionen zugleich Katalysator für industrielles Wachstum wie auch ein Mittel, die muslimischen Bevölkerungsgruppen, die sich Peking gegenüber eigensinnig und bisweilen aufrührerisch verhalten, besser zu kontrollieren. Bei meinem Aufenthalt in Xinjiang wird ein Lastwagen der chinesischen Armee durch eine Explosion zerstört. Sofort behauptet die Regierung, dass es sich um einen Unfall handele, aber einige westliche Beobachter vertreten eher die These eines Attentats von Separatisten. Das wäre kaum verwunderlich: Obwohl die Präsenz der Chinesen nicht neu ist, werden sie hier als Besatzer empfunden.

Verglichen mit dem übervölkerten Osten, dem es an Wasser und Nahrung mangelt und der mit Energie versorgt werden muss, herrscht in Xinjiang größere Toleranz in Sachen Familienpolitik: Statt »einem Kind pro Familie« sind hier zwei und bisweilen drei Kinder zulässig. Die »neuen Territorien« mit ihren spärlichen Ansiedlungen sind folglich ein anderes China, wo mehrheitlich muslimische Bevölkerungsgruppen am Rande der riesigen Taklamakan-Wüste leben.

Und hier befinde ich mich nun in einem der entlegensten Gebiete dieses riesigen Landes von 9,5 Millionen Quadratkilometern, flächenmäßig vergleichbar mit Kanada und den Vereinigten Staaten und größer als Brasilien oder Australien. Mehr noch als durch seine Ausdehnung ist China ein Bevölkerungsgigant. Bei 1,3 Milliarden Einwohnern, dazu die Chinesen in der Diaspora, ist praktisch jeder vierte Bewohner des Planeten Chinese von Geburt oder per Pass.

Und so treffe ich nur zu gerne wieder auf die Kirgisen, deren Städte viel weiter modernisiert sind als ihre einfachen Behausungen. Am Morgen erweist sich das Frühstück als amüsante Mischung der Kulturen: Wie in Zentralasien schneiden wir Stücke Brot ab, die wir dann in Milchtee tunken, aber statt sie mit den Fingern herauszufischen, schnappen wir sie uns mit Stäbchen. Wir sind hier schließlich in China.

Am selben Tag überschreite ich den letzten Pass vor Kaschgar, in etwa 4000 Meter Höhe. Ich bestaune den Anblick eines weiteren Giganten von 7719 Meter, den Kongur Shan, dann folge ich den Strommasten, die ins Tal hinabführen.

Am nächsten Tag, dem 25. September, komme ich an einem kirgisischen Friedhof vorbei mit fünf bis sechs einfachen, überdachten Erdbauten, von denen einige aufgebrochen sind. Dicht behaarte Kamele weiden vor der eindrucksvollen Silhouette des Kongur. Ich schlafe direkt neben dem Karakul-See, dem traumhaft schönen »schwarzen See«, der zwischen den beiden steinernen, schneebedeckten Riesen liegt, dem Kongur und dem Muztagata. Im frühen Tageslicht spiegeln sie sich auf seiner glatten Oberfläche. Die ins Rot gehende, von der Erosion geriffelte Erde erhöht noch den grandiosen und dramatischen Anblick dieser von den Elementen heimgesuchten Natur.

Zwei Tage später, gegen Mittag, lösche ich im Dorf Isikbulak meinen Durst mit Wasser, das man mir reicht, und sehe dabei einer Großmutter zu, wie sie am Fuße des Kongur Wolle spinnt. Als ich mit meinem Rucksack auf dem Rücken vom Dorf über einen etwas steilen Abhang hinuntergehe und dann auf die Asphaltstraße springe, verrenke ich mir erneut das Knie. Genau der richtige Moment, 140 Kilometer vor dem Ziel!

Am Abend, als ich mein Gepäck im Restaurant des Kirgisen Sitiwaldi neben der Kontrollstelle an der Straße nach Gez absetze, schmerzt mein Knie noch immer. Ochurbek, Sitiwaldis Vater, hat ein sanftes, von einem Bart umrahmtes Gesicht. Wie viele Kinder in China läuft Sitiwaldis zweijähriger Sohn Chamusbek in einer Hose herum, die unten und bis zur Höhe des Popos einen Schlitz hat, praktisch für große und kleine Geschäfte. Seine vier Jahre ältere Schwester Aipere, lebhaft und fröhlich, spielt die Schüchterne. Sie versteckt sich hinter den Stühlen im Restaurant, und wenn ihre schelmischen Augen dahinter auftauchen, gelingen mir noch bessere Fotos von ihr. Fasziniert vom magischen Fotoapparat und Blitzlicht, fordert sie mich am nächsten Morgen zu einer weiteren Fotositzung auf. Als ich mich zum Aufbruch fertig mache, ist sie den Tränen nahe und zieht mich an der Hand: »Geh nicht weg!« Manchmal muss ein Junggeselle auf Reisen gegen seinen Willen unerbittlich mit den Frauen sein. Ich widerstehe ihrem Flehen und ihrer Verführungsnummer. Kann sie ahnen, dass mich eine andere erwartet? Kaschgar, die schmachtende Schöne in ihrer Oase, mit der ich seit zwei Jahren ein Rendezvous habe und die ich nun voraussichtlich am Sonntag, dem 1. Oktober, treffen werde.

Kaum habe ich Aipere meinen unwiderruflichen Entschluss klar gemacht, steigt eine japanische Großmutter an der Kontrollstelle aus dem Bus und schenkt ihr, entzückt von dem engelsgleichen Gesicht, ein paar Bonbons. Die Schelmin hat mich recht schnell vergessen und lächelt ihre Wohltäterin aus Nippon an. Frauen sind oft wankelmütig …

Der längste Tag

Ich bin nur noch 120 Kilometer von Kaschgar entfernt, da beginnt mein Knie von neuem zu schmerzen. Werde ich so nah vor dem Ziel aufgeben müssen? Zwei Tage später, am Morgen des 30. September, trennen mich noch 70 Kilometer von Kaschgar, wo ich am Sonntag den wöchentlichen Viehmarkt besuchen möchte. Alle Reisenden, die dort waren, betonen einstimmig, was für ein außergewöhnliches Schauspiel das sei. Mein vorletzter Marschtag wird also der längste werden: 53 Kilometer zwischen acht Uhr morgens und ein Uhr am folgenden Morgen. Dennoch nehme ich mir die Zeit, im Dorf Jung Yang Tchang eine Partie Billard zu spielen, eine Passion, die Uiguren und Han-Chinesen miteinander teilen. Am Nachmittag komme ich nach Opal, einen für seine köstlichen Wassermelonen berühmten Ort. Die sind der ganze Stolz der Produzenten, die sie am Straßenrand, auf den Ständen zu kleinen Bergen auftürmen. Einige Verkäufer bieten auch ringförmige Brötchen an, die mit Sesamkörnern bestreut sind. Am Stand von Sit Hochmet, unter dem der kleine Kasim schläft, lege ich eine Pause ein und verspeise fünf harte Eier. Danach verschlinge ich eine große Portion *plow*. Unter den Zeltplanen der Straßencafés sitzen die Gäste dicht gedrängt auf Bänken und löffeln aus großen Schalen ein Gemisch aus zerstoßenem Eis, Sirup und Milch. Und so genüsslich wie sie ihre Schalen auslöffeln, so gebannt verfolgen sie auf den Bildschirmen eine Szene aus einem Kung-Fu-Film oder eine rührselige Liebeserklärung in einer chinesischen oder indischen Schnulze.

Ich könnte hier die Nacht verbringen, gehe aber weiter Richtung Kaschgar trotz der Hartnäckigkeit eines uigurischen Bauernsohns, der Gesellschaft sucht. Mit einem Stock treibt er seine einzige Kuh mit seltsamen Hörnern in Korkenzieherform in sein Dorf zurück. Beständig schwatzend, marschiert er nicht so schnell wie ich. Er bombardiert mich mit Fragen, möchte alles über Frankreich wissen, vor allem ob es dort Kühe, Yaks und Schafe gibt …

Jedes Mal, wenn ich etwas schneller gehe, zieht mich eine neue Frage an seine Seite. Und zu allem Unglück holt ihn an einer Steigung ein junger Kerl auf einem alten roten Motorrad ein und lässt ihn hinten aufsitzen. Wie so oft in diesen Ländern hinterlässt das Motorrad, das nun vor mir herfährt, einen Schwall von Abgasen. Der Kuhhirt hat noch immer Fragen auf Lager und bestürmt mich weiter damit, ab und zu versetzt er vom Motorrad aus seiner Kuh Stockschläge und treibt sie so den Berg hinauf. Als er einen Moment nicht aufpasst, macht sich die Kuh von der Straße davon. Ich muss mich an dem Rodeo beteiligen und sie wieder auf den rechten Pfad bringen. Nach vollendeter Tat bin ich schließlich die verbale Belästigung und die stinkende Abgaswolke leid und benutze den Ausblick auf eine grandiose Felswand als Alibi, um mich hinterlistig von dieser seltsamen Karawane abzusetzen. Auf der porösen Felswand hat der Wind fantastische Skulpturen geformt.

Als ich weitergehe, werde ich schon bald von vier Englisch sprechenden Radfahrern angehalten:

»Wir sind aus Slowenien. Radfahrer aus Neuseeland haben uns von dir erzählt. Hast du ein bisschen Zeit zum Unterhalten?«

»Na klar. Woher kommt ihr in Slowenien?«

»Aus Postojna und Ljubljana.«

»Ah! Da bin ich vor rund zwei Jahren durchgekommen. In Postojna gibt es schöne Höhlen. Ljubljana hat mir auch sehr gut gefallen. Wenn ihr wieder zu Hause seid und wenn ihr es nicht vergesst, dann grüßt doch Marija und Drago von mir. Sie verkaufen Kastanien in der Nähe der dreifachen Brücke von Joze Plevnik im Stadtzentrum. Richtet ihnen aus, dass der Franzose Philippe schließlich in China angekommen ist. Fragt sie auch, ob sie die Fotos erhalten haben, die ich ihnen nach meiner Operation geschickt habe. Ich würde mich wirklich freuen, wenn ihr mich über Internet auf dem Laufenden halten würdet.«

»Werden wir machen, versprochen. Alles Gute!«

»Euch gute Fahrt!«

Matej, Gorazd, Sana und die blonde Marija werden ihr Wort halten. Bei meiner Rückkehr nach Frankreich werde ich per E-Mail erfahren, dass Drago und Marija die Fotos erhalten haben und zu Tränen gerührt waren, als sie hörten, dass ich mich nach zwei Jahren noch an sie erinnerte.

Gegen 19 Uhr liegen noch etwa 40 Kilometer bis Kaschgar vor mir. Ich bin erschöpft. In der Dunkelheit ruhe ich mich immer öfter auf Kilometersteinen aus. Zahlreiche mit Holz oder Säcken beladene Karren sind unterwegs, manchmal im Konvoi; sie wollen sicherlich auch zum Sonntagsmarkt nach Kaschgar. Die Fahrer hoffen, die besten Verkaufsplätze zu ergattern, wenn sie frühzeitig an Ort und Stelle sind. Dann werden sie auch als Erste gute Geschäfte abschließen. Die Fuhrleute singen mit ihren schönen Stimmen, die in den mit Bäumen gesäumten Alleen widerhallen, und erfüllen den Sternenhimmel über Xinjiang mit neuer Freude. Trotz meiner schweren Beine geben sie mir neuen Mut weiterzugehen. So auch ein Lastwagenfahrer aus Kaschgar, Abdul Sehmet, der mir um Mitternacht, etwa 20 Kilometer vor dem Ziel, in einem Restaurant ein Nudelgericht spendiert. Dennoch schöpfe ich vor allem aus der Erinnerung an einen Mann Kraft, der mich unterwegs in Gedanken oft beschäftigt hat, ein Vorbild an Willenskraft, an Selbstüberwindung und Durchhaltevermögen, neben dem die Anstrengungen der meisten Menschen, allen voran meine eigenen, gering erscheinen:

Ungefähr sechs Monate vor Antritt meiner Reise erreichte ich mit einer Freundin und zwei anderen Gefährten den Gipfel des Aconcagua. Nachdem wir spät am Morgen aufgebrochen waren und uns gegenseitig angespornt hatten, konnten wir nach beträchtlichen Mühen das steinerne Inferno der Canaleta bezwingen, wo jeder Schritt nach vorn oftmals drei Schritte zurück bedeutet. Mit großen Mühen kletterten wir in kleinen Etappen über die Geröllfelder, legten immer wieder eine Verschnaufpause ein, zählten jedes Mal 15 Schritte, ehe wir erneut und völlig entkräftet Halt machten. Ausgepumpt gelangten wir so zum weißen Kreuz, das auf 6959 Metern den höchsten Punkt der Andenkette markiert.

Vor uns war bereits ein Mann angekommen, der genauso erschöpft war wie wir. Angeseilt an seine Kameraden, genoss er den glücklichen Augenblick, den Berg bezwungen zu haben und ihm so nahe zu sein. Dann nahm er einen um seinen Hals geschlungenen Rosenkranz mit einem Holzkreuz ab und legte ihn um das große weiße Kreuz. Der Unterschied zwischen diesem Mann und seinen Freunden, zwischen diesem Mann und uns, lag darin, dass er das Dach der beiden Amerikas mit Krücken in beiden Händen erklommen hatte, um sein verkümmertes Bein abzustützen.

Ich wollte dir meine Hochachtung ausdrücken, mein Bruder, mein großer Bruder, wollte dir für das Leben danken, aber in dieser sauerstoffarmen Luft hatte ich kaum die Kraft zu sprechen. Ich versuchte mit deinen Gefährten ins Gespräch zu kommen, aber sie antworteten mir in einer, wie mir schien, slawischen Sprache, die ich nicht verstand. Es ist eine der höchsten Ehren, die mir das Leben hat zuteil werden lassen, vielleicht die größte, einem Menschen wie dir begegnet zu sein. Und an diesem letzten Tag meines Marsches hast du mir, wie in vielen anderen schwierigen Momenten, geholfen, hast mich getragen. Wenn man mit eigenen Augen gesehen hat, was du allein mit deinem Willen bewirkt hast, weiß man, dass man das

Ziel, das man sich gesteckt hat, zu Ende bringen muss. An diesem Samstagabend, mein Bruder, denke ich an dich, bist du bei mir, begleitest du mich, bis ich um ein Uhr morgens nach Chufu komme. Dort, nach 53 Kilometern Tagesmarsch, finde ich wohltuende Ruhe.

Sonntag, ich bin erschöpft. Ich begegne Fuhrwerken, die schon vom Markt zurückkommen und Säcke mit Getreide, Holz, Kohlköpfen, Karotten und sonstigem Gemüse und oftmals Schafe und Ziegen hinten aufgeladen haben. Manchmal folgen Kühe und Esel, die mit einem Seil an den Karren ihres neuen Besitzers angebunden sind. Ich mache die Bekanntschaft von Aziz, 63 Jahre alt, der mich hinten auf seinem Fahrrad mitnehmen will.

»Woher kommst du zu Fuß?«, fragt er mich auf Uigurisch.

»Aus Frankreich«, antworte ich ihm lächelnd und genieße schon jetzt meine Ankunft, die so lange auf sich hat warten lassen.

»Ist das weit weg, Frankreich? Wie lange hast du gebraucht? Eine Woche?«

»Mehr«, antworte ich ihm lachend. »Zwei Jahre, ich gehe langsam.«

Als er begreift, dass ich um nichts in der Welt hinten auf sein Fahrrad steigen will, fährt Aziz allein in Richtung Markt weiter.

Welch seltsames Gefühl: Ich möchte diesen Moment so intensiv wie möglich auskosten, aber ich bin erschöpft und will nun auch endlich ans Ziel kommen. Ich sehe kein Schild am Ortseingang, das ich, 784 Tage nach meinem Abmarsch von Marseille, hätte fotografieren können. Die ersten Gebäude sind modern und hässlich. Ich hatte ein paar alte Häuser zur Begrüßung erwartet. Aber was macht das schon. Ich setze dennoch eine fröhliche Miene auf; auf jeden Fall ist mir leicht ums Herz und ich fühle mich unbeschwert. Ich habe diese etwas verrückte Wette bis zum Ende durchgestanden. Ich hab es geschafft!

Am Ende meines Marsches stelle ich meinen Rucksack in einer Herberge ab, die nach zwei Jahren wunderbarer Begegnungen mit

Menschen keinen schöneren Namen haben könnte: Hotel der Freundschaft. Abdul Rekib empfängt mich dort mit einem Lachen. Nach einer Dusche strecke ich mich auf dem Bett aus, um tief durchzuatmen und abzuschalten: An einem Sonntag in Kaschgar anzukommen, ist ein Glücksfall. Ich werde zum Markt gehen und brauche nicht zu überlegen, was nun nach meinem letzten Schritt passieren wird.

Der Markt von Kaschgar

Der Markt erstreckt sich über eine eindrucksvolle Fläche. Ein großer Teil ist überdacht und in Viertel aufgeteilt, in denen die Läden nach Händlern und ihren Waren angeordnet sind: Messerschmiede, Gewürzhändler, Schreibwarenhändler, Kurzwarenhändler … Einmal pro Woche kommen die Viehzüchter der Gegend nach Kaschgar, bisweilen von sehr weit her, und verkaufen und kaufen ihr Vieh auf einem riesigen, nicht überdachten Gelände des Marktes, das an drei Seiten von Mauern umgeben ist und an dessen vierter Seite ein Bach verläuft. Wenn man diesen Bereich betritt, lässt man die moderne Welt hinter sich und taucht in ein Universum ein, in dem die Zeit stillzustehen scheint. Neben unverschleierten Frauen spazieren auch solche umher, deren Gesichter vollständig mit einem undurchsichtigen Schleier bedeckt sind. Ein erstaunlicher Anblick in diesem muslimischen China, wo die kommunistische Regierung die Wünsche der lokalen Bevölkerung respektiert und die Gläubigen in der Moschee beten lässt! Wie so oft in islamischen Ländern tragen die Männer Hüte, an denen man den ethnischen Ursprung eines jeden erkennen kann: Die Uiguren tragen den üblichen, nach oben hin abgerundeten, zylinderartigen Hut aus dunklem Filz; die Kirgisen haben ihre eigene, weiße Kopfbedeckung, die mit Linien und Motiven aus schwarzem Band verziert ist; die Tadschiken erkennt man an ihrer viereckigen Kopfbedeckung, und dann gibt es noch die undefinierbare Zahl derer, die sich bei den örtlichen Hutmachern mit eher klassischen Mützen und Kappen eingedeckt haben.

Die Kameltreiber wiederum locken Schaulustige an, die sich besonders am Anblick eines herrlichen weißen Kamels erfreuen. Die haarigen Monster aus den Bergen, die Yaks, leiden hier am Rande der Taklamakan-Wüste. Ziegen, manchmal über 50 Stück, sind gruppenweise aneinander gebunden, jeweils in entgegengesetzter Richtung mit einem um ihren Hals geschlungenen Seil. Käufer fassen die armen verkeilten Tiere von hinten an, um die Qualität ihrer Euter zu prüfen. Nicht weit davon sind bereits verkaufte Schafe einem Damenfriseur in die Hände gefallen: Mit geschicktem Sche-

Gewürzverkäufer auf dem Markt von Kaschgar

renklappern befreit er sie von ihrem Fell, bevor sie auf einen Lastwagen verladen werden. Von über hundert Meter langen Rängen verfolgen etwas weiter entfernt potenzielle Käufer und Schaulustige voller Bewunderung das Vorführen rassiger Pferde, die von blutjungen Reitern, schon jetzt kunstvolle Meister, geritten werden. Einige Esel protestieren schreiend, dass sie den Tag in der Stadt und nicht auf den Feldern verbringen müssen, während die Kühe wie gewohnt ihr Los friedlich ertragen.

Ich verweile Stunden in diesem gemächlichen und friedlichen Gewimmel, zwischendurch esse ich an den Buden unter freiem Himmel. Dort kneten die Köche mit den Händen riesige Mengen Teig, ziehen ihn in die Länge, schlingen ihn zusammen und wieder auseinander, um daraus ziemlich dicke Nudeln herzustellen, die sie dann in kochendes Wasser tauchen. Die hungrigen Kunden warten geduldig auf ihr Schälchen. Sobald es serviert ist, hängen sie mit dem Mund in Tischhöhe über der Schale und schlürfen den Inhalt mit Hilfe von Stäbchen und fröhlichem Schmatzkonzert in sich hinein. Um einige Geldstücke leichter, dafür mit vollem Bauch, ziehen sie mit glücklichem Gesicht, einem genüsslichen Rülpser oder einem vergnüglichen Seufzer wieder los, um ihre letzten Tagesgeschäfte zu tätigen, wobei sie sich durch Reihen von Schlemmern zwängen, die ihr Mahl mit Melonenscheiben beenden.

Ich kehre ins Stadtzentrum zurück, wo ich an diesem Glückstag – ein weiterer, aber manchmal bekommt man auch das Glück, das man sich selbst zugesteht! – dem Großen Führer Mao Zedong, dem Mann des Langen Marsches, danke, dass er vor 51 Jahren den 1. Oktober zur Vollendung seiner Revolution gewählt hat. Beinahe so wie ein Chinese, der am 14. Juli ans Ziel einer endlosen Reise nach Frankreich käme, erlebe ich am Abend meiner Ankunft in Kaschgar, mit müden Beinen nach über 10 000 Kilometern, ein riesiges Feuerwerk. Schließlich bin ich in dem Land, in dem es erfunden wurde.

Sonntagsmarkt in Kaschgar: Ziegen, Schafe, Kamele, Pferde, Esel, Kühe und Yaks werden von muslimischen Bauern feilgeboten.

Erwacht man wirklich eines Tages aus einem so schönen Traum, einem solchen Traum ohne Schlaf? Ist man nicht für immer gezeichnet vom Gefühl der Freiheit unter dem azurblauen Himmel, dem strahlenden Weiß der Schneefelder, dem Grün der Wälder und dem faszinierenden Regenbogen, der für den Menschen stehen könnte? Ein Lächeln kommt über meine Lippen, vergessen sind die iranische Diktatur und die Schrecken des Krieges, denen ich auf meinem Weg durch Ex-Jugoslawien und Afghanistan begegnet bin, dafür bin ich umso reicher an Erinnerungen an wunderbare Begegnungen, an die Gutherzigkeit meiner Artgenossen, an diese außergewöhnlichen, einfachen Menschen. Ich möchte an die Weisheit des Menschen glauben, immer noch und weiterhin auf eine brüderliche Gemeinschaft hoffen, die kein Trugbild ist. Trotz aller Schmerzen in der Welt, trotz unterschiedlicher Nationen und politischer Ideologien, Völker und Ethnien, Religionen, Sprachen und Kulturen sind wir letztendlich im Grunde unseres Herzens nicht so weit voneinander entfernt, wie manche uns glauben machen wollen.

Ich denke, ehe ich in den hektischen Westen zurückkehre, wo die Dinge einen immer schnelleren Rhythmus haben, muss ich versuchen, noch ein letztes Mal etwas von der flüchtigen, transparenten Illusion der langsam dahinfließenden Zeit in mich aufzunehmen.

Ich möchte hier eine gute Woche bleiben und den Sonntagsmarkt noch einmal erleben, bevor ich im Autobus und in aller Ruhe durch Zentralasien zurückkehre.

Marseille, 8. August 1998 – Kaschgar, 1. Oktober 2000

Nachwort

In der Überzeugung, dass man etwas zurückgeben sollte, wenn man viel erhalten hat, möchte ich mit diesem Buch symbolisch und in aller Bescheidenheit einen Beitrag leisten zu Projekten, die Menschen in solchen Ländern durchführen, die ihrem eigenen Land in geschichtlicher oder kultureller Hinsicht fern sind.

Es erscheint mir in der Tat unerlässlich, dass die nationalen, politischen, religiösen und ethnischen Gemeinschaften tolerante Positionen einnehmen, damit die künftigen Generationen vom 21. Jahrhundert das Bild einer Periode des Friedens, der Brüderlichkeit und des Dia-logs im Gedächtnis behalten und nicht das eines weiteren Zeitalters des Krieges, des Hasses und des Egoismus.

Im Laufe dieser Reise bin ich Mitarbeitern von Vereinigungen begegnet, die für mich zugleich ein Beispiel und ein Vorbild an Selbstlosigkeit und Menschlichkeit darstellen. Und später dann, in Japan, habe ich Ausländer getroffen, die in Tokio gegen Armut und Ausgrenzung kämpfen, sowie Mitarbeiter – selbst behindert – einer japanischen Vereinigung, die Kriegsinvaliden und Minenopfer aus Afghanistan unterstützen, damit diese sich mit Rollstühlen oder mit Hilfe medizinischer Prothesen fortbewegen können.

Die Hälfte meines Autorenhonorars der deutschen Ausgabe kommt dieser Vereinigung zugute, die keine Mühe scheut, die Not anderer zu lindern.

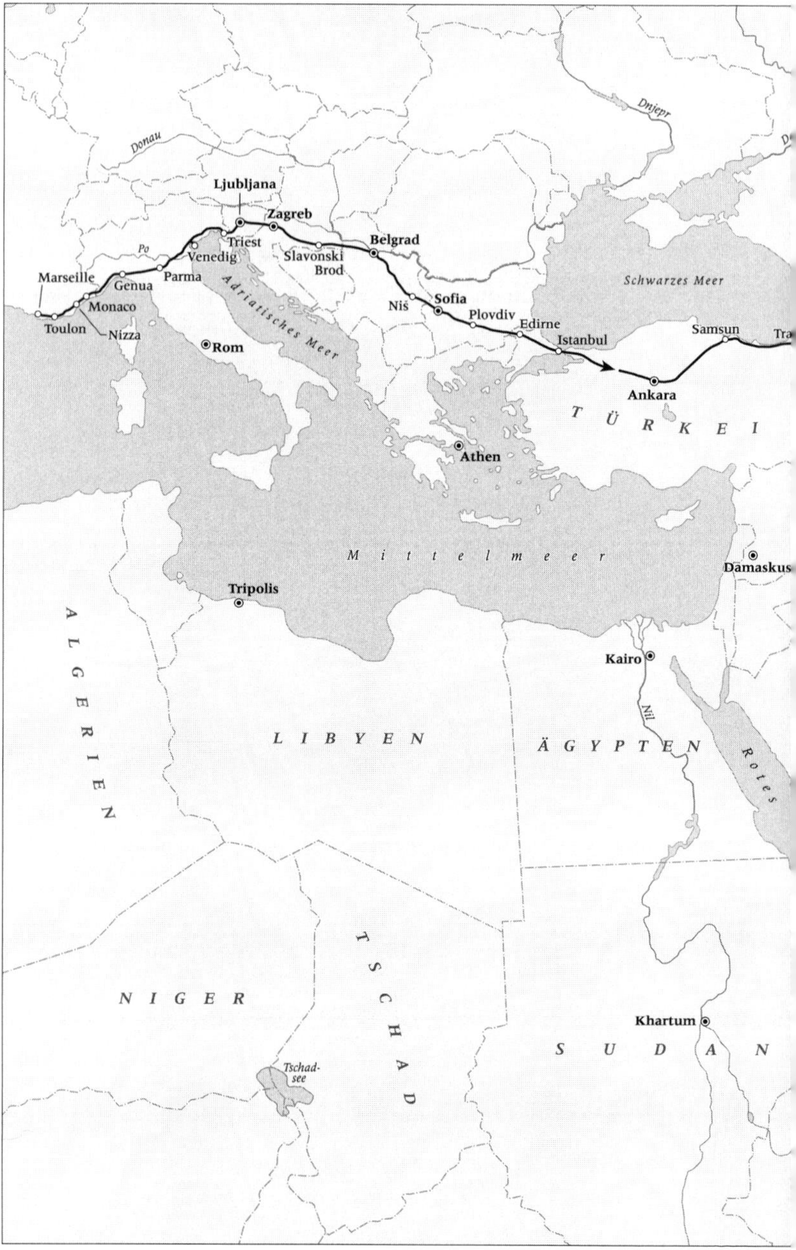
Donau
Dnjepr
Ljubljana
Zagreb
Triest
Venedig
Po
Slavonski Brod
Belgrad
Marseille
Genua
Parma
Monaco
Toulon
Nizza
Adriatisches Meer
Niš
Sofia
Plovdiv
Edirne
Istanbul
Schwarzes Meer
Samsun
Rom
Ankara
TÜRKEI
Athen
Mittelmeer
Damaskus
Tripolis
ALGERIEN
Kairo
Nil
LIBYEN
ÄGYPTEN
Rotes
NIGER
TSCHAD
Khartum
SUDAN
Tschad-see

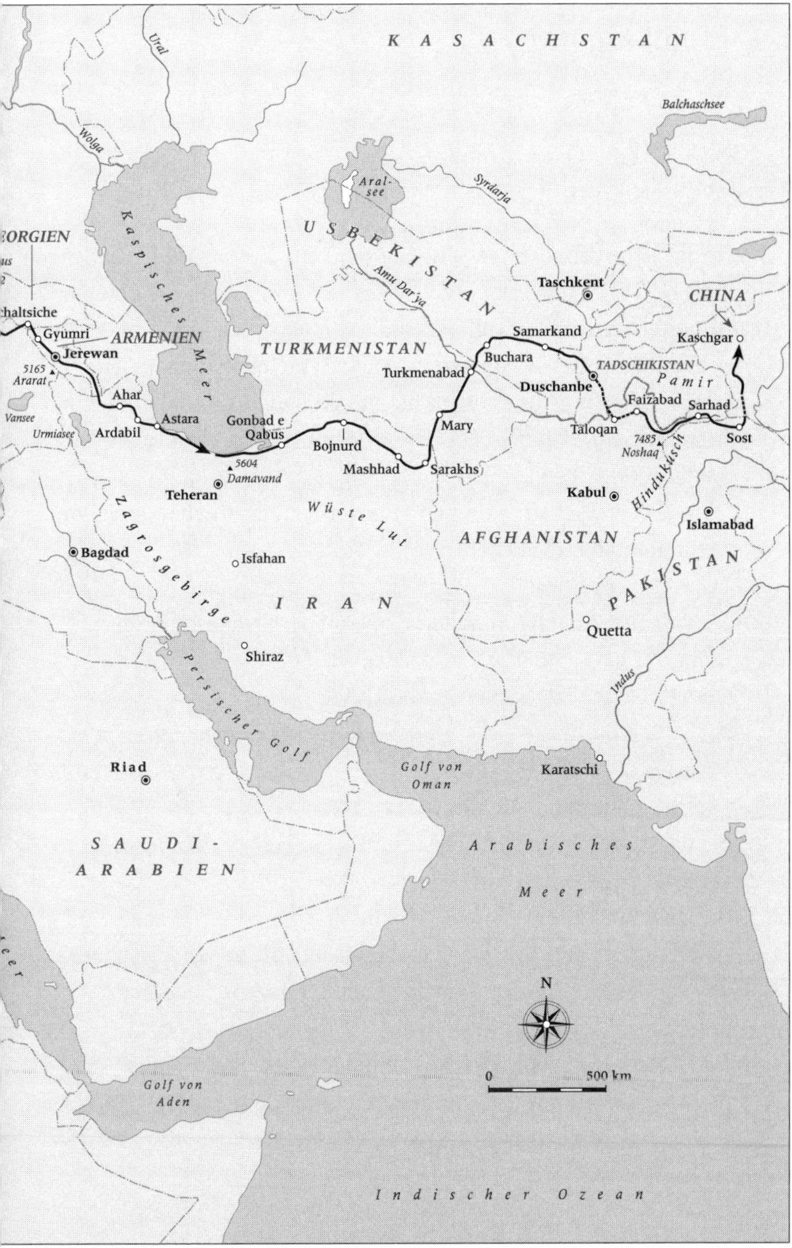

KASACHSTAN
Ural
Wolga
Balchaschsee
Aral-see
Syrdarja
USBEKISTAN
Amu Dar'ya
Kaspisches Meer
Taschkent
CHINA
Kaschgar
Samarkand
Buchara
Turkmenabad
TURKMENISTAN
ARMENIEN
Gyumri
Jerewan
5165 Ararat
Vansee
Urmiasee
Ahar
Ardabil
Astara
Gonbad e Qabus
Bojnurd
Mashhad
Sarakhs
Mary
TADSCHIKISTAN
Duschanbe
Pamir
Faizabad
Sarhad
Taloqan
7485 Noshaq
Sost
Hindukusch
5604 Damavand
Teheran
Wüste Lut
Kabul
Islamabad
AFGHANISTAN
Zagrosgebirge
Bagdad
Isfahan
IRAN
PAKISTAN
Quetta
Shiraz
Persischer Golf
Indus
Riad
Golf von Oman
Karatschi
SAUDI-ARABIEN
Arabisches Meer
N
0
500 km
Golf von Aden
Indischer Ozean

Danksagung

Obwohl es unmöglich ist, allen zu danken, die mir ihre Freundschaft bekundet haben mit einem Tee, einem Lächeln oder einem aufmunternden Schlag auf die Schulter, möchte ich hier die Personen erwähnen, die mich in den zwei Jahren meines Nomadenlebens mit wertvolleren Erinnerungen beschenkt haben als sonst in zehn Jahren meines sesshaften Lebens. Mögen die nicht erwähnten Personen mir verzeihen …

Einige Gesellschaften und Organisationen, die mich in meinem Projekt unterstützt haben:

– Leica Camera GmbH
– Ricard S.A. (dessen Rohmaterialeinkauf der Seidenstraße entspricht)
– Conseil Général des Bouches-du-Rhône
– Aigle (Schuhe und Ausrüstung), und, insbesondere, Herrn Yves Mouriès
– »Point de Vue« und »La Provence«
– bei der Rückkehr: Emeric Fisset und mein Verleger Transboréal in Paris
– die UNESCO für eine Fotoaustellung in Paris
– und natürlich die Olympique Marseille und die 60000 Zuschauer des Stadiums »Vélodrome«, von denen vereinzelte in der nachfolgenden Dankesliste auftreten:

Meine Eltern, mein Bruder Christophe, meine Onkel, Tanten, Cousins Magnier, Grandval, Clivio, Arlès, Guiol, Combemorel, Gigout und alle anderen.

Für ihre Beratung im Außenministerium in Paris: der Botschafter François Descoueyte, sowie Georgia Brochard und Aude da Costa. Danken möchte ich auch dem Generalkonsul von Russland in Marseille, Alexander Choulguine, bei der Unterstützung administrativer Angelegenheiten, sowie Robert Villani, Ratsmitglied (Sportressort) der Stadt Marseille.
Dank auch an Linda Vertannes, Bernard Maurel, Steve Cuppy, Olivier, Rosy und Gabriel Autran, Patrick, Gillian und Cyprien Martini, Emmanuel de Reyniès, Yves-Marie Deshays, Jacques Hébrard, Jean-Jacques und Corinne Barbagelata, Anne und Philippe Aigle, Emmanuel und Imke de Lanversin, Eric und Anne Angélica, Olivier Barrier und Laure Conan, Jacques Blein, Bruno und Laurence, Camille und Adrien de Boissezon, Bertrand und Barbara Brugnot, Jean-Pierre Canavese, Nadine Castellano, Bernard, Elisabeth und Marie Faure, Delphine Blanchet, Yvan und Marie-Françoise Fauvel, Loïc Garcin, Henri und Monique Garcin-Nicolas, Michel Lombard, Nicolas Moulin, Pierre Pailheret, General Christian Piquemal, Kommandant der Fremdenlegion, Jean-Vincent und Isabelle Ramos, Olivier, Naomi, Léo, Cécile und Rémi Richard, Bernard Staegemeier, Clara, Edmond Tuilier und Sylvie Lachamp, Jean-Bernard Zonta und der Vereinigung der ehemaligen Schüler der ESSEC.

In der Türkei: Matthieu, Valérie, Etienne und Argentine Serres, Sema und Leyla Umar (Istanbul); Deniz Günech (Kartal); Mehmet Yilmaz (Kacükköy); Oktay Konuklu (Çayirhan); Sebahattin Sahin (Etimechgut); die Familie Ekinci; Jean Renoux in der Französischen Botschaft (Ankara); Kerem Küçükkürt und Devrim Asan Baçak (Elmadag); Alper und Ilik Güngör, Bülent Caldar, Adem Cakmak (Delice); Ibrahim Içten (Akbogazköy); Fazli Usalolug (Sarikayaköy); Bekir Köç (Sekerhaciliköy); Hüseyin Çaliskan und Dilek Akmeriç (Çorum); Jafer Yauzer (Bekisköy); Ali Ekeyilmaz (Bogazkayaköy);

Ali, Yakup, Aïche, Saray, Zeynep und Rahime Sahin (Kapikaya); Gazi und Özgür Arkoç (Amasya); Seyit Keleç (Kizilkistacik); Sükrü Hüstün (Boroboy); Fikret Bach und Muhterem Sarak (Karli); Emrullah Inal (Çakalli); Baris Bakir, Yunus Karakus, Devrim Karagüzel und Yener Kulyinoglu (Samsun); Sakir Gürel, Necati und Mehmet Ali Peker, Dursun Ali Berberoglu und Ali Senol (Ünye); Yusuf Tunç (Laleli Mahalesi); Bahtiyar Gündogdu (Ekinciköy); Sefki, Sayit, Birtane und Canan Guguk und Münteza Aksu (Bulancak); Tarik Çakir und Vedat Tek (Giresun); Ömer Sen (Görde); Halil Kalyoncu (Besikdüzü), Nürgül Günaydin, Takin Aktay, Selman Öztürk und Alper Kaplan, Zihni Agirman und Ömer Altintas, Suat Aydin und Ahmet Türkel (Trabzon); Ertan Birol und Davut Taspinar (Rize); Hamza und Fatma Anliaçik (Akbucak); Musa Reyhan (Camlihemchin); Mehmet und Adnan Pirikoglu (Ayder); Imam Hassan, Hüseyin und Kenan Özdemir (Akarsu-Esendal); Süleyman und Cengis Yigit (Gökce); Muhamed Günüs (Dereici-Savsat); Camandar und Ayhan Koca (Demirkapi); Asik Ibrahim Kara; Binali Nahuci (Yukari Aydere).

In Georgien: Vincent Braniff, David Cook, Delya Farzalilyeva, Medea Abacheli, Lewan, Nelli und Nino Alkazachvili, Sergo, Giorgi Tsukilachvili, Natali und Giorgi Postkhveria, Lela und Marina Axell (Tiflis); Giorgi und David Tatochvili, Sabir Aliev, Michael Bestaev, Veja Mamukachvili, Petre Andruladze, Badri Gikochvili, Mamuka Okochvili (Achaltsiche)

Für die »Inspektion« nach 5000 Kilometer in Marseille danke ich dem Personal der Clinique Vert-Coteau, insbesondere den Ärzten Christina Antoine und Frédéric Potié und François Pierre, Fußpfleger, Gaspard Estarellas, Heilgymnastiker, den Ärzten Philippe Calas, Coudreuse und Lecurieux und allen, die sich um mein krankes Knie gekümmert haben, sowie den Zahnärzten Philippe Lafitte und Jean Héraud.

In Armenien: Azat und Sargiz Alosian (Kazandji); den Ordensschwestern Marie-Noëlle und Marie-Reine, Rostom Restakian und dem Personal des Krankenhauses Redemptoris Mater (Achotsk); Rafik Ovsepian (Marmasen); Ovsanna Yeghoyan und ihren Familien (Gyumri); Marie Apoyan, »Garry« und Henno Asoyan Gregorevic (Artik); Never Grigorian (Maralik); den Familien Matovesian und Zakarian (Noramanos); Manvel und Nina Sagatelian (Echmiadzine); Michel Legras, Botschafter Frankreichs, Jacques Fauveau, Konsul, Dr. Ara Babloyan, Manuchak und Serge und Spartak Ghazarian (Jerewan); Araik Papiyan (Noragavit); Sascha Nikolayewitsch Kruglow (für das Stück gemeinsamen Weges); Zakar Zakarian und Andranik Andranikian (Artachat); Gurgen und Rosa Varditer Khachatrian (Chaumian); Vagarchak Petrosian (Goraik); Guren und Nano Frangulian, Suren Vardanian, Martun Khachatrian (Sarnakunk); Peter Drummond Smith, Tracy Morgan, Edgarina Danielian und Mission Ost (Sisian); Armen und Donara Margarian (Letsen); Murat und Sarigul Simonian (Tatev); Karen Voskanian, Robert Grigorian (Kadjaran); Valodia Oganesian (Legvaz); Nikolai Gevurkian (Megri).

Im Iran: Dank an das iranische Volk für seine außerordentliche Gastfreundschaft und der französischen Botschaft, die nach meinen Missgeschicken nicht untätig blieb: insbesondere dem Botschafter Philippe de Suremain und seiner Frau, dem Konsul Christian Lopez, Michel Gélinine, Fadila Chahali, Thierry und Avsaneh Lagarde, sowie der Mannschaft der Nationalpolizei, Pierre-Yves Chauvey, den Technikern Frédéric Bouhaben und Denis Chrétien, sowie Julien Delpech und der AFP.

In Turkmenistan: Ogulbibi und Djuma Yusupov; Mohamed Nurgeldiyev, Jolaman und Asyam Ablayev (Mala Hauz Han); Mohamed Agahanov, Batir Pachriyev, Guhantch Alamradov; Batir Geldiyev (Bayram Ali); Thierry Joffroy (Merv); Malmahmet Khyderov (Sowchose Soltan-Sanjar); Annali Mehmedkuliyev (Utchadji); Annageldi Sukhanov (Kolchose 1. Mai); Alim Djoraev, Abbas Razavian, Khojam Sadatov, Aybergenov Muzabek, Miniacharov Sunnet (Garaulguyi); Hudaibergen Pelekeyev (Turkmenabad).

In Usbekistan: der französischen Botschaft, insbesondere dem Botschafter und Frau Jean-Claude Richard, Djamel Mohamedi und Frédérique Wittmer, David und Marie Mercadier, Fabienne und Thierry Jourde, Jean-Christophe und Sylvie Boutes, Lola, Farangis und Alicher Tatchpulatov, Guliya Mukimova (Taschkent); Mitch Wersal, Nurulayew Allaverdin (Kolchose Zaravchan); Alik Sayedow (Kolchose Tchor-Bakr); Olivier Amar, Catherine Blanc, Jan Iversen, Christine Marchal und Véronique Tronchot (Buchara); Gulsara und Bako Yadugarov (Vabkent); Salim Otakulov, Nuruyalev Madilov, Khojaev Sadik, Zakir Echmudarov Kemalovitch (Navai); Ravchan, Zulpiya, Chadman und Bakhredin Tatchpulatov (Jaloyir); Tachniaz und Musalam Sadinov (Kolchose Humar); Yayaev Tatchpulatov (Mir Bazar); Eskender Irkatoch (Kattakurgan); Azam und Leïla Akhrorov (Samarkant); Ahmad und Gulnora Umarov (Vorsin); Astor und Bakhtiar Khodjanov (Sowchose Ilipok).

In Tadschikistan: Echkul Kenjayev, Sughrab Mukhedinov (Pendjikent); Ismatullah Rakhmatulayov (Derevni Pendjikent); Nasirov Muratkhan Zakirovitch (Kolchose Tchian); Nurulkhak Katayev (Tchurtcha); Abdullah Bayev, Baba und Babir (Kuliali); Nassib Kadirov (Artutch); Yormehmet und Muzafara (Kul e Kalon); Narzullah Khudakulov (Camp Alp base); Jurabaï Nassulayev und Abdullah

Khayulayev (Alm am Allaudin-See); Rufina Arefieva (Basislager Vertical); Gadoyev Olim (Pasrut); Anvar Vakhobov (lac Iskender); Mehmetkul (Saratag); Ziya, Adolat, Ferdosi und Lola Khasanov, Frédéric Roussel, Stéphane Nicolas, Hugues Temple Bayer, Mir und ACTED, Barend Knoetze, Georges Gerle, Andreas Duschl und der deutschen Botschaft.

In Afghanistan: Stefan Recker und Alexandre Carle (Taloqan und Faizabad); Juerg Draeyer und Chantal Ludi (Baharak); Imam Feyzul Rahman (Khesrau); Imam Zinaïdine (Alejgareu); Philippe Le Gall und MSF (Ärzte ohne Grenzen; Ishkashim); Lutfekhoda und Zalmay (Qazdeh); Saïd Muchtak, Nuredine und Ahmed Chah (Degurgund); Mehmet Big und Kurban Mehmet (Pigich); der Shah von Pandjah und Salaadin (Kaleh e Pandjah); Chirgul (Wuzud); Darvich (Rurung); Hafez Khan und Niyazbek (Sarhad e Wakhan); Usman und Jan Mohamed (Akbilis); Abdul Resul (Urgayili); Abdul Rachid Khan, Niyaz Ali und Abdul Wali (Karadjilga); Aknayboy (Tachpulak); Abdul Aziz, Abdul Ahat und Abdul Wali (Utchdjilga); Alina und Karim Kul (Woremetek).

In Pakistan: Sarfaraz und Daria (Zud Khum); Barkat Ullah Khan und Aman Ali Chah, Sadik Chah (Sost); Gabriel Buti und Danielle Tournier von der französischen Botschaft (Islamabad); Mahmat Karim, Mahmat Nazir, Niyat Murat, Rahmat Hussein, Abid Hussein, Chir Khan, Chir Mahmat, Fozil Alim, Fozel Khan, Abdul Salam (auf dem KKH)

In China: natürlich dem tadschikischen, kirgisischen und uigurischen Volk und einigen lachenden Han-Chinesen, denen ich in den Restaurants von Kaschgar begegnet bin.

THOR HEYERDAHL

DER ORKAN

MEIN GROSSER TÖRN
VOM ATLANTIK
ZUM PAZIFIK